U1076607

卓越教师教育精品丛书

学习心理与辅导

主　编　张　微
参　编　宋红艳　臧　玲　邓海婵　邓亚玲
岳远航　江叶萍　刘文雯　徐精敏
怀冠菊　扶　蓓　郑丽娜　肖　琳
陈　佳　阮文静　王　琳　陶　甜

科学出版社
北　京

内 容 简 介

本书是华中师范大学“卓越教师教育精品丛书”中的一本，全书共七章，分别是学习心理辅导概述，评估学习，经典学习理论的辅导价值及学习动机激发，影响个体学习的因素及促进，学习策略，阅读、写作与数学辅导，特殊学习者。书中引用了大量的案例，特别关注各种学习理论、动机理论的辅导价值，有针对性地对阅读、写作和数学领域常见的问题，以及学习障碍、注意缺陷多动障碍等特殊学习者的问题的辅导和矫正进行了深入阐述，实践应用价值更为突出。

本书可以作为普通高等学校心理学与教育学相关专业的教材，也可以作为从事学校心理辅导人员的参考资料。

图书在版编目(CIP)数据

学习心理与辅导/张微主编.—北京：科学出版社，2015
（卓越教师教育精品丛书）
ISBN 978-7-03-044684-8

Ⅰ.①学… Ⅱ.①张… Ⅲ.①学习心理学-高等学校-教材 Ⅳ.①G442

中国版本图书馆CIP数据核字（2015）第124248号

责任编辑：任俊红 王昌凤/责任校对：蒋 萍
责任印制：赵 博/封面设计：华路天然工作室

科学出版社出版
北京东黄城根北街16号
邮政编码：100717
http://www.sciencep.com
北京天宇星印刷厂印刷
科学出版社发行 各地新华书店经销
*
2015年6月第 一 版 开本：787×1092 1/16
2025年7月第九次印刷 印张：10
字数：246 000

定价：39.00元

（如有印装质量问题，我社负责调换）

卓越教师教育精品丛书编委会

主　任　马　敏　杨宗凯

副主任　李向农

编　委（按姓氏笔画排序）

王后雄　王坤庆　王恩科　石　挺　朱长江
朱庆海　任友洲　刘建清　李克武　李建华
吴伦敦　洪早清　段　锐　涂艳国　曹艳丽
曹慧东　詹一虹

本丛书获得华中师范大学国家教师教育创新平台教师教育理论创新与实践研究项目资助

本书是国家自然科学基金项目（31300865）和华中师范大学教师教育专项研究课题（2012JS01）的成果

目　录

第一章 学习心理辅导概述

第一节 学习的变革

妈妈，我的压力好大
一分一秒一嘀嗒
外面的鸟儿早已飞回家
无论是寒冬还是酷暑
我都在家
我在家
不是摆弄芭比娃娃
也不是上游戏网站 4388
而是拿起笔在奥数题上比比画画
啊
压力好大
我真讨厌黑板上 5678
什么时候我能给自己放一个假
一株草和一朵花
我都希望去探索它
……
时光一天一天被学习打发
学习的内容难度也越来越大
妈妈，我想告诉你
长大的我不会没有出息
不要让大自然和我没有关系
给我放个假，好吗
妈妈，我的压力真的好大

这是一名小学生写的诗——《妈妈，我的压力好大》。看完之后，不禁心酸，如此小小年纪，竟写出这样悲沉的诗作。看得出这个孩子有极高的学习天赋，却对学习产生了恐惧和厌恶感，书包越来越沉，压力越来越大，投入时间越来越多，兴趣却越来越少，教育的目标在逐渐偏离。这是发生在小学生身上的悲剧。

很多小学生已经产生了对学习的恐惧和厌恶，他们本应有着美好快乐的童年，本应享受一段幸福难忘的时光，无忧无虑，天真无邪。然而，繁重的学习任务，过度的学习特长开发，不合理的学习评价方式，使孩子们本能的求知欲和好奇心消失，学习变成了痛苦的事情，这是学习者的悲剧，更让教育者痛心。教育激发天赋、培养人才，教育激发兴趣、促进发展，教育更应该关注每一个人，而兴趣是最好的老师，学习能力与策略是走向成功的天梯，任何强制满灌和打压式教学都会抹杀孩子的天性，学习是发掘、是创造、是修身养性，更是一种乐趣。

一、学习型社会与学习的革命

（一）学习型社会与人类面临的挑战

当今世界，科技进步的脚步不断加快，信息技术、生物技术、认知与行为科学等都在突飞猛进地发展，新产品、新技术、新思维不断涌现，知识更新的周期缩短，创新的频率加快，社会变革和科技进步已经渗透到每一个领域，人与人之间的联系不断加强，人类的活动领域不断扩展，人类的活动方式不断变革，科技进步和社会变革的速度令人吃惊，人类很难想象十年后世界的模样，正如十年前，人类很难想象当今世界的样子一样。当人类把智慧赋予了世界，以加速度的方式与自然一起改造自然，人类不断演化的智慧也在不断塑造人类智慧的发生地——大脑。正所谓“创造者以创造万物为荣，殊不知创造者亦如万物”。

这是一个信息爆炸的时代，这是一个不断学习、不断进步的时代，同样，这也是一个容易被隔离、被“out”的时代。人类已经进入学习型社会，正如《学习的革命》一书的作者戈登·德莱顿、珍妮特·沃斯所言：“我们正经历一场改变我们生活、交流、思维和发展方式的革命，这场革命使得我们今天知道的东西，到明天就会过时，如果我们今天停止学习，就会停滞不前。”

社会的发展对人的要求越来越高，人力资源已经成为社会发展的核心原动力，学习已经成为一种生存方式和生活方式，学习已成为个人、组织，以及社会的迫切需要。

美国学者罗伯特·哈钦斯于1968年首次提出了学习型社会的概念。随后，1972年联合国教科文组织国际教育发展委员会编著了著名报告《学会生存》，报告论述了当今世界教育面临的挑战与主要倾向，指出了关于实现教育革新的一些策略和途径，强调了人文主义的教育目的，强调终身教育和学习型社会的思想，把学习型社会作为未来社会形态的构想和追求目标，从此，学习型社会的思想被广泛传播开来。

学习型社会的核心在于全民学习和终身学习，政府和相关组织通过构建良好的学习环境和学习保障体系，运用相应的机制和手段促进全民学习和终身学习，社会公民迫于社会进步的压力和源于自身不断提高的需求，不断通过各种学习方式，利用各种学习资源，在各种学习环境下，终生学习。学习能力已经成为当今社会最重要的生存能力。而学习已经不再是一种短期的为获取某种专业技能的活动了，学习是持续终生的，随时随地在各种环境和条件下不断进行的一种生活方式了。更多的学习是在学校之外自然发生的，是一种应对不断涌现的挑战的强烈渴求。

尽管社会物质文明和精神文明不断进步，人类所面临的挑战却日趋严峻。

知识爆炸让人类的知识库以加速度的方式扩充容量，任何一个学科、一个行业的知识都在日新月异地发展，人类需要掌握的知识越来越多，越来越复杂。另外，不同学科之间的交叉也日益凸显，人类需要花费大量的时间去学习和钻研。不仅如此，人类耗费了大量的精力在知识的产生和传递上，但如何将知识转化为生产力，人类还做得远远不够。对于未知世界的探索永无止境，但人类个体终其一生能够承载的知识负荷却是有限的，这已经不再是“学无止境”的问题了，而是如何将人类知识高效传递的问题。

人工智能带来的挑战让人类对生命本质的认识开始产生了困惑。人性在科技中消亡。生命可以被创造和赋予，生命的形式也在不断变化，智慧已经超脱人类的大脑而存在，人类很难想象，计算机的智慧已越来越难以驾驭了。当计算机被赋予无限的学习能力时，它将不只是作为人类大脑的延伸而已，反之，生物的脑也可能成为人工智能的延伸。什么是生命？难道只有生物才会有生命吗？这一个古老的问题，它的答案却难以得知。然而，随着非生物智慧的广泛发展，人机交互的应用已经远胜于人际交互的需求，人性开始在机器属性中获得发展，计算机的智慧部分迎合了人的情感诉求，原始朴素的人际情感开始被淡化、被取代，当饱含情感的智慧机器诞生时，人类的情感也许可以和计算机的情感融为一体，人开始离不开计算机了。与其说人性在科技中消亡，还不如说人性在科技中升华。

虚拟世界改变了人类的生活和工作方式，却带来了大量的行为和心理问题。虚拟与现实也不是两个世界的话题，虚拟与现实之间的桥梁也许只是一个按键而已。计算机网络的发展与普及程度已经超出了人类能够预计和控制的范畴，互联网无处不在，互联网终端设备已经随手可得，大部分功能可能在虚拟世界中实现，足不出户便知天下事，足不出户也可以工作、学习、娱乐等。虚拟世界彻底改变了人类的生活方式，同时也带来了很多问题。网络成瘾，病理性网络使用等，这些概念在十年前人们还非常陌生，然而，当下已经成为最普遍的青少年和成人的心理与行为问题。互联网信息、互联网活动、互联网关系、互联网游戏等，都可以让人疯狂，严重者可以达到“丧心病狂”的地步，而且，这些问题往往难以彻底得到矫正，这是人类活动的自然结果。

健康与疾病的矛盾，并不因人类生物医学等的飞跃发展而逐渐消亡，相反，威胁生命的敌人伴随科学的发展而强大。随着医学不断地飞跃，大量的疾病被人类战胜，人类的生命周期在加长，然而新的疾病却在不断涌现，超级细菌、新生传染病等都对人类的生存构成了威胁，大量的新药被研发出来以对抗疾病，效果却越来越不理想，各类抗生素等药物的消耗量已达到前所未有的高度，人类已经产生了对药物的高度依赖。但是，健康不是靠药物维持的，相反，疾病并没有因医学强大而减弱，它们也在不断进化，自我强大。健康与疾病是矛盾的共同体，并非此消彼长，而是相互依存。

物质文明的高度发达并没有明显提高人类的主观幸福感，相反，却加剧了资源的快速消耗和环境的迅速恶化。人类对地球资源的消耗速度正在不断加快，近代人类消耗的资源要比之前全部历史时期人类消耗的资源总和还要多。人类的发展是建立在对资源的继续消耗和对环境的持续破坏基础上的，有人类活动的地方，就有环境污染，气候变暖、冰川融化、地下水资源枯竭、沙漠化加剧、森林减少、臭氧层破坏、太空垃圾、海洋污染，等等，从太空到地下，从北极到南极，人类给地球造成的破坏前所未有，而且还在持续恶化之中。人类创造了无比璀璨的物质文明，要延续并推进物质文明的进步，就必须面对资源耗竭和环境灾难，这种挑战是对人类智慧的极大考验。

人类文明的冲突在加剧，高尚伦理道德规范的另一面却是野蛮剥夺和破坏。文明与野蛮看似矛盾，实际是人类用以标示自己的一种工具而已。先进文明与落后文明之间的差异，在于不同的人如何看待自己和看待与自己相异的人和事的观念的差异。野蛮是野蛮社会的通行证，文明是文明社会的座右铭。当先进文明批评落后文明是“野蛮”时，而落后文明对先进文明的评价并不是“高尚”，先进文明并没有以文明的方式改造落后文明，相反，冲突以暴力的方式开始，以暴力的方式短暂结束，而文明的冲突还在持续，不断演化发展。当所谓“民主、人权、秩序”等所谓高尚的伦理道德标准被倡导时，标榜“高尚”的人们往往忘记了他们“高尚”背后的代价是对资源的野蛮剥夺和消耗，是对落后文明的野蛮欺压与剥削。当一国以“高尚”为借口对另一国进行“文明”洗礼时，背后巨大的国家和集团利益是决定是非成败的基石。高尚与卑鄙、文明与野蛮只是隔了一扇门而已。

科学与迷信的冲突，宗教与反叛并存，民主与专制的混淆，无不在突破人类的世俗观念。科学家以毕生心血来探索未知，以系统逻辑和可验证性、可重复性的科学精神来演绎自然，殊不知，一切科学问题归根结底都是哲学问题，都可以归结为一个问题，即“无穷大”与“无穷小”的问题，或者归结为两个问题，即“世界的本源是物质的还是精神的”和“世界是否可知”。而这些问题的答案科学家不能回答，科学问题的最终答案已经超出了科学问题的范畴，但人类以自己无比发达的科学技术而自居时，却不知未知的边缘在扩大，正所谓越是伟大的科学家，就越感到人类力量的渺小，同为认识世界的两种方式，科学与迷信是对立冲突的，然而，当剖析智慧的起源时，迷信与科学似乎又是两种不同的方式而已。于是，当伟大的科学家皈依宗教时，他们从来没有想过是对科学的背叛，也许科学精神本来就是一种信仰。

社会进步给人类所带来的挑战还远不止这些，人口膨胀与老龄化加剧的问题，家庭观念和家庭结构的变化问题，新的社会阶层的涌现与壮大的问题，教育与就业的问题，意识形态的危机、生活模式和相互联系的危机等，这些挑战给人类社会造成了巨大的压力，也激发人类不断学习和进步。

（二）学习的革命

一直以来，学习对于个体发展至关重要，学习是有机体与其生存环境保持平衡的必要条件，学习可以促进生理成熟，学习可以激发人脑智力潜力，从而促进个体心理的发展。

当今，人类已经步入知识经济时代，落后的教育只会捆绑人的手脚，学习的革命已经悄然发生。传统教育以灌输方式为主，主要集中在学校环境中，以教师为主导，以知识的获取为目标，这是一种惰性的教育方式，早已适应不了时代的发展。如果不加以变革，人类将难以生存。

学习已经不再是阶段性需要，终身学习的理念已经融入每一个教育者和学习者的血液中。在1994年罗马会议上，欧洲终身学习促进会强调，终身学习是通过一个不断的支持过程来发挥人类的潜能，使人们有权去获得他们终身所需要的全部知识、价值、技能与理解，并在任何任务、情况和环境中有信心、创造性地愉快地应用它们，终身学习是21世纪的生存概念。“终身学习是人类开启知识社会大门、适应并且驾驭知识经济的一把钥匙。”《国家中长期教育改革和发展规划纲要（2010—2020年）》的征求意见稿中，已经明确提出了终身学习的规划，并且就“如何构建终身学习与人才成长的立交桥”向广大公民征求意见。网友们畅所欲言，提出了很多有价值的建议，其中包括如何在社区、农村等搭建良好的学习设施，营造良好的社会文化和学习氛围，如何将中华文化经典传诵下去，如何搭建再就业培训和在职进修的平台，以及如何促进优秀的教学资源的全民共享等。由此可见，学习是个体一生的课题，终身学习不仅是一种生存方式，更是一种生活方式。

人们曾经将不识字的人看成是“文盲”，但在当今社会，知识爆炸的年代，不识字的人不仅仅是“文盲”而已，他们所面临的是生存危机，而“未来文盲”则是那些不会学习，不懂得学习的人。当今社会，知识更新极快，新产品、新技术、新观念等每天都在进入人类的生活，人类需要不断地去学习、去改变，才能适应时代的要求，当学习出现障碍时，个体的知识体系将被固化、陈旧，并很快被社会所抛弃。正如皮特·伊利亚德所言："今天，如果你不生活在未来，明天，你将生活在过去。"

当学习变成一种生存和生活方式时，学习将不再成为一种苦差事。轻松学习、快乐学习要取代传统的勤奋苦难式学习。"懂学习"最重要的就是"喜欢学习"。曾经的勤学苦读更多来源于书院式教学，是一种在短暂的时间里获取集成式的专业领域知识的需要，是迈向某一个行业的通行证，个体最终的成功和自我实现则主要依靠在职业领域中的自我领悟和勤勉进取，这是一种自我价值升华的需要，是不需要强迫的；相反，如果这种需要没有被激发，个体可能很快就难以适应职业的需求，并最终被淘汰。学习是生存的需要，更是自我提高的基本诉求。

"懂学习"还意味着了解学习，善于学习，包括对各种类型知识学习的规律有所了解，能够根据环境的特征采取特定的学习方式，在短时间获得有意义的学习结果，并且得到一定的满足。学习的革命也意味着学习方式的变革，传统课堂关注的是少数优秀的学生，学习内容、教学目标和评价标准主要根据他们的特点而设立，以考试升学为主要目标的学业成就评估，制约着教学的目标和实施方式，然而，事实上是更多的学生不能获得非常高的学习成就，不能进入理想的大学，他们不是学习上的"精英"，只是一名智力中等、学习能力一般的普通学习者，他们虽不能在课堂上获得显著的成就，但是，他们有可能在其他的领域获取丰富的知识技能，并取得成功。然而，传统的课堂教学却忽略了这一点，大量的教育资源被用于培养"考试天才"，而非社会公民。

学习的革命，需要全体社会成员以及每一个学生的参与，学习与教学的方式应该考虑到每一个学生的需要，应该让每一个学生都能体验到成就感。因此，教学和学习方式是灵活多样的，是因人而异的，也是无处不在的。学会学习是学习革命的主题，目标是要让人更快速、高效和愉快地学习。正如珍妮特·沃斯所言，只要知道了如何学习，学习的速度就会加快，而多数人可以比原来快五倍，效果好五倍，也轻松五倍地学习任何事物，并且持续一生，对于他们来说，这绝非难事。"怎样学习"要比"学习什么"更重要。而随着学习理论和学习技术的不断发展创新，新的神奇的学习和教学方法也在不断涌现。"工欲善其事，必先利其器"，先进科学的学习手段是很多人成功的秘诀所在，例如，保加利亚罗扎诺夫创立的"暗示学习法"理论和方法是最基本的快速学习方法，能够在催眠暗示的状态下极大地发挥个体的学习潜能。罗扎诺夫曾经利用"暗示学习法"让保加利亚的学生在一天内记住1000～1200个单词。

学习的目的除了生存需要，更重要的是解放人，让人充分释放自己的潜能，获得快乐，教育让人进步，但如果仅仅是让人获得一份工作，借以养家糊口，那教育的价值还远远没有体现出来。教育的终极目标是人格的塑造，是促进自我实现，是发挥人的潜能与创造力，在实现自我价值的同时，也为社会作出重要贡献，并且，人性也得到了升华。

科技在以惊人的速度发展，在这个世界上，一切皆有可能，一切问题都可能得到答案，问题的解决过程或漫长，或短暂，但人类的智慧正在不断地缩短这一过程。超越式学习给了人类不断大跨步前进的信心。人类大脑的潜能是无限的，目前被开发的潜能还非常少，爱因斯坦认为，人类大脑被开发的潜能不足5%。大脑是学习的生理基础，学习反过来不断塑造人类的大脑，学习并非只是简单地往大脑里面填充内容，而是不断地将大脑的潜能开发出来，不断地促进大脑潜能的扩大。当前，我们的教育过于依赖左脑功能的发挥，过于依赖语言计算和逻辑推理能力，右脑功能的开发远远没有受到重视，右脑在艺术、空间、创造力和学习能力上的潜能还远没被开发出来。当大脑潜能被无穷地发挥出来时，人类社会就会不断飞跃。

每一个学习者都是独特的，每一个孩子生下来都是天才。学习因人而异，教育的一大弊病就在于极少关注到孩子的差异性，而是将一种成人规则下的教育体制强加于儿童身上，以成人界定的科学家的模式来培养儿童，使之成为科学家。殊不知每个儿童的发展模式和成就目标并非事先所能规划好的，每个儿童的学习能力、认知风格、兴趣偏好等方面的差异对于个体的成长发展产生了重要的影响。当教育者强迫一名ADHD（注意缺陷多动障碍）儿童严格遵循课堂纪律时，孩子的自然创造力可能不仅没有得到鼓励，反而会成为一种负担；当对一个具有独特的视觉加工能力的孩子严格要求其以听觉的方式来学习时，他可能感到疲倦、烦躁不安，甚至选择放弃。可以说，每一个儿童都是天才，是不一样的天才，所以，天才的教育应该是灵活多变的，是不拘泥于形式和内容的，是因材施教的。《论语·先进》中讲“柴也愚，参也鲁，师也辟，由也喭”，正是体现了这种思想，在孔子眼中，他的所有的弟子都是独特的，都是可以被塑造的。伟大的科学家爱因斯坦甚至有阅读障碍，但是，他得到了良好的照料，受到了很好的教育，而这些教育并非传统学校所能够提供的。每一个个体都有着独特的天赋，都应该得到适当的教育开发，良好的教育让每一个孩子都能成功，不良的教育只会抹杀天赋的独特性，让学习者成为庸俗学习的依赖品，伟大的教育不在于公平性和普遍性，而在于独特性和差异性，给每一个孩子提供适合他的独特的差异化的教育，才是教育公平性的真正体现。因此，学习的革命还在于教育理念和学习理念的变革。

学习是一种自尊与爱的需要。学习不局限于一种知识的传递，而是一种情感的交流，这种情感的交流并非计算机所能够实现的，情感的交流在教育者和被教育者之间传达，他们彼此间均感受到了尊重、接纳与认可，教育感化的力量才得以发挥出来。学生热爱老师，热爱学校，热爱所学的知识，是因为他在学习中感受到了知识所赋予他的尊严，感受到了教育者所给他的温暖和力量。反之，教师应该感受到学生的尊重和爱戴，教师也要教得有尊严、有价值。学校是爱心与智慧传播的场所。任何失去情感的教育都是失败的。

第二节　青少年学习问题现状

一、学习问题

大量的调查显示，当前中学生的学习现状并不乐观。

来自金阿宁等的调查显示，中学生在学习过程中存在下列问题：缺乏科学的学习方法、求知欲望不强、没有良好的学习习惯、交流合作意识淡薄（金阿宁和南纪稳，2006）。

赵丽霞和袁琳（2006）在天津实施的中学生学习压力的调查，发现当前40%的中学生承受着较大的学习压力，仅有不到10%的学生感到学习压力较小和非常小。一些与学校相关的主要压力源包括升学、教材内容、作息制度、课后作业、课程安排、课堂学习、考试；与家庭相关的压力源包括父母总拿别人与自己比较、父母的高期望值、家长的斥责等；个体认知与情绪的压力源因素包括过分在乎升学以及对压力和考试失败的无法接受。过度的压力让中学生认知能力下降，担心学习退步，对于考试紧张、厌倦，情绪沮丧、苦闷、烦躁、压抑。

尽管国家和家庭对教育的投入不断加大，在校学习的时间不断延长，学习的资源不断丰富，教师的素质不断提高，学习的环境不断改善，但是，学生学习的综合质量却并没有得到质的改善。相反，中小学生所面临的学习问题却不断出现，甚至有愈演愈烈之势。与学习相关的问题主要体现在如下几个方面：

（1）学习障碍的发生率越来越高。儿童学习障碍（learning disabilities，LD），指在阅读、书写、拼字、表达、计算等方面的基本心理过程存在一种或一种以上的特殊性障碍，他们往往智力正常，却表现出明显的不匹配的成就表现，而且，并非根源于环境原因和情绪障碍。学习障碍包括阅读障碍、计算障碍、书写障碍和不能特定的学习障碍，全美学习障碍协会（NJ-CLD）和美国神经心理学家 Myklebust 则将学习障碍分为言语型和非言语型学习障碍，且各种学习障碍之间相互影响，共同发生，对儿童的学习造成了严重的影响。周平在江苏省的调查发现，各类学习障碍的综合发生率为 14%，尤其以阅读障碍为代表。学习障碍儿童表现出了特异性的认知功能的缺陷，导致了严重的学习困难，并且，由于他们没有得到很好的教育帮助，学习困难也影响了他们的情绪和社会技能的发展。

（2）网络已日益成为全世界人民广泛使用的交流、学习、娱乐的工具。网络使用在带给我们便利的同时，也带来许多消极的影响，如网络成瘾（internet addiction disorder，IAD）。事实上，网络成瘾已成为一个全球性的问题，如损害个人心理健康、损害同伴和家庭关系以及学业成绩（Morahan-Martin and Schumacher，2000）、工作问题、经济问题等。Morahan-Martin 和 Schumacher（2000）的研究得出结论：有 8%～13%的大学生网络成瘾。国内研究者王玉龙等（2008）从全国 10 个省（市）抽取 36 000 名中小学生被试进行大范围的调查发现，我国中小学生网络用户网络成瘾整体发生率为 6.6%；男生高于女生（ 9.6%/3.8%）；从小学四年级到高中三年级网络成瘾发生率分别为 4.1%、4.3%、4.6%、8.4%、7.3% 、7.5%、6.3%、6.2%、8.4%。而中国大学生网络成瘾的比率则只高不低。网络成瘾对个体学习造成的危害主要体现在认知功能受损、人格异化、学习能力退化、动机缺失和情绪问题上，但当前对网络成瘾的干预治疗技术却尚未成熟。

（3）学生的学习压力越来越大，其考试焦虑、学业倦怠和拖沓的问题越来越普遍。在“千军万马过独木桥”的考试竞争压力下，学生们背负着巨大的学习负担，很多学生早已不堪重负。中学生课业负担过重的问题一直阻碍着我国基础教育事业的发展，它不仅对中学生身心健康造成极大危害，而且严重影响素质教育的顺利实施。一项来自全国中学生课业负担的调查发现，中学生的学习状况仍不容乐观，课业负担过重问题依然突出。具体表现在：第一，中学生的课业数量过多，导致学习负荷过重；第二，中学生的学习内容不平衡，导致课程结构性负担；第三，中学生的作息安排欠合理，休息时间严重不足；第四，中学生的课外学习过多。优良教育资源的缺乏、教育发展的不平衡性、考试评价体制的不合理性，以及家长们盲目的教育理念都是造成中小学生繁重的学业负担和学业压力的原因。在巨大的学习压力下，很多学生表现出明显的不适应，负面情绪增多，尤其是表现出学业焦虑、倦怠和拖沓的现象，严重者甚至可能出现抑郁、自杀以及学校恐惧等问题。

（4）不少学生丧失对学习的兴趣，学习动机严重不足，最常见的现象就是厌学。学习本来是一种求知欲和好奇心不断满足的过程，是一种探索未知的自我满足和提高的过程，本应该是快乐的、自发的需要，但是当前教育过于关注结果，忽略了过程，进行强制性学习和漫灌教学，忽略了学生的自主性，大量不同领域的学习兴趣被过度开发，结果学生爱好学习的天性被抹杀，取而代之的是学习的无奈。学生是被迫学习，是为了考试，为了外部奖励，或是为了逃避失败而学习。

另外，其他的学习问题也非常多，例如，注意力缺陷与多动的问题、阅读问题、书写表达能力退化、学校恐惧问题、偏科、教学失败等问题。在当今学习型社会中，学习正发生天翻地覆的革命，然而，我们的中小学生的学习现状却令人担忧。

二、优秀学生的特征

心理学家 Sternberg（1985）认为，一名优秀的学生应该具备如下特点。

善于运用有效的学习策略。优秀的学生并非天生就掌握各种学习策略，他们更多的是源于教师的直接教学，也可能是源于同伴之间的相互学习，个别优秀的学生自己也能够创造一些学习策略。在众多学习策略中，记忆策略是比较常见，也是很早就需要掌握的，常见的记忆策略包括按类别分组进行记忆法、联想记忆法、打桩法、地点法、首字母缩写词法、离合字谜法、关键词法等。优秀的学习者也会经常评价学习策略，他们会对自己使用的各种学习策略的效果进行评估，评估这些学习策略是否有效，是否高效，是否达到了预期的效果，一旦评估认为所采用的学习策略具有良好效用，优秀的学习者会不断地去使用这种策略，并使之成为一种自动化的习惯。

优秀的学习者持能力增长观，在成就目标上表现出掌握目标而非表现目标。有些学生认为智力是天生的，学习的成败是命中注定的，天资过人的人不需要努力学习便可以成功，而天生愚钝的人，无论如何努力，都不可能获得成功。而优秀的学习者则认为人的天赋虽然有差异，但是，能力可以得到训练而提高，并非一成不变，而刻苦学习正是提高能力的途径。学习的成败是可以控制的，努力是影响成败的关键，学习的结果并不重要，学习的目的并不是要去证明自己，而是要提高自己。犯错误并不可怕，尽管错误不可以避免，但犯错误的价值就在于暴露了能力的缺陷，也提供了前进的方向，而学习正是改正错误、提高能力的机会。

优秀的学习者具有较高的成就动机。这是在成就感需要基础上所产生的一种个体更愿意从事那些有价值的事情，并且努力获得成功的力量。成就动机是影响个体未来成就和社会未来发展的重要因素。优秀的学习者成就动机强，他们在面临很多重要的学习任务时，力求获得成功，并且体验到学习的成就感和愉悦感，他们敢于面对挑战，敢于选择较难的学习任务，坚持不懈，并且敢于承担责任。

优秀的学习者能坚持完成任务。他们把任务看成一个整体，坚持完成，极少中途放弃。很多学生在遭遇挫折时意志消沉，容易放弃，但是优秀的学习者在遭遇挫折时，绝不轻言放弃，甚至愈挫愈勇，他们会用尽一切力量，利用各种方法帮助自己渡过难关。他们具有很强的意志，擅长处理各种干扰因素，具有良好的管理任务的能力，他们擅长处理焦虑情绪，完成任务时很少受到不利情绪的影响。

优秀的学习者具有较高的自我效能感。自我效能感是指个体关于自己是否具有完成某项特定活动的能力的认识，高自我效能感是一种自信的体现。优秀的学习者对于学习非常自信，相信自己一定可以获得学业的成功，并且更愿意去挑战自我，具有极强的学习动机。他们会具备非常丰富的成功经验，这些经验一方面增强了他们的自我效能感，另一方面又提供了他们在面临新任务时的参考体系。

优秀的学习者敢于对自己的行为负责。无论是成功还是失败，他们都敢于担当，对自己负责。他们乐于掌控任务，为自己的优良表现而自豪，同时也善于自我反省和自我批评。他们在失败面前绝不推卸责任，而是分析自身的原因，期待以后能够掌控任务。

优秀的学习者具有很强的延迟满足能力。这是一种为了获取更长远的大的奖励，而牺牲当前小的奖励的能力。优秀的学习者善于分析当前小奖励与长远大奖励的关系，从而能够在完成任务的过程中抵御即时满足的诱惑，为了长远的目标，能够很好地控制自己的需要，他们清楚，只有控制当前的即刻满足，只有坚持到最后，才能笑得最开心。相反，很多学生对于当前满足和长远目标的关系不清楚，或者是难以抵制当下的诱惑，导致不能很好地延迟满足，最终不能成为优秀的学习者。

第三节　学习的内涵

“学习”这个词最早出现在我国古代的儒家经典著作《论语》中，《论语》中说：“学而时习之，不亦说乎?”在古时候，学与习是分开使用和理解的。所谓“学”就是指获取知识和技能，例如，接受各种感性的知识和有关“四书五经”之类的书本知识和技能，有时候也会有思考的含义在里面。而所谓“习”则是指巩固所学的知识和技能，如进行一些练习和实习。在古代，一般提到学习，都包含有“学、思、习、行”的意思。

一、广义与狭义的学习

一般来说，对学习概念的界定，往往有广义和狭义之分。

广义的学习是指由经验（或练习）所引起的行为或行为潜能相对持久的变化。学习是个体运用已有的知识经验同化新的知识，促进认知结构重新建构的过程。我们可以从以下几个方面来理解。

第一，学习的发生是由经验所引起的。这里所说的“经验”是个体在后天的活动中所获得的，也可以说是一种经历，是个体与外界信息的一种相互作用的过程，比如，观察别人、听讲或者自己做一些阅读等，并不是通常所说的总结出来的经验。一方面，外界的信息要对个体产生影响，当然，这需要个体有一定的知识和技能作为基础；另一方面，这种新信息的进入又会丰富个体已有的经验结构。但是，那些由遗传、成熟或机体损伤等导致的行为变化，如吞咽、身体发育等，并不能称为学习。

第二，学习是学习者经过一定的练习后出现的某种变化。这种变化既包括一些可观察的外显行为，如读书、写字，也包括一些思想和观念的内隐变化。由于学习所产生的变化可能很快就会在行为上有所表现，但是有时这种变化可能经过很长时间后才能见诸行为，因此，有的心理学家将这种行为看作是一种行为潜能的变化。

第三，有行为的变化，并不代表有学习的发生。个体的行为变化并不是有学习存在的充分条件，有些行为的变化可能并不是由学习所引起的，人的本能、疾病、疲劳和一些药物同样也可以引起行为的暂时变化。比如，一个运动员服用兴奋剂，他在比赛中的成绩可能得到了暂时的提高，但是我们并不能称这一行为的变化是学习。学习的行为变化是比较持久的，但是由本能、疾病、疲劳和一些药物所引起的变化都比较短暂，因此，不能简单地认为有行为的变化就存在学习。

第四，学习是一个广义的概念，体现在学习者身份、学习内容、学习场所等各个方面。不仅人类存在学习，动物同样也存在学习。比如，海洋馆里的动物们为观众带来的表演说明动物也具备一定的学习能力。此外，学习不仅仅是知识、技能或者是策略方法的学习，同样也包括态度、道德、行为准则等方面的学习。在学校里可以学习，在家里同样也可以学习，甚至在日常生活中也能学习，因此，我们不能狭隘地去理解学习。

狭义的学习主要是专指学生的学习，这种学习是指在老师的指导下，有目的、有计划、有组织、有系统地进行一种特殊的学习，它有特定的学习内容和合乎规律的学习方法。

二、学习的分类

学习是一种复杂的现象，不仅范围广泛，形式也多种多样，学习的分类既可以涉及不同的学习对象、内容、水平，也可以涉及学习者内部的过程，因此，学者们往往从不同的角度对学习进行划分。对学习活动进行科学的分类，有利于认识不同类型学习的特点及其规律，从而改进教学过程。

（一）根据学习水平进行分类

根据有机体进化水平及学习本身繁简程度的不同，我们可以将学习分成不同的类别。其中雷兹兰（G. Razran）和加涅（R. M. Gagne）的分类比较有代表性。

雷兹兰在对多种有关资料进行综合分析的基础上，依据进化水平的不同将学习分为四大类，每一类又包含一些子类别。

（1）反应性学习：一种最简单的学习，包括习惯化和敏感化。腔肠动物可以产生此类学习。

（2）联结性学习：主要指条件反射的学习，包括抑制性条件作用（不重复被惩罚的动作的学习，腔肠动物即可形成该学习）、经典性条件作用（可发生于简单动物身上，如蚯蚓）、操作性条件作用（在低等脊椎动物身上可产生）。

（3）综合性学习：把各种感觉结合为单一的知觉性刺激，包括感觉前条件作用（即 S-S 学习）、定型作用（对复合刺激反应，而不对其中的个别刺激反应）和推断学习（客体永久性观念的运用）。

（4）象征性学习：一种思维水平的学习，主要为人类所特有，包括符号性学习、语义学习和逻辑学习。这三种学习是言语学习的三个阶段。

加涅根据人类学习繁简程度的不同，提出了八类学习方法。

（1）信号学习：学习对某种信号作出某种反应。经典性条件反射是一种信号学习。这是一种最简单的学习，其先决条件主要取决于有机体先天的神经组织。

（2）刺激-反应学习：主要指操作性条件作用或工具性条件作用。其中强化在该类学习中起非常关键的作用。

（3）连锁学习：是一系列刺激-反应的联合。个体首先要习得与每个刺激-反应联结，并按照特定的顺序反复练习，同时还应接受必要的及时强化。

（4）言语联想学习：其实质是连锁学习，只不过它是语言单位的联结，如将单词组合为合乎语法规则的句子。

（5）辨别学习：能识别各种刺激特征的异同并作出相应的不同反应。它既包括一些简单的辨别，如对不同形状、颜色的物体分别作出不同的反应，也包括复杂的多重辨别，如对相似的、易混淆的单词分别作出正确的反应。

（6）概念学习：对刺激进行分类，并对同类刺激作出相同的反应。这种反应是基于事物的某些特征而作出的，如圆的概念和质量概念的学习。

（7）规则的学习：亦称原理学习，指了解概念之间的关系，学习概念间的联合。自然科学中的各种定律、定理的学习就是规则学习。

(8) 解决问题的学习：亦称高级规则的学习，指在各种条件下应用规则或规则的组合去解决问题。

加涅的这一分类由简单到复杂，由低级到高级，前三类的学习都是很简单的反应，很多动物也能完成。1971年加涅对这八类学习进行了修正，把前面的四类学习合为一类，把概念学习扩展为具体概念学习和定义概念学习两类。因此，原来的八类就变成了六类：连锁学习、辨别学习、具体概念学习、定义概念学习、规则的学习和解决问题的学习。

（二）根据学习所得到的结果或形成的能力的不同进行分类

加涅认为学生学习之后要获得五种习得的能力，即五种学习结果，包括言语信息、智力技能、认知策略、运动技能和态度。

（三）从学习性质的角度进行分类

根据学习主体所获经验的来源不同，我们可以将学习分为接受学习和发现学习；根据学习主体所获经验的性质不同，我们可以将学习分为有意义的学习和机械学习。

三、学生学习的特点

（一）学习目标的多元性

学生的学习目标包括认知领域的学习目标、情感领域的学习目标和运动技能的学习目标。认知领域的学习目标包括知识的掌握、智力技能和认知策略学习等，以及关注学生认知能力的提高；情感领域的学习目标包括学习的情感、态度和价值观的目标，旨在让学生喜欢学习、端正学习心态和树立健康的学习目标；运动技能的学习目标强调学生身体素质的发展。

（二）学习过程的主动性

学生学习是主动建构认知系统的过程，学生是主动的学习者而非被动的知识接受者，学生是学习者的主体，教学可以视为一种“介入”，教学是帮助学生去建构自己的支持体系。学生已有知识经验对学习非常重要，知识的建构要以学生的以往知识经验为基础，这就是为什么同样的老师去教，学生们却各有获益的原因。

（三）学习内容的组织性

学生头脑中的知识绝对不是零散的，而是按照一定的层次组织起来的知识网络。学生将所获得的语言的、表象的、动作的经验分类形成一定的结构后加以储存，任何新的知识都必须经过特定的编码和转换，再与特定的旧的信息发生联系，并最终进入到系统化和组织化的认知结构中。有效的学习者是一个善于组织知识的人，他们善于运用各种方法来组织知识。

（四）学生学习的间接性

知识是对客观世界的表征，学生通过知识的学习来理解世界，这是间接的。学生主要是学习和掌握前人所积累起来的科学文化知识，即间接的知识经验。这些知识经验使学生不用再独自去发现经验，因此，学生所获得的经验具有间接性。

（五）学习结果的超越性

学生学习的概化的基本原理是可以迁移的。学以致用，学习的目的是为了应用，而应用并不是简单地照搬照抄，而是需要在新的环境下重新组合和运用知识。学生习得的概念原理是可以在真实生活中再现的。

（六）学生学习的定向性

学生的学习是在知识经验传递条件下进行的，无论是传授知识经验还是接受知识经验，双方都有非常明确的目的性与指向性，这种定向性与依靠盲目的尝试、胡乱摸索而发现和获得经验是完全不同的。教师要根据学生学习的规律来传授知识经验，通过教师系统的指导和传授，学生可以在较短的时间内取得有效的学习成果，这样就可以避免走弯路，从而大大提高学习效率。

（七）学生学习的意义性

学生要想真正地接受知识经验，把别人的知识经验变成自己的知识经验，就必须真正理解别人的知识经验，即必须以有意义的方式来进行学习。学生接受知识经验，不仅要知道这些知识经验的存在，更重要的是理解这些知识经验所要表达的深层含义。教师要用恰当的教学手段来传授知识经验，而学生要充分利用原有知识经验来理解新的学习内容，这种学习就是有意义的学习。

（八）学生学习的连续性

学生的学习是一个连续的过程，前后学习一定是相互联系的，当前的学习与过去的学习有关，同时也将影响着以后的学习。把握知识之间的逻辑系列，系统连续地开展教学，有利于学生建立合理的认知结构。

（九）学习对于教学情境的依存性

学生学习不能脱离教学情境，教师的地位在任何教学模式下都是不可替代的，传统教学情境中，教师发挥着主导作用，在现代信息化开放式的教学情境中，教师还充当着教学资源的开发者、管理者、应用者以及教学活动的组织者等角色。一般情况下，教学应该发挥的功能包括呈现材料、激发动机、教授方法与策略、提供反馈等。

第四节　学习心理辅导的内涵与途径

一、学习心理辅导内涵

在我国，不少学生或多或少都存在一些学习困难的问题，这些问题包括不良的行为习惯（如写作业磨蹭，一边看电视、听音乐，一边写作业）、行为态度（如对待学习相当马虎，对学习缺乏主动性，不会自主学习，作业做完了从来不检查，甚至都不知道该怎么检查自己的作业）等。以上这些都属于学生学习的心理与行为问题。另外，教师在教学过程中不顾学生的心理感受，不能有效地解决学生在学习中面临的诸多问题，从而导致学生学习失利后的过度焦虑，并产生对学习恐惧、害怕的情绪，甚至离家出走、轻生，也是需要关注的。

学生的心理健康是影响学生学习和学业成绩的重要原因之一，反之亦然。可以想象，如果没有真正减轻学生所承受的升学与考试压力，没有减轻他们的心理负担，即使减少学生在学校学习的时间，压缩课堂教学的课时，减少那些繁重的作业，给学生更多的自主支配的时间和空间，也不能达到让学生健康、全面发展的目的。开展针对性的学习心理辅导，是非常有必要的。

学校心理辅导以预防和教育为主，与心理咨询和治疗存在差异。所谓学校心理辅导，就是指在一种新型的建设性的人际关系中，学校的专门辅导教师运用其专业知识和技能，给学生以合乎其需要的协助与服务，帮助学生正确地认识自己，认识环境，依据自身条件，确立有益于社会进步和个人发展的生活目标，克服成长中的障碍，增强与维持学生心理健康，使其在学习、工作与人际关系等方面作出良好的适应。学校心理辅导的领域包括学习心理辅导、人格辅导、生命教育、生活辅导等。

学习心理辅导属于学校心理辅导的一个重要领域，是指在以学科课程为中心的学习活动中，教师作为辅导者，帮助学生了解自己的学习潜能，确定适当的学习目标，激励各种学习动机，改进学习的方法，做自主的学习者，运用并创造各种有利的内外条件，提高学习成效。

学习心理辅导的形式可以是多种多样的，可以由各科教师参与其中，然后在各个学科之间相互渗透；可以通过班级内的活动，由教师或者学生介绍讨论一些有效的学习方法和经验；可以利用学校心理健康活动课进行团体学习心理辅导和训练；也可以对个别在学习上存在障碍或困难的学生进行个别学习心理辅导等。

学习心理辅导的目标包括学习有效的读书技巧及考试策略，发展批判思考的技巧，确认学业上的优点、缺点及个人的学习风格，发展教育决策的技巧，培养良好的时间管理能力，发展在教室中负责任的行为，适应学校的环境，形成良好的注意品质，喜欢学习，做自主的学习者等。为促进以上目标的达成，学习心理辅导教师应该掌握以下基本技能：学习困难的评估与矫正，为教师和家长提供教育咨询服务的技术；学习心理诊断技术；智力发展评价，职业伦理学，班级心理辅导技术；个体与团体辅导技术；儿童认知发展理论，行为矫正技术；学习策略的教育指导技术和研究能力等。

学习心理辅导主要包括以下几个方面：

第一，学习潜能辅导。教师要让学生认识到学习活动本身的规律，例如，学习目标的多元性（包括认知、情感、技能等目标）、学习方法的选择性（发现适合自己的学习方法，而非完全照搬别人的学习形式）、学习过程的主动性、学习与环境的依存性、学习结果的超越性（能举一反三，实现知识的迁移）等；同时也要让学生了解自身的特点，了解自身兴趣、动机、需要、能力、气质、性格等个性特征和自身有效的学习时间、方法、习惯、擅长的知识类型、个人特长等个人学习特点。只有全方位地认识自己，才能进一步挖掘个人的学习潜能。

第二，学习动机辅导。很多学生不喜欢学习，甚至对学习感到厌倦和恐惧，缺乏足够的学习动力，导致学习目标不明确，学习策略和学习方式使用不当，在学习中体验不到自我价值感，学习的积极主动性严重不足。如何激发学生的内外部学习动机是所有学科教师和心理辅导教师面临的共同问题。

第三，考试焦虑辅导。考试焦虑是指个体由于不能达到目标或不能克服障碍的威胁，自尊心与信心受挫，或失败感和内疚感增加，形成一种紧张不安、带有恐惧的情绪状态。考试焦虑一般包括三种成分：认知成分（以担忧为特征，由于消极的自我或他人评价所形成的意识体验造成的）、生理成分（如心跳加快，胃肠不适，多汗，尿频或头痛失眠等）、行为成分（是通过防御或逃避所表现出来的一定的行为方式，如考场上惶惶不安，多余动作增加，胡乱答卷，提早离场等）。一般性的考试焦虑普遍存在，但是过度的考试焦虑不仅对正在进行的考试过程和考试结果不利，而且还会对学生今后的身体和心理健康造成很大的危害。考试焦虑的辅导应关注于考前复习、关于考试的不合理信念调整、考试准备、情绪放松技能训练、考场心态调节、考后心态调节等方面。

第四，学习能力辅导。学习能力包括学习的信息加工能力和学习活动的认知调控能力。

很多学生表现出注意力的缺陷、记忆力的缺陷、思维组织能力的障碍以及学习方法与策略的使用困难等，对于这些学生，应该在学习能力上给予有针对性的辅导。

二、学习心理辅导的基本原则

教师对学生进行学习心理辅导时应该遵循以下几个基本原则：

第一，预防与发展相结合的原则。在学习心理辅导过程中，既要关注一般性学习心理问题的预防，也要关注学习潜能的开发、学习兴趣的培养等方面。

第二，面向全体学生的原则。无论是普通学生还是学习困难的学生，甚至是天才学生等，都是学习心理辅导关注的对象。

第三，尊重、理解与接纳的原则。学生的任何行为背后总是有其特定的原因的，而这些原因都是可以被理解的。教师应给予学生足够的理解与尊重，只有这样，才能真正去帮助他。无条件积极关注每一个学生，看到其身上正向的品质，促进学生的自我接纳。

第四，学生主体性原则。学习心理辅导应该以学生为主体，根据每一个学生的特点量身打造辅导方案，学生主动改变的动机和力量是辅导成败的关键。

第五，个别化辅导与集体辅导相结合的原则。对于一些严重学习不良者，由于他们的学习问题较严重且较特殊，因此，而他们的辅导更应该以个体化辅导为主；而一般性的学习问题，如学习的时间管理、学习方法的选择与运用、学业情绪的应对等，往往与每一个学生息息相关，此时，以集体的方式开展辅导更可行，例如，开设与学习辅导相关的主题心理课，组织与学习相关的团体辅导活动课程等。

三、学习心理辅导的主要途径

（一）基于数据的问题解决模式的个体化学习问题评估与矫正

在这种模式下，针对学生的个别化学习困难，应该遵循“四步走”的原则。

第一步，明确出现的学习问题是什么。问题应该使用差异描述，即“是什么”（当前的状态）和“应该是什么”（期望的状态）之间的差异。教师和家长首先应该对问题有清楚的认识，并且问题的发生不是短期行为。要使用适当的工具对出现的学习问题进行客观的测量，并且要在实际情境中对问题进行观察和测量。对学习问题的描述要精确，包括频次、持续时间、强度、地点等指标要尽量丰富。要用两种方式对问题进行描述：①与家长和教师进行沟通的语言；②专业化的语言，能为干预、治疗所用。

第二步，明确问题为何发生。此时的目的不再是通过测量儿童的得分多少来辨别学习有问题的儿童，而是评估在哪些条件下，学习问题不再发生，在哪些条件下，学习问题更为严重，以明确学习问题发生的原因。一般而言，儿童的学习困难原因是多方面的，包括动机因素、个体的学习能力因素、个体的认知偏好、练习机会少、生理因素等。此阶段的重点在于收集信息，加深对问题的了解，并形成假设。在收集信息时，应采用多种途径来获取（包括学生、家长、教师、同伴的信息），采用多种方法收集信息（包括量表、问卷、访谈、作业检查、实地观察等）。此阶段需要明确影响问题发生的可控与不可控因素，以为下一阶段的辅导干预提供参考。

第三步，制订明确可行的学习干预方案，并付诸实践。干预方案应该基于第二步，即分析问题原因以制定干预的步骤、作用、责任及监控和测评。方案要具有可行性，要说明现有的资源的可利用性，及需要附加的资源。方案要具体，如谁参与干预，在何时、何地及如何干预都应该明确。要有明确的目标，包括短期目标和长期目标，并且将目标实现的时间进程精确化。

第四步，评估学习干预的方案是否有效，并及时调整。其目的在于对干预过程进行监控和评估，以及时发现问题并进行调整。需要评估的方面包括：当前的状态与目标状态的差异是否在降低？干预方案是否便于实施？接受性如何？有没有新的情况出现？是否达到了时间标准？如果完全无效，则需要重新回到起点，对学习问题进行描述和分析。

（二）对学科教师和学生家长开展辅导

有经验的学科教师往往能够胜任学习心理辅导的工作，相反，如果对学生的学习问题不了解，甚至采用了错误的应对方式，则可能导致更为严重的学习问题，对于家长来说也是如此。以儿童注意缺陷多动障碍为例，儿童注意缺陷多动障碍是一种基于大脑的认知功能失调所导致的行为和情绪问题的症候群，表现出注意缺陷、多动和冲动等核心症状，他们往往一般认知能力正常，但是自控能力严重落后，因此，他们的学习问题很容易被看成是态度问题，这些学生经常遭到家长和教师的批评指责，但是，家长和教师这种简单粗暴的处理方式，只会导致问题更加恶化。相反，如果教师和家长能够认识到儿童注意缺陷多动障碍的本质，转换观念，调整目标和教育方式，并且采用更为合理的系统和长期的方法帮助儿童学习，则可能会进入到良性发展模式。由此可见，很多时候，家长和教师也是学习心理辅导的对象。

（三）面向全校师生开展学习心理辅导的宣传教育活动

学校心理辅导工作的一个重要任务就是要开展大量的宣传教育活动，让更多的学生发展出良好的辅导意识和应对技巧，让更多的学生从中受益，从而让心理辅导的力量最大化。同样，学校也可以通过心理健康宣传周等方式，让更多的师生了解学习，了解学习问题，掌握应对一般性学习问题的方法。

（四）假期强化训练

在有些国家，针对一些存在严重学习障碍的学生，采用一种暑期强化训练的方式来矫正他们的学习障碍。这种高密度的强化训练不仅能够弥补学习障碍学生的知识性匮乏，更重要的是能够对学习障碍学生的学习能力缺陷进行训练矫正。在我国，对于学业不良的学生，家长们往往也会选择一些课后额外辅导和暑期强化训练的方式来帮助学生提高成绩。这些方式总体上是有效的。作为教师，在进行学习心理辅导时，要尽可能地辨别出严重的学习困难者，并针对这些学生尽快设计出认知训练课程，以帮助他们通过额外的学习和训练来提升学习能力。

（五）开展以班级为单位的学习心理辅导课程

学校心理健康教育课程在中国已经逐步普及，该课程由一系列主题鲜明的、相对独立的课程组成，其宗旨是根据学生的心理发展特点，从学生的实际出发，通过精心设计的课程方案，有针对性地提高学生的心理能力，处理成长过程中的各种问题，发挥潜能，促进人格的完善。其特点在于每个主题一般只占用一课时，学生在互动中成长，课堂气氛活跃但不混乱。主题的选取是经过深思熟虑的，没有固定的教案、教材和教法，教师能有效地控制课堂。一般的学校心理辅导流程包括创设情境、心灵外化、情感体验、交流分享、重新调整、行为实践、泛化延伸这几个环节。而以学习为主题的心理健康教育课程目前是重点，包括学法辅导、学业情绪等。

第二章　评估学习

第一节　一般学习的评估

一、评估学习的作用

作为一名教师，他可能很少会对学校和各级教育管理部门所推行的以考试成绩为导向的评价方式进行过多的质疑，因为这是当前最常用、最便于实施也是最容易标准化的方式。你会使用测验吗？你用什么类型的测验？你是让你的学生用做题的方式还是完成一项任务并上交相应作品的方式来完成他们的作业呢？你会进行月考吗？你为什么作出这样或那样的决定？在你作出决定之前，你需要了解评估的重要性。

评估有助于教育政策的制定。在特殊教育和全纳教育中，评估决定了从决策定位到课程设计等一系列的教育政策。简单来说，对教学实施评估能够达到以下四个目的（Wong et al.，2008）：①评定学生的学习水平；②甄别和筛选障碍学生；③评价教学系统和程序；④指导教学。

评估的另一作用便是帮助教师收集有关教学过程中的有效性信息，从而判断教学方法是否有效，这样评估就可以成为教师用以提高课堂教学质量的有效工具。如今的评估更重视学习者对教学反应的个体差异，这意味着可以制定个性化的教学以满足学习者的不同需求。教师可以从众多的传统评估和替代性评估中挑选出一套合适的评估方法来评定学生的学习成就，衡量已经达到的能力水平和知识理解程度，同时，也可以通过评估程序去甄别和筛选那些需要额外帮助的学生。

二、评估的模式

当学生因学业困难来寻求评估时，评定者应该思考这些问题：学生为什么会有学习上的困难？是哪些因素影响了他们的学习？该怎样帮助他们？

评估的过程实际上就是一个发现问题根源及发掘学生潜能的过程。在教学过程中，常见评估学习的方法有两大类：传统评估模式和替代性评估模式。评估者可以通过这些评估模式来获得可供参考的教学或辅导信息。

（一）传统评估模式

在所有的教学实践中，传统评估存在了许多年，并成为一种评估的范式。传统评估方法和一般心理测量以及其他教育评估方法一样，都是在 20 世纪形成和建立起来的。传统评估题目的类型有选择性反应题和结构性反应题，具体来说，选择性反应题有我们比较熟悉的非题型、匹配题型和选择题型，还有利克特题型，即五点计分题型。选择性反应题虽然并不局限于传统的四种类型，但是这几种类型是最常用的。

传统的评估方法使用专门为评估设计的任务，并提供参考答案。这种类型的评估是基于对学习结果的考察，可以作为学习和教学的总结性评价。评估通常是在课程结束的时候进行的，而且通常以考试或者测验的形式开展，其中卷面分数是最主要的评估指标。为了使评估尽可能的客观，并且便于对学生的水平进行比较，传统的评估主要以客观题型为主，答案也往往是唯一且标准化的。

传统评估的程序很容易做到规范、可操作化。在学校情景中，纸笔测验是传统评估的主要形式。此外，口头报告也是传统评估形式的一种，往往一对一进行，它采用和笔试一样的设计，通过一问一答的对话反应来收集学生学习的信息，在临床上使用较多。这种测验包括带有图片或文字的口头问题，学生需要对这些问题进行书面或口头报告。这类测验通常包括标准参照测验或常模参照测验，是经过严格标准化了的，而且它们通常是由专业人员来实施操作和对评估结果进行分析解释的，这些专业人员包括教育心理学家、专家型教师和心理测量专家等。

依赖于标准化测试的传统评估模式是最常用的方式。标准化测验分数能够表明被评估者在同龄人群或是常模中的相对位置，便于同其他人进行比较。同时，评估一般使用的都是经过了标准化的测验工具，这些工具都由心理学家和教育学家在数据统计的基础上进行了信度和效度的检验，相对来说是比较可靠的。但是，标准化测试也受到一些质疑和批评，比如，标准化的测试难以测出学生在课堂上学到了什么，所以相对来说它提供的信息是比较有限的；有些标准化测试没有经过本土化，会带来文化上的偏见，而且有时也难以避免会产生版权纠纷问题；此外，分数上的压力也会使教师占用课堂时间来让学生准备测试，而且会使教学辅导过于针对应试技能的提高，而不关注学生思维的缜密性和创造性。

总的来说，传统的评估测量的是外在的行为表现，并通过研究各种行为的组合模型来得出结论，而这一点与我们现在看待学习的观点是相冲突的。这种冲突源于教育的复杂性和常规化测验工具的不匹配性。基于这些原因，替代性评估模式在回应教育理念的改变上作出了很大的贡献。

（二）替代性评估模式

传统评估难以满足当前教育评估的需要，从而促使教育者转向一些变通性的评估方式。这些评估方式之所以日益受到欢迎，是因为它一般都是在自然情境下发生、依据学校开设的课程，并充分利用了学生在课堂上的表现所提供的信息，鼓励学生去构建、回应和展示。在替代性评估发展的过程中，多种形式的评估方法也相继应运而生。这些替代性评估方法没有传统评估那么规范，甚至难以确定一个明确标志它们出现的“事件”，但它们的发展又是连续的，而且，它们关注的是评估过程能够为学生的学习提供怎样的支持，因此它们甚至具有更大的影响力。替代性的评估更关注学生学习时所采用的方法而不是学习的结果，聚焦于课堂内部的评估能够为学生在学习上提供空间以表达不同观点与意见。从以上方面可以看出替代性评估比传统评估更具有独特性。

事实上，替代性的评估更关注学校教育情境下个人的教育需求，它不仅注意到儿童的内部原因，还了解到儿童在教育背景下作为学习者的功能以及他与教育情境互动的能力，这种类型的评估非常适用于学习障碍儿童的教学需求。因此，为评估学校情境中的学习而发展起来的替代性评估程序目前受到了极大的关注。下面将介绍几种常见的替代性评估方法。

1. 真实性评估/表现性评估（authentic assessment/performance assessment）

真实性评估是基于现实的需要，发生在真实的生活场景中，要求学生能将相应的技能和能力应用到现实生活中去。教学目标包括听、说、读、写、思考、研究、解决问题或应用知识，如要求学生阅读一篇文章（阅读能力）、发表一个演讲（口语表达能力）、给杂志编辑写一封信（写作能力）或是应用数学知识解决生活中的一个难题（计算能力）等。

表现性评估与真实性评估密切相关，都是以学生在课堂上所学的东西为基础而设计的评估。表现性评估侧重于学生课堂任务的完成情况，如对任务的展示表演、创造、应用、建构、解释、计划、举例说明、问题解决等。常用的方法有档案式评估、作品评估等。

（1）档案式评估（portfolio assessment）。档案式评估要求评估者收集一段时间内学生的课堂作业样本，以评估这段时期内学生的学业成绩和进步情况。档案式评估可以用于所有学业领域的评估，比较常用的领域就是阅读与书写能力的测量。档案式评估的样本可以包含以下材料：课堂作业、单科考试（拼写或数学测验）、行为表现报告单、教师观察笔记、小组活动报告等。教师可以根据学生个别教育辅导的目标来确定要收集哪些档案评估的样本，学生本人也应该负责档案样本的组织和收集。由于档案是学生在课堂学习过程中的一面镜子，所以，在周会或家长会上，教师必须提供和呈现出这些材料。

（2）作品评估（exhibition assessment）。作品是一种具有另外两种特征的成绩测验。首先，它具有公开性，所以学生准备作品时必须考虑到参观者的情况。其次，一个作品通常要花很多时间去准备，因为这是考查整个学习项目的最终指标。作品评估还可以帮助学生了解到一个好的作品的特征及认识到自己的作品中是否包含这些特征。

2. 动态性评估

在动态性评估（dynamic assessment）中，教师要评估的是学生在教学情境下的学习能力而不是学生已经学到的东西。该评估首先是贯穿于整个灵活而主动的教育辅导过程中的，然后在一个愉悦的学习氛围中观察学生究竟能够学到什么程度。

动态性评估的关键是学习发生的社会环境。当师生之间是一种健康的交往模式时，学生的学习能力会增强。在这种模式下，教师可以预测出学生的学业表现情况，并且能够不依赖于分数而对学生的成绩作出一个客观的评价。

总之，教师可以使用各种评估策略，以获得学生学习的各个方面的信息。对教师来说，从一系列的传统评估和替代性评估中挑选出能真正支持学习的评估方法非常重要，而且，评估也能够成为提高课堂教学质量的有效工具。此外，选择合适的评估方法和对结果的有效解释在管理有学习障碍的学生时，显得更为重要。这些学生的学习需求通常是非常复杂的，因此教师需要仔细地观察和密切地关注，以确保他们的学习需要得到有效满足。

教师在课堂中选择采用何种评估方式时，主要是依据评估的原因及评估的内容，也就是为什么要评估以及评估什么，这两者共同决定教师如何评估。图 2.1 描述了评估方式的选择过程。

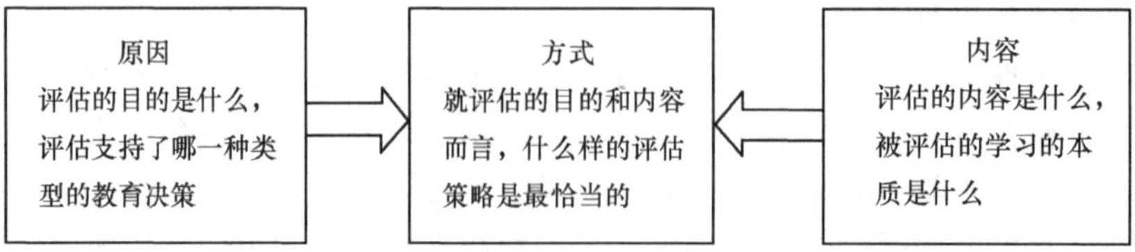

图 2.1　评估方式的选择过程

（三）替代性评估的发展

在全纳教学班里，我们有一系列的方法，从最正式的传统评估到替代性教学评估，以及对所有的学生进行评估，包括学习障碍儿童。

虽然传统评估程序和工具在课堂评估中依然占据重要位置，但是其他的评估模式对传统评估的补充也是必不可少的。表 2.1 所描述的是传统评估和三种替代性评估模式。这些替代性评估模型是针对标准化测验的不足而发展起来的，并针对儿童早期的成长环境，承认能力的差异性、环境的多样性、发展的关键期以及在早期干预时儿童发生的诸多变化等。这三种不同类型的替代性评估模型并不是相互排斥的；相反，它们是互相补充的，同传统评估一样致力于打造一个跨学科的评估模型，该模型能够应用多种方法和途径在不同的情境中为儿童的能力作一个综合且全面的评估。虽然这个模型是针对儿童早期的学习情境发展起来的，但它能够为评估学习障碍儿童的学习提供很多信息。

表 2.1 课堂评估概观

类别	传统评估	替代性评估模型		
		嵌入式模型	真实模型	调解模型
方法	标准心理测验、传统适应性测验	自然评估、焦点评估	表现性评估、档案评估	动态评估、课程本位的语言评估

替代性评估发展的一个主要趋势就是承认课堂学习活动是信息的来源之一。从这个方面来讲，教师每天都在使用这种嵌入式的评估，在学生的最近发展区内设计教学活动，然后观察学生们如何反应，考虑是哪些因素促进和阻碍学生参与课堂活动，然后记录这些信息。所以每一次教学活动既是教师评估的机会，也是学生学习的机会。

自然评估是指在日常生活中进行观察、记录以及评价能力的一种评估程序。在学习者适应的文化背景中观察他们在熟悉的活动中的表现，能够得到有关技能水平、概念理解以及认知加工的有价值的信息。基于熟悉的情境和日常生活的结构化活动能够把评估扩展到更复杂和更难的情境中，但不需要学习者脱离熟悉的课堂环境。

焦点评估在课堂实务中对目标行为的解释与自然评估类似，不同的是它设定了更多的用以观察的目标行为，而教师需要直接引导评估所关注的这些行为和能力。在这种评估方法中，常用的方法有指导教学互动的探测技术和出声思维。

为了对学生的表现进行有效的评估，可以采用结构化的方法记录和报告你对学生学习的观察结果，比如，记备忘录。所记录的事件可能是学生的一个典型行为，也可能是学生对某个概念的阐述和理解。在课堂互动中，教师对学生的提问也是一种评估策略。特定类型的问题可以引导学生思考，还能启发教学决策，而且能够实时动态评估学生的理解能力，因此经验丰富的教师常使用这种融合教学和评估的方法。

表现性评估和档案评估都是真实性的评估，因为它们反映了学习的过程，关注的是学习的真实结果而非评估的人为结果。在课堂中，教师会同时使用这两种评估方法，他们发现这些评估能够为学生及其家长提供更有效的报告。例如，当教师向家长们报告学生的学习情况时，档案便可能成为教师、家长以及学生三方会谈的焦点。

表现性评估通常是在真实情境中对学生的学习结果进行系统分析，包括自我对话、面对面交谈以及自我评估。这种类型的评估程序包括直接的判断和对表现的评价，比如，那些常用于艺术和体育上的评估，而学校学习情境中的表现性评估包括写文章和报告学习计划，通过这种开放性的方法，教师能够评估学生规划问题的能力、创造性地使用知识的能力、提出趣味性的问题解决的方法及长时间从事智力活动的能力等。通过学生的档案记录和学习表现，教师可以理解学生是如何解决问题的、对问题的理解程度如何，以及他们是如何描述解决问题的方法的。评估学生的表现还包括对儿童在问题解决过程中自言自语的解释，以及对学生在解决问题时的出声思维进行结构化分析。

另外一种形式的表现性评估或成果评估方式是收集学生每天的课堂作业，这种方法便是所谓的档案评估。档案评估通常是用学习的结果来说明学生的学习，能够表现出学生的努力程度、进步情况以及取得的成就。这种方法为记录学生的学习表现提供了工具，而且可以借此比较学生的分数或测验成绩，用来和别人交流关于该学生的表现。对学习者来说，积极建立个人档案、发展自我评估技能以及解释学习表现这些能力都至关重要，而且这些技能也能够促进学生自我管理能力的发展。因此，档案评估也可以成为学习障碍儿童发展个人能力的一种方法。

学生的自我评估同样也能成为学生理解自己的学习，帮助其成为具有自我调节能力、积极主动的学习者的一种方法。学生是自我评估的主体，包括对学习的自我反思、教师访谈、学习日志等。反思需要着眼于较为广泛的课程，包括社会和情感方面的功能。日志是对学习的反馈，能够让学生有机会总结他们的想法或是将想法具体化，能够同教师之间建立有意义的对话。同样，这种日志也为教师提供了一扇了解学生想法的窗口。

访谈也可用于课堂学习的评估。开放式访谈是教师和学生在学习活动中的互动，这种访谈类似于认知研究中的临床访谈，可以作为正式的临床访谈和分析课堂对话之间的过渡。它不需要太长时间，但能从整体上把握教学过程，而且可以采用个体访谈和小组访谈的形式。

在表 2.1 中所列举的三种类型的替代性评估中，动态评估和课程本位的语言评估都依附于社会文化学习理论，强调语言是一种非常重要的学习和思考的工具。动态评估和课程本位评估的这种理论取向也承认了其他成人在学生学习中的重要作用，比如，教师为学生构建良好的学习环境，以支持学生的认知和语言技能的发展。

动态评估发展于将教学和评估整合起来的社会建构理论。在动态评估方法中，学习被认为是有着一定容量的容器，在社会调节或教学下发生改变的过程。动态评估是个体化的评估，在评估过程中，评估者需要识别促进或阻碍学习的因素、教授学生思维的策略，并融入到评估的互动中去，即把干预和认知合并在一起的评估。该评估程序使动态评估能够和全纳教育兼容，其目的在于通过研究学习者的学习方式使教学聚焦于他们的需求，从而更具个性化。

传统评估方法所评估的能力是成熟，但是却没有给成熟这种能力下一个操作性的定义，动态评估与此相反，它旨在考察儿童在最近发展区内所处的发展或学习水平。这种方法提供了更多的关于学生如何学习，以及什么样的教学方法可以促进学习等信息，目的是帮助儿童达到更高的独立学习的程度。

大部分的动态评估都基于“前测—调整（通过教学或指导）—后测”这样的框架。许多经验丰富的教师虽然没有有意识地去实施动态评估，但是他们在教学中却经常用到这种框架。经验丰富且有技巧的教师通过观察，了解到学生知道什么、能做什么，然后实施教学，并检查教学是否有效地促进了学生的知识和技能的发展。

课程本位的语言评估是确定和分析存在于特定情境的语言要求和学习者的语言能力之间的潜在差距，即用基于课堂的活动去研究语言熟练程度。这种评估把焦点集中在语言这一学习和思考的工具上，并试图去理解学习者语言能力的本质。它为语言差距的干预提供了一个起点，同时试图去发展儿童的语言能力，从而使他们能够更好地掌握课程。

三、评估的目的及对评估信息的解释

评估是一个收集学生信息、形成判断、作出评估决定的过程。教育性的评估与辅导的联系越紧密，评估、辅导的效果就越好。聚焦于课程和教学的评估对教育辅导的指引性作用是显而易见的。尽管最初的评估发生在教育辅导开始之前，但是敏感的教师能在教学辅导过程中进一步去探索和评估。即使在初步的评估之后，教师也应该对学生的反应和不断变化的需求保持警觉。也就是说，在教育辅导过程中，评估应该通过鉴别性观察和质疑的方式持续不断地进行。

具体来说，评估的目的有以下几点。

(1) 筛选：探明哪些学生需要更进一步的、全面的评估。

(2) 转介：在对学生的课堂表现进行观察的基础上，教师要求被筛选出来的学生到学校的相关部门去作进一步的评估。

(3) 甄别：确定学生是否需要接受特殊教育的辅导，然后确定学习障碍的种类以及要接受的辅导的目标。

(4) 制订教育辅导的计划：利用相关信息来确定辅导的目标、安置，并制订有针对性的个别辅导计划。

(5) 记录学生的进步：使用多种方法来检查学生的成绩，并记录学生的进步情况。

收集学生的学习信息是一回事，对这些信息进行解释则是另一回事。对评估信息的解释对于那些想要实现其教育潜能的学习障碍的学生来说是至关重要的。对评估信息的解释决定了随后对教学目标的获得和掌握，因此想要有效地解释评估信息首先就要考虑需要评估的对象、评估技巧以及评估程序是什么。获得和掌握知识的区分在于自动化和流畅性的使用技巧，而学生是否获得或掌握知识也会影响教师的教学决策。

教师对评估的概念、内容、技巧以及程序必须明确、清晰地掌握，以便于后来对评估信息进行解释。明确定义一个概念的传统方法是对学习任务进行分析，这一过程有助于定义评估任务的性质以及对学生的反馈进行解释。动态评估强调的是分析任务过程，包括对学习者以下几个方面的分析：注意力、感觉、记忆力、基础知识、概念和有关任务的元认知。深刻理解评估内容对评估信息的有意义解释是极为重要的。

第二节　学习障碍的评估

一、学习障碍的异质性及评估成分

学习障碍的异质性是学习障碍评估首先要考虑的问题。学习障碍一般涉及特定的领域，比如，阅读、数学，或书写表达，甚至有的学习障碍者是在几个领域里有障碍。这样就很难将学习障碍者归入到一个单一的总体概念或命题中，因此对学习障碍者的评估也有所不同。

表 2.2 列出了学习障碍的子群。这些子群包括三种形式的阅读障碍，涉及认字、流畅性

和理解力，数学计算障碍以及书面表达障碍，包括拼写、书写和表达的障碍。此外，阅读困难的学生在数学方面也可能会有困难，这种现象反映了不同的障碍之间是相互关联的。

表 2.2 学习障碍的分类

学习障碍的类型	成分
阅读障碍	字母的再认和拼读
阅读障碍	阅读理解
阅读障碍	流畅性、自动化
数学计算障碍	计算、问题解决
书写表达障碍	书写、拼读或者作文
非言语学习障碍	视觉组织、动作协调和社会技能
注意缺陷多动障碍	执行功能

基础的评估测量是针对识字、阅读流畅、数学和拼写能力的。这些领域都可以用常模参照测验进行评估。此外，对那些被认为是阅读障碍的学生进行完整的学业成就的评估是必要的，有许多成就测验可以用于阅读障碍的评估，例如：①词语认知；②阅读流畅性；③阅读理解；④数学计算/问题解决；⑤书面表达，包括书写、拼读和作文。

成就测验在评估阅读障碍中应用的重要领域是单词识别、阅读流畅性、阅读理解、数学计算和问题解决能力以及书写表达。很多人在多个学习领域存在问题，评估可以分等级来进行，并不是每个人都需要进行所有的测验，而且需要重点考虑的是学生的学业强项和弱项。还有其他一些评估可以起代替或补充的作用，例如，拼写可以用来筛选写作表达和书写困难。

1. 单词识别

有一些成就评估是专门为鉴别单词识别困难而编制的，这是评估阅读障碍的必要组成部分。Woodcock Johnson 成就测试第三版和 Wechsler 个人成就测验第二版里也包括一些要求对一系列真实单词和虚假单词进行口头阅读的分测验，并对个人的词语命名能力进行测量。上海教育出版社出版的《小学生识字量测试》可以用于评估儿童的汉字识别能力。

2. 阅读流畅性

Woodcock Johnson 成就测试第三版中的阅读流畅性测验同其他流畅性测验是高度相关的。操作中，测试会让孩子用三分钟时间阅读几个段落，之后让孩子回答一些问题。阅读流畅性测试包括对表上的真实单词和虚假单词的口头阅读，或者是要求对文章阅读的流畅度测试，所有这些测试都应该是快速的、有效率的，而且能被广泛应用的。评估阅读流畅性的关键是让被试口头读出文章，只有单词阅读正确，才能测量出在每一分钟的阅读流畅性来。

3. 阅读理解

阅读理解评估起来比较困难，主要影响因素是被评估者所阅读的材料和他的反应方式记忆需求、抽象理解深度等。根据被评估者阅读的材料（句子、段落、类型、记叙文、说明文）、反应方式（完形填空、填充测验、开放性问题、多项选择、出声思考）、记忆需求（用不用文章中的内容回答问题）和抽象理解深度（词汇与知识的理解、推理、对背景知识的激活）的不同，用以评估阅读理解的测试也会有很大的不同。如果阅读材料中有超出被评估者单词认知能力和流畅性技巧范围的内容，那么进行单一的测试一般是不够的，而需要通过多样化的方式评估阅读理解。

4. 数学

Woodcock Johnson 成就测试第三版中的计算分测验和 Wechsler 个人成就测验第二版的数字操作分测验代表了数学能力的纸笔测验，在这些项目上的表现能可靠地预测认知技能的水平，而这些认知技能与数学问题解决有很大的关联。如果要对解决数学问题的能力进行评估，那么除了可以使用 Woodcock Johnson 成就测试第三版中的应用问题，或者 Wechsler 个人成就测验第二版中的数学推理分测验外，流畅性评估对于数学评估是必要的。Woodcock Johnson 成就测试第三版中的数学流畅性分测验可以作为补充性测量手段，它能够辨别出基本数学计算技能上速度明显落后的孩子，而基本算术技能上速度过慢会导致在掌握更高级数学问题上存在障碍。

5. 书面表达

书面表达是学习障碍评估最困难的领域，部分原因在于造成书写表达困难的核心因素依然不明确。书面表达障碍主要包括拼音、书法和作文三个方面的困难，由于书法和拼写上的问题对于作文写作产生了不利的影响，故拼写、书写和写作三个方面是息息相关的。对于拼写能力的评估很有必要，因为只有针对拼写错误进行有效的分析，才能搞清楚书写表达障碍的缺陷究竟是发生在语音成分还是发生在视觉缺陷方面。

Woodcock Johnson 成就测试第三版和 Wechsler 个人成就测验第二版都有针对书面表达的测量手段，写作流畅性评估也能提供一定的信息，因为它能预测作文写作的质量。此外，一些低智力的儿童也可能存在口语方面的障碍，这些问题在学习障碍中是常见的，需要对这些儿童转诊以及采取更多言语上的干预措施。词汇方面的评估将会有助于鉴别那些语言发展存在问题的儿童，同时也有助于筛选低智力的儿童。

二、学习障碍的评估模式与工具

（一）学习障碍的评估模式

学校心理学中的“评估”这一概念要与“测量”、“诊断”等其他概念相区别。心理测量是依据一定的心理学理论，以心理测验作为工具，对人的行为确定出一种数量化的价值。心理测量是心理教育评估的重要方法之一。而诊断主要指的是医学上的评估模式，长期以来，西方学校心理学都遵循这种评估的模式，在这种模式下，心理疾病一直是评定的重点。诊断的目的在于对儿童异常行为进行诊断分类，确定不良行为的性质、起因，从而为心理咨询和治疗服务。因此，在此模式下，学校心理学家的基本工作是对学生的心理疾病进行分类诊断，即收集、解释和评价所有的资料，以确定学生的心理问题大体属于哪一类。但是，这种模式的评估也容易带来一些负面的影响，比如容易给人“贴标签”，并产生“污点效应”，而且诊断遵循“有”或“无”的标准，对处于连续体上的障碍特征并不适用。

当前，对学习障碍的评估与诊断是多层次、多方面的，新的评估取向试图囊括认知因素和环境因素。例如，关于阅读障碍的诊断工具，普遍依据的是“成分模型”（the component model）和“差异模型”（the discrepancy model）。“成分模型”认为阅读包含两种相关的加工过程，对书面语言理解的加工过程和对口头语言理解的加工过程，即阅读理解和听力理解。若儿童这两种过程不能统一，便有理由认为可能有某种类型的阅读障碍。该理论模型操作性较强，效度较高，但它忽略了智力因素对言语理解的间接影响，单纯考察儿童的言语理解和听力理解能力，只能解释儿童的语言认知缺陷，而且还受儿童受教育程度、学习动机、学业成绩、视力听力等影响，因此，以此模型来鉴定阅读障碍的研究尚少。“差异模型”即个体阅读潜能与其实际阅读能力之间存在显著“差异”，阅读潜能主要通过智力测验成绩（韦氏儿童智力测验或瑞文标准推理测验）进行预测。如果个体智力水平达到正常或超过正常水平，而阅读理解成绩低于平均水平，则表明其实际阅读水平与阅读潜能之间存在显著“差异”，因此该个体可被鉴定为阅读障碍者。

近些年，研究者在对智力-成就差异诊断模型加以批判的基础上，提出了学习障碍诊断的RTI模型（response to instruction model）。RTI模型关注事后检测，依据“学习障碍”儿童是否能够从相应的教学实践中获益，并由此来辨别其是否真的可以被确诊为“学习障碍”及其严重性如何，由此观之，RTI模型是一种动态的检测过程，一种融学习障碍的诊断与干预于一体的合成系统。其常见的做法是研究者通过一组标准化的认知能力测试识别出学习障碍风险人群以进行干预，然后对风险儿童的整个样本实施一个固定期限的干预，干预是由受过专门训练的人员——大多数是获得合格证书的教师进行的。在第一期干预结束后，达到已定标准的孩子可以进入正常的班级中接受一般性教学，剩下的孩子将实施另一项更高强度集的小组化（2～6人）的定期干预，这样，更多的儿童会从中受益并且再次回归正常教学情境中。第二期干预结束后，他们会再次就他们的进展进行评估，达到已定标准和接受测验，表现好的孩子可以参加正常的班级。对于那些剩下的孩子，可以选择进行下一期的干预，或者选择停止干预并对剩余的阅读困难的孩子进行进一步的测试，明确其学习障碍的特征和实施特殊的教育方案。RTI模型对于干预实施者有着很高的要求，要求干预者依据专业的技能采用逐层干预过滤，最终识别学习障碍儿童，具有很强的临床价值。

（二）学习障碍的评估标准

学习障碍的概念、特征、类型划分等研究为学习障碍的诊断界定奠定了基础，提供了可操作性的方法。但是由于学习障碍表现的差异性、原因的复杂性，到目前为止，对学习障碍的诊断还没有一个统一的诊断模式。这里先介绍几个比较普遍的诊断标准，然后介绍国内外有代表性的诊断方法的研究成果。

美国《残疾儿童教育法》认定了如下对学习障碍评估和鉴定的标准：①学习潜能和实际学习成就之间的差距。潜能大多由智力和认知能力的测试得出，实际学习成就多通过一系列的学习标准测试来体现，标准的学业成绩测试可以客观地反映学生的学习情况，比如一些常用的成就测试，同时采用标准分数法和回归公式法来认定学习潜能与实际学习成就之间的差距。根据调查，美国有86%的州用上述标准来评估和鉴定学习障碍儿童。②排除由外在因素所引起的学习困难。这里所指的学习障碍是特指的、内在的学习障碍，所有要排除由感官、情绪、智能、环境等因素所导致的学习障碍。③特殊教育的标准。执行这一标准的主要目的是将普通教育中的学习障碍儿童和应给予特殊教育的学习障碍儿童区分开来，以确保特殊儿童接受特殊教育的权利。

参考美国的三个标准，我国台湾地区也提出了有关学习障碍儿童的评估标准：①智力正常和正常程度以上；②个人内在能力有显著差异；③注意、记忆、听觉理解、口头表达、基本阅读能力、书写、数学运算、推理或动作协调等能力有明显困难，且经评估后确定为一般教育所提供的教育和辅导没有明显效果的儿童。在我国，多采用以教师为主的弹性评估方法来鉴别学生在校的学业水平，主要类型有国家统考、学校或年级命题的期末考试、单元测试等。

总之，对于学习障碍的诊断可以综合为以下标准：①排除标准。排除标准是指学习障碍不是视觉障碍、听觉障碍、动作障碍以及智能不足、情绪困扰、环境、文化或经济不利等残疾，或外部环境因素的结果。在进行学习障碍诊断的时候，必须排除由外在因素所引起的学习障碍。②差距标准。差距标准是指个体内在能力和实际表现之间存在较大差距。③特殊教育标准。特殊教育标准指的是学习障碍学生必须是无法在普通教学条件下进行学习，是需要接受特殊教育服务的。④病理标准。在分析病理因素时，要考虑儿童的心智能力或心理动作功能的健全状态必须到何种程度才算正常或缺陷，要考虑儿童学习问题属于信息超载还是信息短缺，要考虑其脑伤、脑功能失调、生化差异和遗传差异等生物功能上的病例因素。因此，在对学习障碍儿童的诊断过程中，必要时必须实施医学-神经学的检验。

第三节　学习障碍的评估过程

一、评估前的准备

评估的目的是为了收集、分析数据，制订个体化教学的计划，改善学生的学习状况，监控学习的进步等。在作评估计划和写评估的程序报告之前，必须考虑以下内容。

（一）确定目前的表现水平

（1）统合整理从各个渠道收集的学生的信息。

（2）确定学生需要改进和发展的技能目标和领域。

（3）确定是否已收集了足够的信息，如果有必要，则要采用标准化测验、变通性评量、观察等方法以收集更多的信息。

（4）以学生目前的掌握水平为根据来确定学生能达到的潜能水平。用来描述学生掌握水平的方法有常模测验（百分位数或年级水平的分数）、变通性评量（班级数学测验成绩）等。

（二）收集相关信息

有时候，为了更全面地了解学生，我们需要获得更多的信息。除了传统标准化测验、替代性评估之外，教室内观察也是一个很好的方法，它能具体说明学生在校行为、该行为与学业水平之间的关系。例如，在独立阅读时间里，学生做了什么？另外，既往史也提供了大量有用信息——健康状况、离校、搬家、转学、教师评语、以往成绩——所有能帮助理解学生问题的信息。同时，这些信息也表明这个学生是否已具备了展开目标学习的先决条件。

（三）确定表现水平和潜能水平的差距

给学习障碍下一个操作性定义的过程就是一个确定差距的过程。也就是说，一个有学习障碍的孩子的学业掌握水平（学会的东西）和智力水平（有能力学会的东西）之间存在着严重的不匹配。掌握水平意味着学生目前的表现水平或学业技能（如阅读、计算等），智力水平是一个学生的学习潜能，通常是可以通过智力测试测量出来的。这两者之间的不匹配程度就是表现水平和潜能水平的差距。

表现水平和潜能水平的差距提供了一种判断学生是否有学习障碍的方法。学校通常会用一些数学公式来量化这个差距，约86％的学校以此来甄别有学习障碍的学生。

目前，使用差距公式来确定学习障碍者的做法受到一些研究者和实践者的质疑。下面就是一些质疑的声音。

（1）在确定孩子潜能方面，IQ 分数的用处有多大？研究者们首先就 IQ 试题本身提出了尖锐的质疑，这是一个掌握水平的测验工具还是智力潜能的测验工具？由于某些与障碍有关的特质，有学习障碍的孩子的 IQ 分数总是令人沮丧。例如，语言障碍会导致 IQ 分数过低，最终使这个孩子去接受个体化教学。另外，由于 IQ 分数会受到孩子的文化和个人经验的影响，因此 IQ 在学习障碍不同类型的诊断上的价值是有限的，因为分数反映的是一个输出的结果，而不能反映个体是如何解决问题的。

（2）美国各州采用了不同的差距计算公式。不同的州（不同行政区的学校也如此）使用了不同的方法来确定差距，而且，他们在评估中使用的测验也不同。结果是，在一个地方被认为是有学习障碍的孩子，到了另外一个州或学校，很可能就不是学习障碍者了，但是事实上，学习障碍不会因为跨越了州而消失。

（3）使用公式法不能辨别出太小的学习障碍儿童。由于能力水平和掌握水平的差异是根据学业的成败而预测的，显然，一个还没学习阅读的孩子是不能用这种方法甄别出来的。幼儿园和小学一年级是对学习障碍儿童采取干预措施的黄金时期，因为他们还没有体验到失败感。显然，这种方法是不适用于学龄前儿童的。

为了甄别出学习障碍儿童，现在有一些确立智力水平和掌握水平之间差异的变通性办法。

首先，评估学业技能之间的差异。例如，一个数学优秀、阅读很差的孩子就表现出了学业技能上个体内部间的差异。

其次，评估认知技能间的差异。有学习障碍的孩子在各种认知技能上存在差距。例如，一个学习障碍儿童表现出来的是基于语音系统问题而产生的阅读障碍，然而，他在概念形成、推理和批判性思维等方面的认知技能却非常强。

再次，评估以语音为核心的变异。许多学习障碍的孩子存在语音加工困难和命名缓慢的问题。在这些方面有缺陷的孩子是可以被辨别出来并接受相关技能的特别辅导的。

也可以采用更多临床性判断方法。当定量分析无效时，评估小组的临床经验和技能能帮助评估工作的进行。评估人员应该把其他非定量信息纳入考虑范围之内，如观察报告、家长/教师提供的信息、测验中的表现。例如，与非口头性任务或是操作任务相比，学生在语言性测试中的表现如何？其注意力问题是否干扰了他在测验中的表现呢？此外，还可以单独进行评估。

（四）确定年度目标

年度目标是对在一年里学生应该达到什么水平的大体估测。年度目标应该反映学生最基本的需要和每一目标领域最基础的部分。例如，数学年度目标应该是学生掌握两位数的乘除法。

短期目标应该使学生逐步由目前水平向年度目标靠拢。通常会有一些短期目标，这是一个连续的、针对行为和标准的、对学生和教师都比较好操作管理的系列目标。以上面提到的年度目标为例，其短期目标应该包括：

（1）学生学会个位、十位都要进位的加法（如 578＋389）。

（2）学生学会个位、十位都要借位的减法（如 311－289）。

(3) 学生通过乘法口诀表学会一位数的乘除法。

(4) 学生学会两位数乘以一位数(如 25×9)。

(5) 学生学会除数是两位数的除法(如 237÷25)。

(五) 确定教育辅导

应该为学生提供什么样的个体化教学辅导呢?在日常教学中,对学生的要求应该达到一个什么程度呢?这些决定往往与学生的个别化教育安置相关,而且,学生被安置的环境的最小限度是什么也应该确定下来。

(六) 监控学生的进步

如何去监控、测量学生的进步?短期和长期的目标是否达到了?是如何达成的?采用了哪些测量工具?谁负责这个环节?表 2.3 给出了一个范例。

表 2.3 IEP 年度目标(数学)样本格式

辅导领域:数学							
年度目标:学生学会乘除法运算							
		短期评估目标			评估技能结果		
短期目标	测验、材料、评估过程	成绩优秀标准	评估时间安排	目标掌握时间	无	有	掌握
加法(二次进位)	20 道加法题	精确度 85%	第一等级末	10/10/79			×
减法(二次借位)	20 道减法题	精确度 85%	第二等级末	11/14/79			×
乘法 1(乘法口诀表)	20 道乘除法题	精确度 65%	第三等级末	1/15/80		×	
乘法 2(二位数乘一位数)	数学测验中乘法题	精确度 75%	第四等级末			×	
除法(除数是二位数)	数学测验中除法题	精确度 75%	第五等级末		×		

二、评估过程

在对学习障碍的研究中,可以说学习障碍的评估是教育者和研究者最为关心的问题,也是被人们研究得最为广泛的内容,那么如何具体地对学习障碍儿童进行评估,哪些信息对评估起着至关重要的作用,哪些信息会对儿童存在潜在的不利影响等问题,将是评估过程的重点。

(一) 如何开始:收集资料,形成假设

先收集被评估者的基本情况,包括姓名、出生日期、出生地点、年级、学校、居住地,父母的姓名、职业、电话,以前的评估历史及日期、评估者姓名等。

描述要评估的问题,可以从教师、家长和学生三个方面来获得信息,并通过问卷、访谈和观察等方式了解情况,使评估者对于问题的分类有个大概了解。这里需要注意的是,很多情况下,家长、教师以及学生本身对问题的描述往往不一致,这就要求施测者必须要认真辨别。

还需要了解病史、生理上的风险、学校环境及表现、家庭环境及表现等。

评估的信息常常从以下四个方面获得:既往史或访谈、观察法、非正式评估,以及传统标准化测试。通常一次可以收集多种信息,或是由一个评估步骤到达另一个。例如,观察一个学生的行为后可能会有必要采用一个专门的测试。如发音不清晰,并且还常常误解施测者的话语，这样的表现意味着听力障碍，这就需要做一个听觉灵敏度和听力辨别力的正式测试。

（二）在情境中观察：加深对问题的认识

在收集完被评估者的详细信息之后，需要在各种时间、场合下定期观察被评定者。对于评估的工作人员来说，现场观察并不容易，需要任课老师和家长协助完成。同时，需要注意被评估者在某种情境下表现出的问题在时间和场合上的一致性。

在现场观察之前要做好充分的准备工作，包括观察工具、场地安排、人员安排、记录工具、知情同意书等。在观察时需要记录的观察内容包括外表、言语、完成任务的情况、卷入情境的水平，以及特定问题行为的发生时间、频率、强度等。

（三）实施测验并记录测验中的行为表现

在实施测验前，要针对被评估者的具体评估目标选择相应的测评工具，在施测过程中，记录被评估者在测验过程中的行为表现，一方面，测验中的行为表现有助于验证前面行为观察的结果；另一方面，记录的信息有助于对测验的结果进行解释。具体来说，在施测过程中需要记录的内容包括：

（1）被评估者对测验材料和评估者的表情反应，如说话方式和态度反应等；

（2）他对测评题目的理解程度如何；

（3）在测评过程中，他对测评的态度是什么样的？他喜欢吗？

（4）测评过程中他是否表现出紧张？

（5）他是否能够完成测验，注意力是否集中？

（6）测验中是否粗心大意，心不在焉？

（7）是否服从指导？

（四）测验结果及其解释

所有的测验结果如果在脱离被评估者的情景下去解释的话，那么毫无疑问是没有意义的。在解释评估结果的时候我们要明白，“数据是死的，解释是活的”，测验本身只能给出一些表面的结果，至于分数背后的原因则需要施测者依据大量的临床经验、理论基础并结合测验中的行为表现进行深入分析。而每个施测者的背景、关注点都是不同的，因此，同样的分数和数据，在不同的理论家眼中，可能意味着不同的内涵。因此，解释结果时需要注意：评估的数据需要与常模比较，确定被评估者特定症状偏离的程度；明确被评估者学习障碍的性质，是由于能力的问题还是在测评过程中操作的问题；在对结果进行解释的时候，要避免武断；要用通俗易懂、容易被接受的语言向家长和教师进行表述。

（五）提出建议并撰写评估报告

无论使用心理评估的目的是什么，一般都要给出某种结构的报告。因研究目的的不同和报告对象的不同，评估报告的大纲和长度会有不同。一个合格的学习障碍评估报告必须包含如下信息：该学习障碍学生的基本信息、评估的基本资料、各种测验的结果、各科学业成就的能力分析的结论、评估者所持的评估观点及推论、诊断结论、建议。

当我们准备一份心理评估的正式报告时，首先要清楚基本问题和被评估者的主诉（为什么要进行心理评估），以及心理评估结果对回答或解决这些问题有什影响。还要考虑被评估者当前的精神状态和情绪稳定性以及可能出现的结果。被评估者的各种个性特征和内在关系应当尽可能全面、详细地加以描述，要避免模糊、概括和刻板化。最后，报告应该写得简洁明了，让阅读者容易理解。如果一份心理学报告让人觉得看不懂，那么这份报告就没有价值了。因此，针对评估报告提出的建议要紧紧围绕评估结果，不能无的放矢；建议要考虑到儿童的目前处境，提出具体的可实现的方法，切忌空洞，要切实可行；针对不同的人提出不同的建议，尤其是要区分教师和家长；最好是心理学家、教师、家长和儿童一起讨论建议。

（六）信息的反馈

大部分的评估实践是用来帮助教师设计最适合学生的教学计划，教师可以通过评估信息作出合理的教学决策，但是这些评估信息对于学习者来说有什么用呢？在课堂教学情境下，如果教师要培养出主动学习的学生，那么他们就需要考虑如何使评估信息对学习者有用，以及如何将评估信息反馈给学生。

学校评估不仅要指出接下来要教给学生什么内容，而且要强调评估在将学生变成主动学习者这一过程中的重要作用。同时他们还指出，课堂评估可能会影响到学生的“自我意识、期望、动机和信心以及长期的学习倾向”。当学习者年龄较小时，他们可能从具有建设性意见的评估反馈中获益，随着学习者逐渐地学会根据评估反馈来调节自己的学习，他们将不断地从评估中获得重要的信息。

学习者以教师对他们的学习表现给出的评估为依据来作出教育决策，他们有可能运用评估提出的学习策略加倍努力，也有可能拒绝或是重建他们的学习目标。学习者在收到反馈后将会作出四种具体决定：要么试图达到这一标准、放弃这一标准、改变这一标准，或者降低标准使他能更好地完成这一标准，再者拒绝（接受）评估结果。（评估）反馈通常具有很强的消极影响，特别是对那些有学习困难的学生。因此，教师必须要意识到他们所给出的评估反馈将会给学生带来的重要影响。

教师的有效作用是为他们的学生提供适当的、具有挑战性的和具体的学习目标，以及有效的学习策略和反馈，并认为反馈有四个主要层次，而且反馈所达到的层次会影响它的反馈效果。在这种模式下，反馈可以直接针对任务本身、用于完成任务的过程、自我管理、自我这四个水平（图 2.2）。

任务	过程	自我管理	自我
任务被理解和执行的程度	理解和执行任务的过程	自我监控、指导自己的行为	学习者的自我评价和情感特征
可以指导学生应用更多的正确的信息	可以指导学生应用特殊的方法或策略	指导学生自我评估以增加学习的信心	可以完全与任务表现无关，如“你是一个好学生”

图 2.2　反馈的四个水平

针对过程和自我管理的直接反馈是四个水平中最强有力的。当对任务本身的反馈与对完成任务过程以及对自我管理的反馈相结合的时候，反馈最具影响力。在该反馈模式中，对自我的反馈在推动学习者达到学习目标的过程中效果最差。

教师为有学习障碍的学生提供反馈的关键在于激励学习者，但事实上，提供给学习障碍学习者的反馈经常起阻碍作用，特别是那些重点在于对任务完成程度的反馈，学习者往往通过下面的表述对反馈进行解释，比如，“我是一个失败者”、“我没用”、“我智力比别人低”、“我是愚蠢的”……

反馈从来都对所有有效的教学和学习互动过程有着显著的影响，教师不能否认学生的错误，但是教师可以把学生的错误组织为学生学习和发展的一部分：“不，你还不能解决那类问题，但是你可以学会怎样去解决它。”经验丰富的教师善于利用评估为课堂教学决策提供信息，并有助于学生的学习。

总而言之，随着各种标准化测验越来越多地被使用，人们意识到应该让公众对测验有更多的了解，包括了解心理和教育评估工具的优缺点，以及测验销售者和使用者的动机与从业状况。

资料窗

他们会怎么做?

——来自经验丰富的教师的建议

在整个学年里，教师要根据对学生的智力、学术能力、学习障碍、天才和州与联邦立法的了解，作出成百上千个教育决策。实际上，大多数入学考试都需要你去了解学生的智力、能力、学习风格、全纳和法律的要求。这些问题足以挑战大多数经验丰富的教师。你的第一个班很可能也会提出相同的挑战。

为不同的学习者和由特殊需要的学习者建构一个机遇标准的评估程序，精确评估学生成就的现有水平。日常教学应该精心设计，以使所有学生都参与到学习活动的所有方面，使用短周期的形成性评估，如连续记录和用红字打分的写作范例，这些可以作为学生阅读和数学进步的标志，而且每年都要测量学生的进步。

—— Deborah P. Reed

我会评估测验分数，为我的学生确定优势和劣势领域。接下来我会确定是否有个别需要特殊帮助的学生，我会将学生的具体需要和恰当的课程水平相匹配，并根据他们的能力设计教学方法。会在学校和家庭之间为非本土语言使用者的重要沟通安排翻译者，还会确定有听力损伤的学生的障碍程度。

—— Debbie Younglood

第三章 经典学习理论的辅导价值及学习动机激发

第一节 行为主义学习原理的辅导应用

一、行为主义学习理论基本内涵

行为主义认为，一切学习都是通过条件作用，在刺激（S）和反应（R）之间建立直接联结的过程。强化在S-R联结的建立中起着重要的作用。在S-R联结中，个体学到的是习惯，而习惯是反复练习与强化的结果。习惯一旦形成，只要原来的或类似的刺激情景出现，习得的习惯性反应就会自动出现。行为主义的主要代表性理论有巴甫洛夫和华生的经典性条件作用、桑代克和斯金纳的操作性条件作用理论。

经典性条件作用理论认为，条件作用是通过中性刺激反复与无条件刺激相匹配，使中性刺激成为条件刺激，个体学会对条件刺激作出条件反应的过程而建立的。在形成过程中，无条件刺激引起的特定反应是前提条件，即无条件作用是条件作用的基础。只要跟无条件刺激在时间上结合，都可以成为条件刺激，形成条件作用。在条件作用开始建立时，除条件刺激本身外，那些与条件刺激相似的刺激也会引起条件反应，这种现象称为条件作用的泛化。而经过选择性强化与消退，对其他相似刺激产生抑制，这种现象称为条件作用的分化。条件反射的刺激可以经过多次链接，形成二级甚至多级条件反射作用。

而操作性条件作用与经典性条件作用对行为的建立和习惯的形成的解释并不相同。斯金纳（B. F. Skinner）将动物和人的行为分为应答性行为和操作性行为。应答性行为是由已知的刺激引起的，是有机体被动地对环境作出反应，操作性行为是由有机体自身发出的，它们可以对环境施加影响并受意识控制。这些行为由于受到强化而成为特定情境中随意或有目的的操作，如小学生第一次把作业写得很整齐，受到了老师的表扬这种强化以后，下次就会维持这种行为。斯金纳研究的主要就是操作性行为。人类学习行为主要以操作性行为为主。

强化理论是斯金纳学习理论的核心，他认为强化也是一种操作，强化的作用在于改变同类反应在将来发生的概率，而强化物则是一些刺激物，它们的呈现或撤销能够增加反应发生的概率。强化可以分为正强化和负强化，正强化主要指给予奖励，如回答对了问题就给予棒棒糖奖励，负强化主要是指撤销惩罚，如认真完成作业就不用帮忙洗碗。

惩罚是指当有机体作出某种反应以后，呈现一个厌恶刺激或不愉快刺激来消除或抑制此类反应的过程，同样可以包括正惩罚和负惩罚。

二、行为主义学习理论的主要学习辅导价值

经典性条件学习在学习上的主要应用体现在不良学业情绪的消除方面，具体包括以下方面。

1. 消除负面情绪

很多时候，学生在学习过程中形成的相关的负面情绪并不是由学习本身所导致的，而是

由与学习相伴随的一些负面刺激所诱发，久而久之，学生对学习也产生了相应的负面体验，例如，恐惧、焦虑和厌恶情绪。如有些教师采用非常严厉苛刻的手段来惩罚学生课堂上回答问题错误的行为，结果导致学生对教师提问极度恐惧；有些教师不经意间将考试结果的重要性过度放大，将考试的难度和不确定性也夸大，导致学生过度的考前焦虑现象。经典性条件反射作用一旦形成，就会自动化发生。

正如学生一进入考场就会觉得紧张，听到下课铃声就放松；当老师抱着一叠试卷走进教室时，学生们都感到非常烦恼，等等，课堂中很多的消极情绪往往都是条件反射作用的结果。同样地，可以运用经典性条件反射作用消除学习中的负面情绪，例如，当学生厌烦考试，厌烦上课举手回答问题时，教师应该给予更多积极的评价，让其适当地放松，让考试、课堂发言等情境经常与一些放松的情境相伴随出现，久而久之，学生的负面情绪会逐步消退。

2. 将学习与积极的情绪建立联系

经常将学习活动置于愉悦的情境中，久而久之，学生在情境的愉悦与学习活动间建立了联系，学生对学习也产生了好感。例如，创造良好的学习氛围，改变教室环境，营造温暖和谐的气氛，使学生将来自舒适环境的舒服感觉与学科学习之间建立起联系，教师对学生学习的积极性正向评价，同伴学习的合作互助和相互支持等。

3. 恰当使用泛化与分化

情绪反应具有很强的泛化特征，而泛化和分化在学习的不同阶段，有着不同的适应性意义。当学生对某一学科教师产生了厌恶和恐惧时，可能会进一步厌恶及恐惧这门学科，甚至泛化到全部的学习中去。教师要帮助学生分辨不同的刺激与反应之间的区分和联系，避免泛化。而相似的情境或相似的概念对于愉快的情绪和良好的行为习惯的泛化有一定的促进作用，因此，提供各种情境进行实战演练对于学生来说更容易增强对知识的理解性。分化的重要性提示教师在教学中要明确告诉学生，什么样的行为会受到强化，正确的行为和错误的行为要有明确的界限。分化在学习的中后期非常关键，是学生学习不断细化深入的表现，教师应善于在各种知识学习的中后期引导学习进行分辨学习。

4. 运用行为放松法克服考试焦虑

行为放松法是负面情绪的建立“反其道而行之”的过程。例如，考试焦虑是一种常见的学习问题，严重者可导致考试完全失败，并且很难自我克服。教师可以根据经典性条件作业帮助这类学生逐步克服考试焦虑，基本做法是持续地将考试情境与某一积极事件相联系，伴随发生，以积极情绪逐步取代消极情绪，并最终达到逐步降低对考试的焦虑与恐惧的目的。

操作性条件反射作用在学习上的运用主要体现在学生行为矫正上，即合理运用强化、惩罚、行为契约、代币制、隔离法、消退等技术，逐步消除学生不良的行为习惯，建立良好的行为习惯。强化与惩罚的合理运用是行为矫正成败的关键。

在学生的学习过程中，教师和家长应利用微笑、赞扬、奖品等学生喜欢的刺激来对学生的行为进行正强化，而利用收回批评、停止打骂、取消学生不喜欢的活动来进行负强化，从而使学生养成良好的学习规范。

在强化过程中要注意的是：①注意学生的特点，提供不同的强化物，如有的学生喜欢用铅笔、作业本等实物奖励，而有的学生可能希望当众得到表扬，因此要根据学生的兴趣来进行强化。②强化要及时，不要进行延缓强化，后果紧跟行为比后果延缓要有效得多。及时提供反馈有两个作用：首先，它使行为和后果之间的练习更为明确；其次，它增加了反馈信息的价值。③强化要针对良性行为。④强化要真诚。

惩罚的使用必须慎重，有研究表明惩罚对于消除行为并不一定十分有效，它只能暂时抑制行为，而不能根除行为。而且惩罚会带来一些问题，如导致模仿、兴趣缺失、攻击性、逃避惩罚情景、习得性无助等，因此，惩罚的使用要在清晰的课堂要求和规则下，应该严格且平静，不带个人色彩。惩罚的强度不应该是逐渐增强的，而应该在开始就给予最大强度，使其在一开始就发挥最大的作用。如果在惩罚一种不良行为时与强化一种良好的行为相结合，会取得更好的效果。另外，尽可能首先考虑负惩罚。

为了及时有效地实施强化和惩罚，并且提升学生行为的自我管理和计划能力，强化物的给予往往采用代币制的方法，即通过有效的行为表现赚取相应的代币，一定数量的代币可以兑换实质性的强化。学生赚取代币、筹划兑换的过程就是良性行为不断建立、行为自我约束和管理能力不断提升的过程。

在行为矫正技术上，斯金纳提出了行为契约、自我管理等方法来对儿童的不良行为进行矫正。它是经行为者本人同意后，用书面的形式，明确规定是否有这样的行为及会获得怎样的后果，它与强化和惩罚相关联。契约的制定是关键，行为契约的组成包括：确定目标行为；规定如何测量目标行为；确定该行为必须执行的时间；确定强化与惩罚的发生；契约双方签字。

行为契约

日期＿＿＿＿到＿＿＿＿

我，＿＿＿＿＿＿＿＿＿＿＿＿＿＿＿＿＿＿＿＿＿＿＿＿

如果没有做到，＿＿＿＿＿＿＿＿＿＿＿＿＿＿＿＿＿＿＿＿

签名＿＿＿＿

在使用行为矫正时，学生与教师之间的相互理解和尊重，行为改变程序和奖惩的合理化，超过一定期限的系统的执行步骤都是非常重要的。

5. 程序性教学

程序性教学是指将各门学科的知识按其中的内在逻辑联系分解为一系列的知识项目，这些知识项目之间前后衔接，逐步加深。然后让学生按照知识的前后顺序逐一学习每一项知识，并给予及时的反馈和强化，使学生最终能够掌握所学的知识，达到预定的教学目标。程序可分为两类，第一类是线性程序，通过许多极小的步骤循序渐进地进行，每一步都可以保证不出现错误，并进行巩固。第二类是分支程序，每一步都给出几种可选答案，选择了正确答案则进行下一步的学习，选择了错误答案则转向能纠正这一错误的学习步骤，待错误得到纠正后，再进入下一步的学习。

斯金纳认为程序性教学让学生积极反应，调动学习主动性，及时的反馈符合学习的基本原则，自定步调使教学个别化，使教学进度符合每个学生的实际情况。程序性教学对推动教学控制论的发展和教学技能手段的现代化有很大的意义。

6. 系统脱敏治疗

这是操作性条件反射在心理治疗领域的重大应用，同样，也可以运用到与学生相关的问题行为和情绪中。例如，对于存在社交焦虑和学校恐惧的学生，可以采用系统脱敏的方法，逐步解除他们的焦虑与恐惧感。其基本做法是对焦虑恐惧事件进行等级划分，从轻度焦虑恐惧事件开始进行治疗处理，结合行为放松技术，逐步解除负面情绪，直到达到最高水平的事件。

第二节　认知主义学习原理的辅导应用

认知主义对于学习的界定与行为主义截然不同，强调学习本质上是个体内部认知结构的变化，个体的认知因素对于学习影响甚大。班杜拉的社会学习理论是基于行为主义与认知主义之间的一种观点，但是班杜拉更加关注的是学习与行为改变的个体因素，而不是环境因素，强调学习者之间的相互影响和动机因素；奥苏伯尔和布鲁纳则非常关注认知结构在学习中的重要作用，认知结构既是学习发生的关键，也是学习的结果；加涅则将学习的内在发生过程比拟为信息加工过程，涉及不同的阶段和教学事件。这些理论的核心教学内涵下面将逐一分析。

一、班杜拉的社会学习理论

（一）班杜拉的经典实验

班杜拉（Albert Bandura）认为，学习不一定只通过直接经验获得，人们可以通过观察他人的行为及行为后果而间接地产生学习，即观察学习。

观察学习经历注意、保持、动作再现和动机四个过程。在注意过程中，学习者注意和知觉榜样情境的各个方面，然后决定选择什么对象和行为作为观察对象。在保持过程中，学习者将观察到的行为以符号表征的方式存储在大脑中，以便以后根据言语符号来唤起表象，指导自己的行为。动作再现就是把大脑中的符号表征转化为适当行为的过程，学习者必须具有适当的行为能力，才能再现观察到的行为，发展和完善技能。动机过程决定哪种经观察习得的行为得以表现。学习者并不是复现他所观察到的每个行为，行为的表现受到动机的支配。班杜拉认为除了直接强化外，还存在另外两种强化：替代强化和自我强化。替代强化是指看到榜样行为而受到强化，即榜样行为的后果直接影响学习者的行为表现。例如，看到同学因为作业写得整齐受到老师的表扬，自己为了得到老师的表扬，也会把作业写得整整齐齐。自我强化即自己对自己的行为作出的评价，人们更容易作出令自己感到满意的行为，拒绝自己厌恶的行为表现。它的实质是指人们能够自发地预测自己行为的后果，并依靠反馈信息进行自我评价和自我调节。例如，认为助人行为是一种好的行为，会受到社会赞扬，就会主动去帮助别人。

（二）辅导应用

1. 重视观察学习在学生知识学习和道德发展上的价值，充分发挥榜样的作用

观察学习不仅在行为学习上，在社会规范学习和道德品质的培养上也具有十分重要的意义，教师应该为学生提供优秀的、可借鉴性的学习榜样，引导学生注意和保持榜样行为，为学生创造再现行为的机会，对良好的行为进行及时的强化，对不良行为进行批评，保证良好行为的形成。在观察学习过程中，榜样的特点对于学习者影响很大。教师如何树立典型的学习榜样，对于学生的学习非常关键。一般而言，学习榜样应该具备代表性、被广泛认可、长

期稳定表现出某一品质、与学习者所处环境相似等特征。

2. 注重学习者自我强化的力量

自我强化关注学习者的内部认知过程和主观能动性，是一种关于学习价值的认可内化，它的作用有时候远远大于外部强化的作用，当学习者的好奇心、兴趣、爱好指向某种行为时，出现这种行为的可能性就很大。教师要注意了解学生的自我标准、自我期望，帮助他们建立正确、合理的自我标准，适当程度的自我期望。学生可以通过自我评估、自我监控、自我言语等方式进行自我调节、自我强化。自我强化者能够在缺乏外部强化时获得很强的内在满足，当遇到挫折时，也能够进行有效的自我激励。

二、奥苏伯尔的认知同化学习理论

（一）基本内涵

奥苏伯尔（D. P. Ausubel）认为，有意义学习（meaningful learning）的实质，就是符号所代表的新知识与学习者认知结构中已有的适当观念建立实质性的和非人为的联系。所谓实质性联系，就是指符号所代表的新知识与学习者认知结构中已有的表象、符号或概念间建立起内在的，而不仅仅是字面上的联系。例如，学生在地理课上学习了气候区盛产不同的水果，那么问小明家住在海南，他家果园最有可能种的是荔枝还是苹果？当学生将地区与气候特点之间建立起内在实质性的联系时，就可以轻松作答了。非人为的联系是指新知识与原有认知结构中有关的观念建立在某种合理的或逻辑基础上的联系，而不是任意的联系。学生学习了互补的两个角相加等于180°，那么这两个角的对顶角相加也等于180°。知识间的联系是有逻辑的，而不是任意的。那些所谓的记忆大师们所宣传的英语单词记忆法，拆分记忆法，如将“bloom”（开花）拆分成“bloo”（形似6100）和“m”（音近妈妈），想成在母亲节送给妈妈6100朵花，就是开花的意思，将“chill”（寒冷）拆分成“chi”（音近“吃”）和“ll”（形似冰棍儿），想成是在冬天吃了两根冰棍儿，感到很寒冷，看似是联想记忆，实质是一种人为的联系，只是字面上的联系，是一种机械记忆，而不是有意义的学习，反而增加了记忆负担。奥苏伯尔认为学生能否习得新信息，主要取决于他们认知结构中已有的相关信息。

（二）辅导应用

1. 教学必须要以学生的充分理解和认识为基础

没有充分理解的学习是效率低下且极其容易消退的，学生的学习以有意义接受为主。教学要在新旧知识之间建立实质的非任意的联系。找到新旧知识的联结点，注重学生已有知识，这是学习新知识的关键。

2. 注重先行组织者的作用

要确保学生积极顺利地进行有意义的学习，而不是进行机械记忆的学习，教师在课程内容和形式的设计上，不仅要注意到知识本身的连贯性、系统性、科学性，在选择教学方式上也要根据学生的已有知识水平，为学生提供先行组织者，充分调动学生的兴趣，提高教学效果。例如，在学习《竞选州长》一文时，可以先让学生阅读一段关于美国政治选举制度的材料，让学生看到美国竞选制度的弊端，从而真正对该篇课文有更加深刻的理解。

三、加涅的信息加工理论

（一）基本内涵

加涅（R. M. Gagne）认为，学习过程可以分为若干个阶段，每个阶段进行不同的信息加工，提出教学过程既要根据学生的内部加工过程，又要影响这一过程。学习过程分为以下八个阶段。

（1）动机阶段。学生的兴趣和动机是有效学习发生的前提条件，动机主要是借助学生内部的心理期望建立起来的，也就是带着问题去学习。

（2）领会阶段。有了学习动机，就要去注意与学习有关的刺激。这一阶段学习者的主要心理活动是注意和选择性知觉，选择有用的信息进行编码。

（3）习得阶段。这一阶段涉及的是对获得的新信息进行知觉编码后存储在短时记忆中，然后再对它们进行进一步编码加工后存储到长时记忆中。

（4）保持阶段。经过习得阶段，已编码的信息进入长时记忆系统，长时记忆的容量是很大的，因此要注意有组织的编码，以便日后提取。

（5）回忆阶段。习得的信息要通过行为表现出来，就必须进行信息提取，提取有用的信息来指导行为。在这个阶段，线索很重要，因此，在记忆过程中要注意对线索的记忆。

（6）概括阶段。人们经常要在变化的情境或现实生活中利用所学到的东西，这就是概括阶段的任务，概括阶段要实现的是学习的概括化问题或学习的迁移问题。

（7）作业阶段。就是反应的发生阶段，学习者把学到的东西在操作活动中表现出来。教师要提供各种机会，让学生表现出学习结果。

（8）反馈阶段。教师应该对学生的学习给予及时的反馈，让学生知道自己的作业是否达到要求，从而强化其学习动机。

（二）辅导应用

加涅的信息加工理论的教学价值体现在教学阶段对教学事件的影响上，完整的教学过程应该按照以上八个阶段进行，只有顺利完成每个阶段的任务，才能保证良好的学习效果。同时，教师在教学过程中要根据学生的内部学习条件，安排适当的外部条件，促进学生有效地学习，以实现预期的教学目标。首先，在教学前要充分调动学生的兴趣，使他们带着问题来进行学习，可以采用多种方法，例如，以故事、图片、问题等吸引学生的注意力，增强对学习内容的兴趣。其次，在教学过程中要突出重点，便于学生的选择性知觉和编码，可以采用各种方法来吸引学生的注意力，如使用动作、手势等。再次，要给学生提供一些有利于记忆和回忆的线索，教会学生使用时间、地点线索。而更重要的是指导学生掌握找出线索的策略，促进知识的迁移，使他们成为独立的学习者。最后，教师布置的作业应该根据学生的不同特色，不能盲目地“一刀切”，并提供及时的反馈（林小琴，2010）。

例如，在教小学生写描述类作文的过程中，第一步可以先问学生喜欢什么水果、为什么喜欢等问题，这样引起学生的注意和兴趣，激发学生的学习动机。然后拿出一个苹果，要求学生观察它的特点，指导学生注意它的颜色、形状，想想它的味道，并给学生提供一些写作上可用的形容词，要求学生记忆这些形容词来进行写作。这样，学生习得了这些描述性的词语并进行尝试记忆的编码。学生学会了对苹果的描述，再使用同样的方法进行人物和景物的描写，达到方法的迁移。通过几次独立的作文作业，教师及时给予学生反馈，强化优秀习惯，从而教会小学生正确的描述类作文写作方法。

第三节　人本主义学习理论的辅导应用

人本主义学习理论以马斯洛和罗杰斯为代表，是基于人本主义心理咨询理论的延伸应用。人本主义者将学习过程类比于咨询过程，认为学习的本质在于人格的完善。个体有学习与自我实现的潜能与动机，而阻碍这种目标的实现与力量的获取的根源在于环境对自我力量的阻碍。马斯洛将学习看成是需要层次中的一种高级需要，即求知需要，只有在生理、安全、归属与爱和尊重的需要满足后，个体才会有强烈的学习动机。

罗杰斯（C. R. Rogers）是将“以人为中心疗法”引入教育领域的杰出人物。罗杰斯同样强调个体自我实现的力量。有机体有一种先天的“自我实现”或“自我提高”（self-enhancement）的动机，表现为最大限度地实现各种潜能、发挥自己的潜力的趋向。

罗杰斯认为，心理咨询的成功取决于咨询者个人本身和他对待被咨询者的态度。尤其是以真诚、积极关注和共情为代表。而教学类似于咨询过程，教师对学生的态度和师生关系是教学成败的关键。学生喜欢教师、喜欢学校、喜欢课堂是教育的意义所在。

罗杰斯认为，教育就是要培养积极愉快，适应时代变化的心理健康的个体。教育的主要目标是帮助发展人的个性，协助个体把自己作为一个独立的人来认识，帮助他们实现自己的潜能。他认为，情感和认识是人类精神世界中两个不可分割的有机组成部分，彼此是融为一体的。因此，罗杰斯的教育理想就是要培养“躯体、心智、情感、精神、心力融汇一体”的人，就是将情感和认知方式结合起来的人。这种知情合一的人，他称之为“完人”（whole person）或“功能完善者”（fully functioning person）。当然，并不是所有人都可以达到完人境界的，为了达到这种理想目标，必须有一个合理的教学目标，以促进学习过程的顺利实现。在知情合一的教学活动中，一旦学生的情感被理解和接受，他们就会认识到在课堂上与众不同的气氛而积极参与，也只有在这样的教学活动中，学生学到的才是真正的知识，学生才能成为一个能应付任何情况的“完人”（吴育红，2011）。

罗杰斯的人本主义学习理论的教学价值主要体现在关注于学生的情感投入，强调学生的情感投入和认知投入同样重要，教学要灌注情感。

罗杰斯强调意义学习（significant learning）的重要性，意义学习不仅仅是一种增长知识的学习，而且是一种与每个人各部分经验都融合在一起的学习，是一种使个体的行为、态度、个性以及在选择未来行动方向上发生重大变化的学习。这里要注意区分罗杰斯的有意义学习与奥苏伯尔的有意义学习，罗杰斯的有意义学习强调学习内容和个人之间的关系，尤其是与个人情感的关系；奥苏伯尔的有意义学习强调新旧知识之间的联系，它不仅涉及个人意义，而且还涉及理智。

要达成上述目标，教学要做到以下几点：①强调以学生为中心，突出学习者在教学过程中的中心地位，注重学生的情感体验。教师应相信学生有潜在的能力，发挥学生潜力，依靠学生自我指导能力，由学校和自我发起并负责任地参与学习过程，让学生自己选择学习方向，参与发现学习资源，阐述自己的问题，决定行动路线，承担后果，进行自我评价等。②让学生觉察到学习内容与自我的关系，利用知识与自我的相关性激起学生的兴趣，提升学习效果。③营造良好的学习氛围，让学生感到和谐、融洽、关爱和理解。罗杰斯认为，处在这样一种氛围中学习，学习过程对学习者的不利因素就会降到最低限度，学生会利用各种条件进行学习。④强调要注重从做中学，营造问题情境，让学生在现实问题中体验问题解决过程，促进学生全身心地投入学习。

在营造学习心理氛围上，教师要把握三个原则：①真诚一致，学习促进者表现真实的自我，没有任何矫饰、虚伪和防御；②无条件的积极关注，学习促进者尊重学习者的情感和意见，接纳学习者的价值观念和情感表现；③同理心，学习促进者了解学习者的学习过程，了解学习者的内在反应。

类似于团体辅导的互助式小组学习是一个很好的学习方式。

第四节　建构主义学习理论的辅导应用

一、建构主义学习理论的主要观点

建构主义是认知主义的进一步发展。建构主义存在多种取向，个体建构主义强调知识在个体内部如何发生，认知结构如何形成，社会建构主义则关注历史文化，社会关系对个体知识建构的贡献，在这两种观念下形成更多的建构主义分支，但是不同取向建构主义基本观点主要体现在以下“三种观点”上（陈琦和张建伟，1998）。

1. 知识观

建构主义者强调，知识并不是对现实的准确表征，它只是一种解释、一种假设，它并不是问题的最终答案。而且，知识不能精确地概括世界的法则，在具体情境中，需要针对情境加以改造。另外，知识不可能以实体形式存在于具体个体之外。意义不是独立于我们而存在的，个体的知识是由人建构起来的，对事物的理解不仅取决于事物本身，事物的本身并没有意义，意义是由人建构起来的，它同时取决于我们原有的知识经验。学生对知识的接受只能靠自己的建构来完成，以他们自己的经验、信念为背景来分析知识的合理性。

2. 学习观

建构主义者强调学习的情境性，知识不是脱离情境的符号系统，不能脱离现实而抽象独立存在。知识是存在于具体的、情境性的、可感知的活动之中的。它只有通过真实情境中的应用才能被人们所理解，学习要与具体的社会活动结合起来。而且，建构主义者鼓励学生面对复杂的学习环境，包括模糊的和结构不良的问题，基本技能和简单问题的解答不足以面对复杂的社会环境。学校应确保每个学生经历解决复杂问题的过程。这些复杂问题应包含在学生将其所学知识运用到现实世界的真实生活以及多种情境之中。学生在解决问题的过程中需要各种支持、资源等，这些与现实情境一致，从而帮助学生学以致用。

（1）强调社会协商和相互作用。高级心理过程要经过社会协商和相互作用，所以，建构主义者重视学习中的合作。学生在教师的组织和引导下一起讨论和交流，建立学习共同体，在这样的群体中，共同思考、批判各种观点、假说。学生首先进行内部协商，即自己形成观点，再相互协商，即相互交流观点，互相批判。通过这样的写作环境，教师和学生的思维与智慧共享，达到学习共同体对知识的建构。在这个过程中，学生最重要的是形成自己的观点，同时又能尊重他人的观点并与他人共同协商合作，共同构建意义。要实现这种转变，学生必须彼此交谈和倾听，在合作和协商中需要找到共同的基础并改变个人的理解。

（2）知识的主动建构过程。强调学习者对自己的认知过程的意识和调控。学习者在面对新问题、新概念时，必须先激活已有的知识经验，通过高层次思维活动，有目的、有意识、连贯地对问题进行分析、综合、应用、反思和评价，集合新旧知识对问题进行推理假设，从而得出新的解决方法。学习者作为学习活动的主人，承担着学习的任务，需要对学习活动进行积极自主的自我管理和调节，在尊重他人主张的同时，以自我批判的方式选择、发展和维护自己的主张。学习是主动建构而非被动接受，学习者是主动建构自己的知识体系而非被动吸收。

3. 学生观

建构主义者认为，学生不是空着脑子走进教室的。教学不能无视学生的背景经验另起炉灶，从外部装进知识，而是要把儿童现有的知识经验作为新知识的生长点，引导学生从原有的知识经验中“生长”出新的知识经验。教学要以学生为中心，注重学生的个体差异。

二、建构主义学习理论的辅导应用

（一）教学中的社会性相互作用

建构主义者重视教学中教师与学生之间及学生与学生之间的社会型相互作用。他们认为，每个人都在以自己的经验背景建构对事物的理解，因此，不同的人对事物的不同理解只是因为看到了事物的不同方面，不存在对事物唯一正确的理解。教学要使学生超越自己的认识，看到那些与自己不同的理解，看到事物的另一面。应该通过合作和讨论，使他们相互了解彼此的见解，形成丰富的认识。在合作学习中，要看到别人的优点，不断反省和修正自己的观点。教学中要合理运用小组学习。

（二）随机通达教学

随机通达教学模式认为，对同一内容的学习要在不同时间多次进行，每次的情境都是经过该组的，而且目的是不同的，分别着眼于这一问题的不同侧面。它更适合高级学习的教学。这种教学避免抽象地谈概念的一般应用，而是把概念具体到一定的实例中，并与具体情境联系起来。每个概念的教学都要涵盖充分的实例，分别用于说明不同方面的含义，而且各实例都有可能同时涉及其他概念。在这种学习中，学习者可形成对概念的多角度认识与理解。因此，在教学中，教师必须采用有效的教学策略促进高级学习的顺利进行，获得高级知识，深化学生对知识的理解。

1. 情境式教学

建构主义者强调真实的任务情境、真正的互动过程和情景化的评价，提倡情境式教学。首先，这种教学应该使学习在与真实情境相类似的情境中发生，以解决学生在现实生活中遇到的问题为目标。学习的内容应该是真实的问题，强调学科间的交叉。其次，这种教学过程所需要的工具往往隐含在情境当中，教师要在课堂上给学生提供与现实生活中相类似的问题情境，鼓励学生进行探索，指导学生的解决过程。最后，情境式教学不需要独立于教学过程的测验，而是采用融合式测验，在学习中对具体问题的解决过程本身就反映了学习的效果，也可进行与学习过程一致的情境化的评估。

教师再现课文所描绘的情景表象，使学生如闻其声，如见其人，仿佛置身其间，如临其境；教师就在此情此景之中进行着一种情景交融的教学活动。如在讲授“枯藤老树昏鸦，小桥流水人家，古道西风瘦马”时，教师可以先给学生展示一些偏僻荒凉的村野景象、枯藤老树的萧索背景、荒凉古道上一匹瘦马的图片，营造一种秋风萧瑟、苍凉凄苦的意境；再辅之以生动的文字语言，并借助音乐的艺术感染力，表现漂泊天涯的游子的愁思，使学生理解诗人的悲凉情怀。情境式教学对培养学生情感、启迪智慧、发展想象有独到之处。

2. 抛锚式教学

抛锚式教学的主要教学目的是使学生在真实的问题背景中通过与小组成员的交流互动，自己亲身经历问题从提出到解决的过程。它不同于课堂上的传递知识式教学，在学习中，学习者首先看到一种问题情境，他们要运用原有的知识去尝试理解情境中的问题，然后由教师引导他们形成一些概念和理解，让他们用自己的理解去解决问题。学习者要进行合作、相互讨论。抛锚式教学的方法主要有：搭建脚手架、镶嵌式教学、主动学习、开发学生指导等。抛锚式教学在教室中使用的“锚”是指有情节的故事，教师将这些故事作为背景提供给学生，要求学生解决这些在真实的背景下发生的事情。

3. 支架式教学

所谓“支架”就是指教师的帮助。支架式教学由以下几个环节组成：①搭建脚手架。围绕当前学习主题，按“最近发展区”的要求建立概念框架。将学生引入一定的问题情境，并提供可能的工具。②探索。由教师为学生确立目标，用以引发情境的各种可能性，让学生进行独立的探索尝试。在这个过程中，教师应该逐渐增加问题的探索成分，逐步让学生自己去探索。③独立探索。教师放手让学生自己决定自己探索的方向和问题，选择自己的方法，独立探索。④协作学习。进行小组协商、讨论。在共享集体思维成果的基础上达到对当前所学概念比较全面、正确的理解，即最终完成对所学知识的意义建构。⑤效果评价。包括学生个人的自我评价和学习小组对个人的学习评价，评价内容包括自主学习能力、对小组协作学习所作出的贡献、是否完成对所学知识的意义建构。

第五节　自我调节学习理论的辅导应用

确切地说，自我调节学习理论仍属于认知主义学习理论的进一步扩展，与以往认知主义关注的知识建构过程所不同的是，自我调节学习理论更加强调个体的主体能动性和对学习的自我控制力，同时，与建构主义强调的个体差异学习所不同的是，自我调节学习理论更加将个体差异视为一种学习资源，个体差异不只是知识经验的差异，更是基于对自我学习的剖析的元认知监控和调节的差异，差异的结果不是体现在知识和能力的高低上，而是“自上而下”的学习的认知情感和行为的匹配性及其发展上。在现代学习理论及其对教育的影响上，自我调节学习理论的价值不容忽视。

一、自我调节学习理论基本内涵

自我调节学习的概念是由Zimmerman首先提出的，是指学习者在一定程度上从元认知、动机和行为方面积极主动地参与自己的学习活动的过程。自我调节学习者（self-regulated learners）是拥有有效的学习策略并知道如何以及何时应用这些策略的学习者。他们的学习行为受到内部动机的驱动，而不是外部的他人赞扬或者是家长的物质奖励。他们知道自己的学习目标而且清楚怎样最有效率地达到自己的目标，同时，他们在学习的过程中可以坚持使用有效的学习策略。

自我调节学习，用来解释为什么有些学生在心理能力、社会环境和教育质量有限的情况下，仍能取得优异的学业成就；而有些学生在心理能力、社会环境和教育质量明显优异的情况下却表现出学业失败。自我调节学习在高学业成就学生的学习过程中发挥巨大的作用。他们为达到学习目标，能依据自我效能感灵活运用某些特殊的自我调节学习策略。自我调节学习的教学模式强调学生如何应用具体的方法激励和指导自己的学习。自我调节学习者强调提倡学园式的自我调节学习。学园式的自我调节学习是指为实现某些具体的教育目标而自发产生的思维、情感和行动，比如，对规定的一篇阅读作业的分析、对考试的准备或者写一篇论文等。在学园式的学校教育中，非常强调专门能力的培养、同伴的示范、对成就表现的直接反馈，以及针对特定目标进行的持之以恒的练习和自我监控，而且这种关注行为实践的做法也影响到学习的形式。学园提供了这样一个环境，即各种标准、个人目标和自我效能感会受到彼此的尊重，并且学生可以从观察专家的示范以及同伴的自我指向的行动中，产生自己的标准、目标和效能感。

在学园中，教师扮演着重要的角色，他们给学生传递着这样的价值观，即形成学业上的自我调节能力，并全身心投入以达到这一目标是非常重要的。教师可以把学习方法和学习技巧作为学生在家庭作业中练习的重点，并帮助他们策略化地监控和诠释学习结果，使课堂最终变成一个学习的乐园。

二、自我调节学习的循环模式

自我调节学习的循环模式包括相互联系的四个过程：①自我评价与监控，学生根据对先前表现和结果的观察与记录，判断自己学习的效能；②目标设置与策略计划，学生分析学习任务，设置具体的学习目标以及规划，或者改善为达到目标所选用的策略；③策略的执行与监控，学生试图在结构化的情境中使用某种策略，或者在执行过程中监控其精确性；④策略结果的监控，学生把注意力集中于学习结果和策略过程二者之间的关系上，以确定某种策略的有效性（齐默尔曼等，2001）。

三、自我调节学习理论的辅导应用

自我调节学习的循环模式应用十分广泛，可以帮助初中、高中生学习如何有效地计划和利用学习时间、更深刻地理解文章和做摘要、改善记笔记的方法、更周全地预测和准备考试、更有效地写作。下面重点介绍在时间管理和有效写作上如何进行自我调节学习。

（一）培养时间计划与管理技能

有效地利用学习时间对学业成功非常重要，为了促使学生很好地管理学习时间，教师可以从细微处入手，策划一些活动，帮助学生认识到时间是极其重要的学习资源。有效的时间管理对于提高学业成就、增强自我效能感有重要的意义。下面，从自我调节学习的循环模式来说明如何有效地计划和利用学习时间。

（1）在自我评价与监控上，学生需要记下自己学习时所发生的事情，以便精确评价时间的利用。教师要预先设定一周的作业，提出问题以及定期进行小测验，并且要及时提供反馈，以便学生对自我的监控。教师应该为学生提供一种可行的方法来监控自我效能，以获得他们的学习结果，例如，让学生预测自己在即将进行的小测验中的得分，以此来评估自我效能感。

（2）在目标的设置和策略计划上，教师要引导学生评价自己的时间管理过程，并确立技能发展的目标。可以运用绘制简单的时间表、与同学比较等方法，然后以小组的方式来评价学习过程记录。这样学生可以与同学相互比较，共同找出有效的时间管理方式。学生了解了自己的时间利用模式后，教师就可以鼓励他们形成某些策略，以改变学习时间的计划与管理方式。如确立有规律的学习时段；确立切合实际的目标；使用固定的学习区域；分清任务的轻重缓急等。

选择适当的策略是非常重要的，学生在选择有效的策略时可以从以下方面来考虑：①从学习策略的一般性知识中寻找一个时间利用策略；②根据对特定程序的逻辑分析，确立属于自己的策略；③向同学或教师请教。

（3）在策略的执行与监控上，虽然制定了适合自己的时间管理策略，但大多数学生不懂得在时间上安排好事物的先后顺序，不能分清事物的轻重缓急。教师要在学生执行时间管理策略时给予充分的指导与支持。给予学生充分的时间和机会了解新策略的作用，引导学生找到切实可行的方式来开始自己的新策略。

（4）在策略结果的监控上，教师要给学生机会，改进他们最初的方法，只要他们继续监控如何执行新的策略，就有可能发现哪些地方需要改进。通过不断地学习如何使用自己的策略，学生能够形成多样化的并具有个人特色的时间管理策略。

（二）培养写作技能

写作是贯穿学生所有课程的一项技能，很多学生写作动机偏低，效能感不足，教师可以通过实施下面介绍的自我调节训练来改变学生对写作的不良认知，发展学生的写作技能。

（1）在自我评价与监控上，教师首先应该准备好写作各阶段的报告范本，包括文章草稿、修改文章的清晰度、文章的趣味性等。还要提供文章的评判标准，包括文章内容、组织、清晰度等。学生根据教师提供的标准来进行写作，将笔记进行归类、修改。学生应该以自己的方式来遵循这些原则，因为与不同学生之间的一致性比较，学生自身内部的一致性更为重要。

（2）在第二个阶段，就是目标的设置与策略计划上，学生努力为自己设置过程性的目标，以改进写作中存在困难的地方。这些策略可以使学生将注意力集中于写出好作品所必备的活动上，包括做笔记、组织笔记、初步写出完整的句子、评判和修改以及寻求编辑上的帮助。教师要强调每一步监控活动的必要性和提示学生提高他们不重视的活动出现的频率。

在选择写作策略上，介绍几种有效的写作策略，如TREE写作法和目标设置写作法等。

（3）在策略执行与监控阶段，学生准确监控自己正在进行的活动，他们不仅要监控自己的写作策略，还要监控自己写出一篇好文章的信心，并提高自我效能感。

（4）在最后一个阶段，策略结果的自我监控上，学生根据结果来评价自己的策略是否有效，策略选择是否符合自己的学习方法，从而决定是要继续完善此种策略还是重新选择新的策略。

自我调节学习技能的培养，在很大程度上依赖于教师的能力、热情及方法。因此，对教师的技能，素质要求是自我调节学习的一个重要方面。如果可以做到这些，学生将会自己拥有学习的自控权，激发他们的内部动机，让自我调节学习成为一种习惯和自动化的技能。

第六节　学习动机原理与动机激发

一、学习动机基本特征

（一）学习动机的内涵

动机是引起个体活动，维持并促使活动朝某一目标进行的内部动力。所以，我们可以把学习动机定义为引起个体进行学习活动，维持并促使学习活动向某一学习目标前进的一种内部启动机制，是学生达到学习目标的内部精神力量或心理力量。

学习动机贯穿于学习活动的全过程，与学习活动相辅相成，一方面，学习动机可以加强并促进学习活动，学习动机越强，学习活动持续越久；另一方面，学习活动又可以激发、增强和维持学习动机。

根据学习动机的来源学习动机可分为内部动机（intrinsic motivation）和外部动机（extrinsic motivation）。内部动机是指由个体的内在需要引起而进行学习活动的动机。它包括两类：①与学习本身有关的内部动机，这里的学习既包括学习任务，又包括学习过程。②与自我相关的内部动机，如提高自己的能力乃至自尊心、自信心的动机。带着内部动机学习的学生把学习当作一种享受。外部动机是指由外在环境因素引起而进行学习活动的动机。如某些学生为了得到奖励或避免受到惩罚而努力学习。如在低年级中实施的游戏教学就是利用了学生的外部动机。

内部动机和外部动机导致的学习效果是不同的。①在学习自主性方面，内部动机高的学生的学习具有自主性、自发性，他们求知若渴；外部动机高的学生的学习具有诱发性、被动性，他们不爱学习或者对学习内容本身的兴趣较低。②在学习的持续性方面，一般而言，内部动机比外部动机更持久地推动个体进行学习。因为具有内部动机的学生能不断地在学习活动中获得满足，而具有外部动机的学生一旦达到目标，学习动机就会下降，需要更具吸引力的东西才能再次激起其学习动机。③在学习的稳定性方面，由于外部学习动机受外在诱因的影响，容易随着外部条件的变化而变化，因而与内部学习动机相比，具有较大的可变性。

张剑和郭德俊（2003）总结了前人关于内部动机和外部动机的关系的实验研究，实验研究经历了外部动机削弱内部动机、外部动机与内部动机共存、外部动机能够对内部动机产生促进作用三个阶段，得到的较为一致性的结论有：①非必然的外在奖励（即活动结果达到一定的水平才能得到的奖励）较那些必然伴随的奖励（即只要活动就能获得的奖励）对内在动机更少地造成损害效果，更多地产生促进作用。如两种奖励形式一种是写作业就可以获得小红花与考试前三名才能获得小红花之间，后者更能激发学生的内部动机。②未预料到的奖励较预料到的奖励对内在动机产生更大的积极效果。③无形的外在奖励（如口头的、社会的）较有形的奖励产生更多的促进作用与更少的削弱作用。④为个体提供明显的胜任与能力感的奖励对内在动机产生更多积极的效果。⑤被期待的有形的奖励会削弱高初始兴趣活动中被试的内在动机，而对很少或无兴趣活动中的内在动机不产生影响。

（二）学习动机的主要功能

根据动机的作用和学习动机本身的一些特点，促进性的、适应性的动机对学生的学习与行为的功能主要表现在以下几个方面。

1. 激发功能

学习动机使学生进入学习状态，提高唤醒水平，集中注意力，有效激发学习行为。学习动机水平高的学生同学习动机水平低的学生相比，其情绪和意识处于较高的唤醒状态。这种激发作用表现在学生能够带着高水平的热情主动地从事学习活动，特别是他们喜欢的学习活动，并为之付出更多的努力。如某学生对数学很感兴趣，他在数学上的学习动机很高，这会促使他在上课的时候集中精力听教师讲课。

2. 指向功能

指向功能指学生的学习行为有选择地朝具体的目标发展，学习目标更明确。学习动机水平高的学生与动机水平低的学生相比，其思想和行为更集中指向满足动机的客体或事物。具有某种动机的个体经常设定某种目标，并使自己的行为朝这种目标发展。如上述学生设定下一次数学考试的成绩要由 80 分到超越 90 分这样一个目标，他会表现出比以前更加努力学习，从而趋向于超越 90 分这个目标。

3. 组织功能

学习动机的组织功能主要体现在两个方面：学习信息的加工和学习结果的强化。在学习信息的加工方面，根据信息加工理论，动机通过更集中的注意力来影响个体加工何种信息以及怎样加工信息。有研究表明，具有高水平学习动机的学生不仅更倾向于进行有意义的学习，力求理解所学的内容，而且学习活动更灵活，他们会采取多种途径完成学习任务。简言之，学习动机高者在学习任务上具有更深的信息加工水平。如上述学生在记忆数学公式时，并不是死记硬背，而是在理解公式的来源和意义的基础上进行记忆。在学习结果的强化方面，具有高水平学习动机的学生懂得根据学习结果的奖惩情况选择下一步的学习行为，当他们因为某种学习结果受到奖励时，他们会继续使学习行为趋向这种学习结果，当他们因为某种学习结果受到惩罚时，他们会改变学习行为从而避开这种学习结果。如上述学生在数学考试中取得好成绩时，他们的自豪感增强，在取得不良成绩时，他们的挫败感增强。这两种强化的结果都将导致他们在今后更加努力学习。总之，学习动机高者在学习信息的加工上会更加深入，学习结果方面会积极调整，努力取得更好的成绩，他们的自我强化能力较强。

4. 维持功能

动机使学生保持适当的学习强度，不断克服困难直到实现学习目标，学习活动的坚持性非常强。如上述学生在面临数学考试前，一直坚持加大努力学习力度。学习动机水平高的学生与学习动机水平低的学生相比，这种维持功能持续更久。美国心理学家阿特金森的发现支持了该观点：坚持完成学习任务的时间与对该项任务的动机水平正相关。

5. 调节功能

学习动机调节学习行为的强度、时间、方向和灵活性等。实际上，调节作用是上述四种功能的综合交互作用的结果体现——学习行为的改善，表现在从没有学习动机到具有学习动机，从低水平的学习动机到高水平的学习动机，从短暂的学习到持久的学习，从漫无目的的学习到目标明确的学习，从懒散随便的学习到努力认真的学习，从机械学习到意义学习等。

（三）非适应性动机与习得性无助

如果学生形成了阻碍性的、非适应性的学习动机模式，他就会获得习得性无助（learned

helplessness)。“习得性无助”这一术语的提出，源于美国心理学家 Seligman 的动物（狗）研究。实验分为两个阶段进行。在第一阶段的实验中，狗被关在装有电击装置的笼子里，实验者不定时地按响蜂鸣器，同时给它们施加能引起痛苦体验的电击，无论它们怎样挣扎，电击都不停止，它们也无法逃离笼子。在后来的电击遭遇中，它们逐渐变得不再那么强烈地挣扎，而是消极地接受电击。在第二阶段的实验中，狗依然被关在装有电击装置的笼子里，实验者按响蜂鸣器，打开笼子的门，然后给狗施加难受的电击。此时它们没有表现出挣扎，而是早在电击前就先倒在地上开始呻吟和颤抖，绝望地等待痛苦的来临。随后的研究表明，这类现象也会出现在人类身上，而且在一个情境中形成的习得性无助会迁移到另一种类似情境中。

习得性无助是指认为自己无能为力的一种心理状态，这种心理状态会导致个体在任何事情上都不做任何努力和尝试，甚至在力所能及的事情上也感到无法胜任。习得性无助的学生往往认为自己很笨，做什么都无济于事。他们经常会说“我做不到”，很容易灰心丧气，在课堂上不专心听课，也不主动回答教师的问题，在课后找各种借口逃避做作业。考试时，他们几乎是乱猜的。有一些学生期望学习成绩马上提上去，就确定了一个很大的学习目标，如从第 60 名跳跃到第 10 名，而学习成绩的进步往往是比较缓慢的，结果是每一次考试都没有达到目标，学生于是越来越不相信自己了，认为所有的努力都是徒劳的，然后不再努力了，也不再建立目标了，倾向于低估自己的能力。

系统来说，习得性无助的学生主要表现在：①低成就动机，对于失败的恐惧远远大于对于成功的渴望。②低自我概念，表现出自卑、心灰意懒。③低自我效能感，对自己完成学习任务的能力持怀疑态度。④消极的心理定式，认定自己是一个失败者，以消极的方式对待问题，在学习过程中倾向于选择容易的作业，一遇到困难就易放弃。

习得性无助的形成受到内在因素和外在因素的影响。内在因素主要有：①个性特质。研究显示，性格内向者比性格外向者更容易产生习得无助。习得性无助感与人格关系紧密，内向、神经质高分者，精神质高分者易产生习得性无助感。②不正确的归因。如果学生对成败倾向于作出内部的、稳定的、不可控的归因（如“我智商低”），容易形成习得性无助。③所经历的消极事件。有研究者认为，失败的经历是导致无助感产生的一个中心要素。④无效的学习策略。如果采取了无效的学习策略，即使很努力学习，学习成绩也很难得到提高，无疑会导致学生的习得性无助。外在因素主要有：①别人的消极评价。如果一个学生努力学习，不断得到的是各方面的否定反馈，包括老师、父母、同伴对自己学习情况的负面评价和学习成绩低下或没有进步，学生会在努力学习和否定反馈之间建立起条件反射，从而放弃努力，导致的结果是学业失败。长期的失败经验使学生再也没有理由不承认自己是无能的。②不良的班级环境。教师只以分数的高低对学生进行奖励和惩罚，学生为追求分数而努力学习，同学之间充满了竞争，相互之间不愿提供帮助，有些学生发觉自己无法解决学习困难又得不到帮助时便自暴自弃。另外，教师把学习困难的学生与优秀学生放在同一起跑线上进行竞争，一些学生觉得无论怎样努力都不可能达到教师的要求，也只能绝望地放弃学习。③家庭不当的教育方式。如果父母对孩子的期望过高，孩子经过努力而往往不能达到这些期望，孩子慢慢地就会失去信心，怀疑自己的能力。父母对孩子的直接控制（如经常对孩子使用命令语气）也可能影响儿童的自我评价。

要避免学生的习得性无助，教师可以进行以下工作：①进行归因训练，引导学生认识到引起失败的因素多种多样，把失败归因于努力不够，而不是没有能力。②帮助一些学生建立与自己能力相符的学习目标，将大的学习目标分成一个个小的学习目标，一步一步地取得进步，为学生创造成功的机会。③帮助学生形成正确解决问题的策略。在教学活动中，教师可以通过日常的教学过程向学生渗透学习策略，也可以利用专门的指导课向学生介绍学习策略。④对所有学生抱以积极的期待，找到学生的优点，并给以学生能表现自己优势的任务，同时了解学生的缺点，帮助学生正视并克服它。⑤采取个体化的评价方法，让每一个学生都能得到正面的反馈，从而体验到成功。⑥培养团结友爱的班级氛围。⑦教师和学生父母合作，争取说服父母使用民主的教养方式，对学生抱以适当的期望。

二、学习动机基本原理及其辅导价值

（一）行为主义强化动机理论及其辅导价值

强化理论强调强化对学习的影响，强化不仅促进了学习，也提升了学习动机，有效惩罚也可能起到促进动机作用，但是不良惩罚只会削弱学习动机。因此，在教学中，教师适当地运用奖励和惩罚对于学生动机的促进作用至关重要。一般来说，奖励比惩罚能更有效地激发学生的学习动机。

值得注意的是，奖励有可能削弱内部动机，尤其是物质奖励的过度，会削弱内部动机。因此，适当奖励的价值体现在如何促进学生从外部动机向内部动机转化上。

一般来说，在奖励实施上，要注意以下几个方面。

1. 奖励时间

奖励时间主要根据任务情况来确定。①奖励常规任务而非新奇任务。②奖励有具体意图的学习任务而非偶发性的任务。③奖励有稳定表现的任务而非创造性的、艺术性的任务。④奖励需要大量练习才能完成的任务（机械学习的低水平任务）而非学生本身就感兴趣的任务。

2. 奖励方式

（1）奖励那些通过努力就可以获得成功的学生，而不是有能力的学生。也就是说，要保证每个学生或大部分学生有平等的机会获得奖励。

（2）对成绩差的学生更多地进行奖励，对成绩好的学生可以进行适当的惩罚。

（3）奖赏掌握了教学目标的学生而非参与了活动的学生。

（4）奖励学生成就的质量而非数量。

（5）采取多种标准在各种领域进行奖励。

（6）对奖励的原因进行说明，而不仅仅是奖赏。

（7）强调奖励是一种价值的证明而非努力的目标。

表扬是奖励的一种特殊形式，同理，批评是惩罚的一种特殊形式。对于表扬，布洛菲（Brophy，1983，1986）提出以下建议：表扬要针对学生的良性行为；表扬要说明表扬的是哪种行为；表扬要真诚；表扬要传递这样的信息，即学生努力并受到表扬，是因为他们喜欢这项任务，并想形成有关的能力；表扬要具有这样的意义，即如果学生继续努力，将来还有可能成功。此外，教师还可以教会学生自我表扬。

简言之，进行具体、真诚和及时的奖励对于激发学生的学习动机非常重要。

（二）成就动机理论及其辅导价值

阿特金森“成就动机理论”关注于个体，基于个体成就需要而产生的学习动机力量，成就动机指激励个体从事自己认为重要的或有价值的工作，努力克服障碍、施展才能，力求获得成功的心理倾向，其核心是个人要亲自动手把事情做得更好，更有效率，而且是用明确的客观标准来衡量其质量和效率。例如，和自己相比，学习成绩是否超越以前的水平；和别人相比，是否比别人更优秀。具有强烈成就需要的人愿意接受挑战，喜欢从事开创性的工作，渴望将事情做得更为完美，并不看重成功所带来的物质奖励。成就动机低的人倾向于选择风险较小的任务。教师在教学活动中，可以根据不同学生的不同成就动机水平来给学生分配不同水平的任务，为学生提供成功的机会。

成就动机包括两个成分，追求成功和避免失败，并区分了两类人，追求成功者和逃避失败者。

当个体追求成功的稳定需求大于避免失败的稳定需求时，即该个体是一名追求成功者的时候，由于他具有强烈的自尊心以及满足感的需求，他会倾向于选择难度水平处于中等的任务，即成功概率为50%的任务，而不会选择太难的任务或是太简单的任务。因为对于中等难度的任务，他有把握获得成功；而太难的任务可能会导致失败从而损伤他的自尊心；太简单的任务的完成根本无法提供满足感。当个体追求成功的稳定需求小于避免失败的稳定需求时，即该个体是一名避免失败者的时候，他不会选择中等难度的任务，反而会选择简单任务或者复杂任务。因为对于中等难度任务，他会面临失败的威胁，从而损伤自尊心；对于简单任务，他就有把握取得成功；而选择太难的任务，是因为最后即使失败他们也可以把失败归因于任务太难，从而保护了自尊。

给教师的启示是：要区别对待不同的成就动机者，对追求成功者，要提供竞争的环境，安排难度中等的任务；对避免失败者，要尽量避免竞争环境，创造轻松的氛围，对于任务的完成情况的评定不要太严格，使其能体验到成功感。

而创设问题情境，激发成就动机也是很好的教学运用。

问题情境指具有一定的难度，但这种难度是在学生的学习能力范围内且经过努力可以克服的学习情境（如学习任务）。这种问题情景的难度可以在学生的成绩中体现出来，即如果把成绩分为A、B、C、D这四个等级，那么大多数学生都是有可能获得A的，但是需要经过一定努力才能获得的，而不是轻而易举的。教师在创设问题情境或布置任务前，首先要熟悉教材的知识结构，以及了解学生的学习水平。在教学的整个过程（教学开始时、教学进行中、教学结束时），教师都可以进行问题情境的创设，而且创设的形式多种多样，教师设问、作业、新旧知识的联系、结合日常经验等。

（三）成就目标理论及其辅导价值

德维克（Dweck，1986）成就目标理论关注于学生能力发展观的差异对动机的影响。德维克认为，人们对能力有两种不同的观点，能力增长观和能力实体观。能力增长观即认为能力不是稳定的，可以通过知识的积累和技能的增强来提高能力。能力实体观即认为能力是不能改变的，不会因为努力的增加而提高，所以持能力实体观的人会认为有一些人天生就比别人聪明。持能力增长观的人确立的往往是掌握目标，即期待着通过学习知识和技能来提高自己的能力。持能力实体观的人确立的往往是表现目标，即期待着通过知识来证明自己的能力，希望自己看起来更聪明，希望得到别人的积极评价。掌握目标和表现目标对人的行为的影响有相同的地方，不过更多的是不同之处，具体情况如表3.1所示。

表3.1 掌握目标和表现目标的影响的比较

维度		掌握目标	表现目标
不同点	关注焦点	学习过程	学习结果
	任务选择	具有挑战性的任务	很难或很易的任务
	参与任务的坚持性	具有坚持性	坚持性差
	学习策略	理解知识的策略（元认知、精细加工等）	记住知识的策略（重复抄写、重复朗读等）
	对错误的态度	错误是学习过程中正常的一部分	错误不可接受，令人困扰
	对困难的处理	寻求帮助，或坚持自主努力学习	不会求助，空着不做、乱猜一通、抄袭等
	对结果的情感反应	对只需较少努力就可获得进步的结果感到无聊，对需要很大努力而即使失败的结果感到满意	无论努力情况如何，只对成功的结果感到满意
	对结果的评价标准	自我比较标准（和自己以前相比，是否有进步）	他人比较标准（和别人相比，是否比别人更优秀、具有更高的分数）
	对结果的归因	努力	能力或运气
	对结果的控制性	可控（经过努力就可以获得进步）	不可控（学习结果受运气、教师的评价标准等外界因素的影响）
	对教师角色的看法	帮助学习的导航员	给予奖惩的法官
相同点		都能推动个体主动参与各项任务	

需要说明的是，掌握目标和表现目标两者并没有哪个好哪个不好的区别，一个人进行一项任务既可以因为他想获得进步，也可以是因为他想向别人证明自己的能力，这两方面都可以推动他去完成这项任务。所以，教师在教学过程中，最重要的是强调知识在运用到生活中时的重要性和价值性，同时激发起具有不同目标的学生的学习动机。

对于成就目标与课堂目标结构的关系，表现目标相对应的是自我卷入的课堂目标结构，即强调在限定的时间内完成作业，发生错误答题时只是给出正确的答案，有意或无意地强调课堂中的成功意味着高能力，失败意味着低能。这无疑是创设了一种威胁性的环境，有损于学生的兴趣。掌握目标相对应的是任务卷入的课堂目标结构，即强调学生能学到什么，鼓励拿自己现在的水平和过去的水平进行比较，而不是和别人比较，奖励学习的进步，这会使学生更愿意去学习，而不只是为了完成任务。因此，教师应该设置任务卷入的课堂目标，并且创造支持性的课堂条件不断向学生灌输学习的重要性，鼓励学生掌握目标，让学生不会因对失败的恐惧而分心。

此外，学生持有哪种成就目标由能力观所决定，所以教师可以向学生解释能力的发展，比如，区分晶体智力和流体智力，引导学生持能力增长观。

教师可以合理设置课堂环境来激发学习动机。

(1) 合作型课堂目标结构激发以社会目标为中心的动机系统。合作情境下，个体认为自己和别人的能力是相近的，这种平等的感觉使合作能最大限度调动学习的积极性，但要使合作学习有效，必须同时强调小组奖励和个体责任。

（2）竞争型课堂目标结构激发以表现目标为中心的动机系统。竞争对学习也有促进作用，但竞争意味着将相互间的能力进行比较，因而会导致学生更多考虑自己是否比别人更聪明更优秀，而不是学习本身。而且，只有小部分高能力的同学的学习动机才得以激发，所以要注意让成功者多一些，可以多设置小组竞赛而非个人竞赛。此外，竞争获胜者倾向于夸大他们的能力，而竞争失败者则相反，认为自己能力低下。所以，教师应该根据个体差异引导学生正确认识自己的能力。

（3）个体型教学情境目标结构激发以掌握目标为中心的动机系统。个体型教学情境强调关注自己是否掌握了学习任务，强调个体的进步。

（四）归因理论及其辅导价值

归因理论认为行为的动力个体对成败的原因解释，其中的四种主要原因为能力、努力、任务难度和运气，并认为这四种原因可以归属于三个维度，稳定性、内外性和控制性。稳定性是指成败的原因是稳定的还是不稳定的，如一个人的能力是比较稳定的，运气是不稳定的。内外性是指成败的原因是来源于内在的个人因素还是来源于外在的环境因素，如能力是内在的，运气是外在的。控制性是指成败的原因是可以被个体控制的还是不可以被控制的，如努力是可控的，运气是不可控的。

学生的归因模式能有效地预测他们将是否选择要求技能、努力或运气的任务。积极的归因模式表现为将成功归因为能力强，产生自豪感、自尊感，增强对成功的期望，从而愿意从事有成就的任务；将失败归因为缺乏努力，产生内疚感，也增强对成功的期望，从而愿意并坚持从事有成就的任务。消极的归因模式表现为将成功归因为运气好，表现出不在乎成功，很少增强对成功的期望，从而缺乏从事有成就任务的期望；将失败归因为缺乏能力，产生羞愧、沮丧、无能感，降低对成功的期望，从而缺乏对有成就任务的坚持性。消极的归因模式在成绩不良的学生、残疾儿童以及某些女生中有较普遍的表现。

1. 归因于能力和归因于努力的差异性

（1）情感、行为反应的表现的差异性。将成功归因于能力，个体产生自豪感；将成功归因于努力，个体感到快乐。将失败归因于能力，个体产生无能感而很容易放弃，长期的无能感很可能导致无助感；将失败归因于努力，个体感到羞愧，并在以后付出努力或继续更加努力。人们对努力而失败的情况是很宽容的，很愿意鼓励努力的人。

（2）情感体验程度的差异性。无论成功或失败，归因于努力所产生的正向情感体验要比归因于能力强烈。

（3）评价的差异性。能力低而努力的人受到最高评价，能力高而不努力的人受到最低评价。

（4）评价对象的差异性。对别人的成败倾向于进行努力程度的归因，对自己的成败倾向于进行能力高低的归因。

（5）奖励的差异性。在付出同样努力的前提下，能力低的人应比能力高的人得到更多奖励。

（6）不同水平群体的差异性。重点班学生与普通班学生相比，重点班学生更倾向于进行能力高低的归因，普通班学生更倾向于进行努力程度的归因。

（7）年龄差异性。总体上，与归因于能力相比，个体更倾向进行努力归因，但随着年龄的增长，个体越来越重视能力的作用，越来越相信能力是一个相对稳定的、不可控的心理特性。所以，高年级学生如果不断取得成功，就会越来越自信，否则将走向自卑。这就提示教师要特别注重为高年级学生创造体验成功的机会，培养他们的自尊自信。

（8）文化差异性。中国人倾向于把成败归因于努力，美国人倾向于把成败归因于能力。

2. 归因的性别差异

成就水平相等的男女，在对待成功时，男性更倾向归因于能力，女性更倾向归因于努力；在对待失败时，男性更倾向归因于运气不好，女性更倾向归因于缺乏能力。

总体上，人们一般把成功归因于内因（努力、能力），把失败归因于外因（任务难度、运气不好），这属于一种自我保护机制。

毫无疑问，归因对个体的学习产生重要的影响。既然如此，教师要关注学生的归因模式，这就要求教师要了解归因的影响因素，包括情境线索（别人的行为结果）、学生以往的经验或过去的行为结果、学生的自我知觉（对自己的能力的看法）、学生的个性特征、教师的情感，教师对学生行为的期待、奖惩、反馈和归因等。

在教学活动中，教师应该向学生传达这样一种期待：班上所有的学生都有能力学好，同时对学生进行归因指导，一方面，引导学生对成败进行客观归因，将成功归因于足够的自身能力和适当的努力，将失败归因于不稳定的、可以控制的因素（如归因于暂时缺乏反应策略如努力、暂时缺乏任务相关的信息等），使学生相信自己能够提高并最终取得成功，形成积极的归因模式，从而增强学生对成功的期望；而且，对失败的归因方式最好是私下的、个别的，而不是当着全班学生的面的。如将学生的努力程度作为考虑因素计入评估中，奖励学生成绩的改善，就是一种归因指导。要注意的是，教师要小心处理把成败归因于努力的情况。只有学生确实努力学习了，把成功归因于努力才能对学生起促进作用，也只有学生确实努力不够，把失败归因于缺乏努力才能对学生起促进作用。当学生尽力了却还是失败时，教师应该寻找其他原因，如缺乏有效的学习策略等。另一方面，发现学生的优点和独特之处，帮助学生建立积极的自我概念。此外，由于教师归因会影响学生归因，所以教师应该多了解学生的过去和家庭环境，公平地对待每一位学生，对学生形成积极期待，从而形成客观归因。

事实上，在学生的成长过程中已经形成了一定的归因模式，教师做得更多的应该是归因重训。对积极的归因模式，老师要表达认同和鼓励；对消极的归因模式，老师要特别注重通过归因重训进行纠正。归因重训的方法和归因指导的方法一样，但关键是有控制地让学生（特别是习得性无助的学生）暴露于失败中，并鼓励、帮助他们作出建设性的应对，或者向学生提供不断努力克服错误并最后获得成功的榜样，让学生在榜样身上学会积极地应对失败。

（五）自我价值理论及其辅导价值

科温顿（Covington，1984）自我价值理论关注于学习者更高的需求和自尊需要，认为行为动力来源于个体要维护正面的自我形象，保护自我价值感，这种自我价值感往往是通过能力来衡量的，所以个体倾向于把成功归因于高能力而提升自我价值感，把失败归因于努力而绕开低能力，即通过逃避失败来维护自我价值感。

自我价值理论认为存在四种类型学生：高驱低避型、低驱高避型、高驱高避型、低驱低避型。

（1）高驱低避型学生不断努力，不断追求成功，而且不怕失败，对自己的能力充满肯定，表现得很有自信。这类学生可称为“成功定向者”。

（2）低驱高避型学生不愿意在学习上下功夫，不期望成功，但很害怕失败，对自己的能力持怀疑态度，很没自信。事实上，他们不努力学习就是极度怕失败的表现，因为如果努力了之后得到的是失败的结果，他们就会被认为是低能的，他们的自我价值感就会受损。这类学生可称为“逃避失败者”。

（3）高驱高避型学生一方面很向往成功，另一方面又很害怕失败。他们认为，要想让别人觉得他们是成功的，他们应该是不需要怎样努力就可以获得成功的，但要避免失败，又必须付出努力。于是，他们陷入了痛苦的冲突中。为了解决这种冲突，他们中间出现了一种“隐晦努力”的现象，即在表面上看，他们是不爱学习的，不怎么认真听课的，但在同学背后，他们非常努力，拼命学习。这样在成功时他们会被评价为能力超强的，在失败时他们被认为是努力不够的，这正是他们想要的，实现了他们自我价值感的维护。这类学生可称为“过度努力者”。

（4）低驱低避型学生不爱努力学习，不期望成功，也不害怕失败，即使失败了也没有丝毫的羞耻感，对别人怎样评价他们的能力表现得一点都不在乎。这类学生可称为“失败接受者”。

这个理论可以解释为什么一些聪明的学生和一些愚笨的学生都不爱努力学习。

有些聪明的学生认识到自己是聪明的，但认为自己的聪明是天生的，自己的能力是无法改变的。在这些聪明的学生中，一部分学生期待成功，认为成败是能力有无的体现，失败了就是无能的、不聪明的，所以非常担心失败。为了避免出现“聪明学生努力学习也失败”的尴尬局面，他们只能在课堂上假装不专心听课；为了避免“聪明学生竟然失败，恐怕不是聪明吧”这样的评价，他们只能在课后努力学习。而有一部分聪明学生并不那么期待成功，也并不那么担心失败，因为他们把成功归因于自己的聪明，把失败归因于自己缺乏努力。如果他们努力了却失败了，反而会导致别人甚至自己对自己能力的质疑，所以他们在课堂上和课后都没有努力学习。

有些愚钝的学生并没有表现出“笨鸟先飞”，反而是一点也不努力学习，他们其实属于低驱低避型。他们认为自己的愚钝是天生的，自己的能力是无法改变的，把成功归因于运气或者任务简单等，把失败归因于无能，所以他们自甘失败，认为失败是理所当然的事，表现出习得性无助和自暴自弃。

（1）培养学生的能力增长观，使学生形成积极的能力信念。①说明能力的内涵，能力是多元的，不仅仅包括词汇、逻辑和抽象的推理能力，还包括其他方面的能力，比如“视觉-空间”能力、运动能力、音乐能力、人际交往能力等。②让学生意识到能力是一种用来解决问题的资源，可以随着知识和经验的增加而增加。③鼓励学生能力的多元表达。

（2）创设合作的学习情境。评价和奖励皆以小组的集体成绩为依据，减轻许多学生因害怕失败而回避挑战的心理负担，使学生的自我价值感得到有效的保护。

（3）教师要创造条件，让每一个学生都取得成功。即便是那些能力低下的学生，也要让他们感受到掌握知识的乐趣，体验到学习的进步和成功。教师要改变成功的评判方式和价值标准，引导学生从多角度来感受成功。

（4）认真对待学生的维护自我价值的需要。教师不要试图说服学生去放弃保持良好公众形象的愿望，相反，应该接受学生合理的要求，并问学生需要老师来做些什么，让他们更愿意去学习。

(5) 教师要向学生传达一种信念，只要努力都可以成功，努力是自尊的重要来源。

(六) 自我决定理论及其辅导价值

20 世纪 80 年代，美国心理学家德西和瑞安 (Deci and Ryan，1985) 提出自我决定理论。该理论强调从真实自我的角度去研究人的动机，把人看作是积极的有机体，认为行为动力来源于自我决定的需要，即控制自我和环境之间的相互作用的需要，包括能力需要、自主性需要、归属感需要。能力需要也叫胜任感需要，指感到自己是有能力的，能胜任学习或工作的需要。自主性需要指个体可以进行自由选择的需要，强调的是个体的能动性。归属感需要也叫关系需要，指与周围的人（教师、父母、同伴）是相融合的需要。也就是说，在个体体验到自己是有能力的时候，要同时感受到他是处在被别人接纳的氛围中的，他的能力也是他自主提高而非别人强制或被人控制的，这样才能激发个体的行为。这三种需要的满足对学生的认知、情感和行为产生积极影响：维持求知欲望，提高学习的坚持性，提高学业成绩，提高学生的自我调节能力，给学生带来更积极的情感。一系列研究表明，相对于控制性情境，更多自我决定激发的行为能产生更好的绩效，更有利于健康，更增进幸福感。

自我决定理论假设了一个自我决定的连续体（图 3.1），强调外部动机是怎样演变为内部动机的。连续体的最左边是去动机，指个体没有动机的状态。连续体的最右边是内部动机，指个体的行为由兴趣推动的状态。处于连续体中间的是外部动机。根据自我决定程度的多少，外部动机可以划分不同的类型；随着自我决定程度的增加，外部动机可以依次划分为外部调节、内摄调节、认同调节、整合调节。

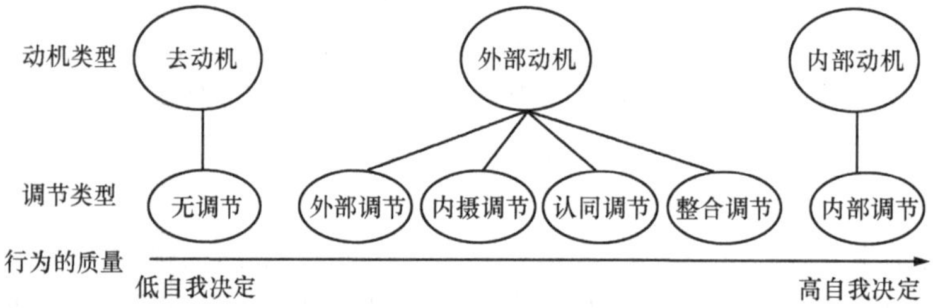

图 3.1 自我决定的连续体

外部调节指个体为了获得奖励或避免惩罚而从事某项活动，其行为具有最小的自主性。这时候，个体只是将偶然出现的外部动机维持下来。如老师对学生说，如果不完成作业就罚跑步，所以学生很不情愿地做作业。内摄调节指个体为了获得自我肯定（如自尊）或避免威胁（如内疚感、羞愧感）而从事某项活动，其行为有了一定的自主性，开始进行内化。这时候，个体已经会在乎外部规则和要求，但并没有接受这些规则和要求。如上面所述的学生已经完成作业，但他感觉下次“应该”继续完成作业。认同调节指个体认识到行为对自己是有帮助的，从而带着一种“行为的主人”的感觉去从事某项活动，其行为有了很大的自主性，内化程度加深。这时候，个体已经接受外部规则和要求，并把这些外部规则和要求作为自己的一部分来加以吸收。如学生认识到作业可以帮助自己进行知识的复习，从而有可能获得好成绩，于是学生变得有点愿意去做作业。整合调节指个体深刻认识到行为的社会性价值，从而极其乐意去从事某项活动，其行为是完全有效的内化。这时候，个体不仅认同自己行为的重要性，而且吸收了行为里包含的价值观、道德态度等，成为自我的一部分；这些价值观、道德态度等与自我整合为一体，使自我处于和谐状态。

事实上，外在动机的划分并不意味着外部动机在本质上就是这样一个发展的连续体，个体也不一定要经历每一个调节的阶段，他有可能只是处在这一连续体的某一点上进行调节。

外部动机要转变为内部动机，就要满足个体的能力需要、自主性需要、归属感需要。当个体的能力需要与关系需要得到满足时，外在的规则与价值开始内化；此时只有自主性需要开始得到满足，才可能出现整合的调节。自主需要的满足是区分外在或内摄调节，还是认同或整合调节的关键。

自我决定理论强调成就需要、自主性需要、归属感需要，在开展学习辅导时，要重视并创造条件促进学生这三种需要的满足。

1. 成就需要的满足

选择学生感兴趣的、具有挑战性的问题。问题的解决过程会让学生感到自己的知识得到拓展，能力得到提升，同时给予学生关于能力方面的建设性反馈。

2. 自主性需要的满足

（1）采用合作学习与探究学习的方式，让学生自主选择学习方式、主题作业形式等。

（2）尽量多地给学生提供自主、主动和自我表达的机会。如让学生汇报他们的学习成果。

（3）创建兴趣小组，让学生根据自己的兴趣进入小组内进行相关项目的学习、研究。

3. 归属感需要的满足

（1）在课堂内促进师生关系，培养合作而非竞争的学习氛围。陈筠和仇妙琴（2011）的研究表明，来自教师的积极支持能使学生产生一种积极的情感和动机状态。如教师要关怀学生，了解每个学生的兴趣和能力，而不是扮演控制学生的权威人士。还有，最好不要经常更换任课教师。

（2）在课堂外获得教学辅助人员、家长和社会的支持，让家长参与到学生的学习活动中，为学生创设环境教育社会关系氛围，让学生将在课堂中学到的知识自动地迁移到生活中。

（七）学习动机辅导需要注意的方面

以不同的角度为依据，这些理论指导下的方法可以分成不同的类别。依据焦点的不同，这些方法可以归结为三大类：①针对个体认知的方法，了解并欣赏自己的能力，引导学生持能力增长观，归因指导和归因重训；②针对个体行为的方法，奖惩，反馈，评定；③针对情境的方法，提供自由表达的环境，创造和谐的学习氛围，创设合作的学习情境，创设问题情境，设置课堂目标、学习目标和时间管理。依据实施对象的不同，这些方法可以归结为两大类：①学生实施的方法。了解并欣赏自己的能力，持能力增长观，设置学习目标和时间管理。②教师实施的方法。归因指导和归因重训，奖惩，反馈，评定，提供自由表达的环境，创造和谐的学习氛围，创设合作的学习情境，创设问题情境，设置课堂目标。

事实上，这些方法并不是完全独立的，有一些方法其实是适用于多种理论的，如归因重训并不只属于归因理论的方法，也可以归属于自我效能感理论的方法、自我价值理论的方法、自我决定论等方法中。在实际教学过程中，明智的教师应该综合运用这些方法去培养和激发学生的学习动机。

需要注意的是，不管用哪一种理论的方法，都要考虑学生的个性、能力等，即要适应学生在动机模式上的差异。

1. 性别差异

(1) Bronfenbrenner 发现，为了激发动机，男女生需要不同类型的帮助：女生更需要支持性老师（经常给予鼓励而不过分独断）的指导，男生更需要挑战性老师（经常给予挑战任务）的指导。

(2) 大约从五年级开始，与男生相比，女生的能力信念、对数学和自然科学领域中的将来成功的预期更低。

(3) 在成就目标上，男生更着重表现目标，女生更着重社会目标。

(4) 在师生互动模式上，男生更多更主动地与老师互动。所以，在必要的时候，教师要鼓励女生在课堂上更活跃、更主动。

2. 年龄差异

(1) 低年级学生表现出积极的自我概念和成功期望，青春期的学生的学习动机水平通常会下降。究其原因，有研究发现，中学教师比小学六年级教师更强调课堂纪律，对学生的信赖更少，给予学生的鼓励更少，学生做决策、选择或进行自我管理的机会大为减少。

(2) 外部奖励机制的有效性对不同年龄段的学生有所不同，一般来说，随着年龄增长，其有效性逐渐降低。

(3) 年幼的学生比年长的学生有更多的共同兴趣。

(4) 小学生的兴趣更多地涉及他们自身和家人，中学生的兴趣更多地涉及现实故事。

(5) 年幼学生喜欢教学内容较少而动手机会较多的学习活动，年长学生喜欢教学内容丰富而讨论机会较多的学习活动。

3. 认知风格的差异

心理分化是认知风格的一种，指学生加工信息的方式主要表现为场依存型和场独立型。场依存型的学生心理分化低，其知觉容易受外界环境的影响，难以从环境中区分出刺激。所以场依存型的学生偏爱小组学习，喜欢和老师互动，在科目上较为喜欢人文科学和社会学，对表扬和鼓励的反应较好，对批评和挑战则反应较差。他们被认为是热情的、为别人着想的。场独立型的学生心理分化高，能将刺激从情境中分离出来，当情境发生变化时，他们的知觉受到很小的影响。所以场独立型的学生偏爱独立学习，喜欢个人思考和解决问题，在科目上较为喜欢数学和自然科学，对表扬和鼓励的反应较差，对批评和挑战则反应较好。

教师要尊重学生的这两种认知取向。面对场依存型的学生，多给他们进行合作学习的机会，经常给予鼓励和表扬；面对场独立型的学生，多给他们自主学习的机会，适当的时候给予反馈。

除了心理分化外，认知风格还包括内倾与外倾、冲动型思维与反省型思维、求异思维与求同思维、整体性思维与系列性思维。教师也要考虑到学生的这些认知风格，从而有针对性地开展教学。

此外，学生在动机模式上的差异还包括学习风格的差异、家庭和文化背景的差异等。更重要的是，要培养学生新的动机模式，特别是与学习动机有关的价值观和素质，而不仅仅是迎合学生现有的动机模式。

第四章 影响个体学习的因素及促进

学习的过程很复杂，同时学习也让人很困惑。一位站了20多年讲台的教师这样说到他以往的学生：在学生中间，有的学生学得轻松愉快，而且效果很好；有的学生学得十分艰辛，成绩却怎么也上不去；有的学生起初学得很好，后来却渐渐落伍；有的起初学习成绩平平，后来却直线上升；有的智力水平不高，学习成绩却很突出；有的聪明好学，学习成绩却并不理想……教师们也常常会感叹，成绩优异的学生往往有很多相似之处，他们聪明睿智、勤奋好学、方法得当、注意力集中、思维灵活、受到教师的喜爱以及有良好的家庭氛围等，反之，那些学习困难的学生往往却差异迥然，有的因智力缺陷导致理解困难，有的因注意力障碍导致学习行为失调，有的因家庭因素导致学习难以投入，有的因完全不适应教师的教学风格导致学习困难，等等。

在学习的过程中，究竟哪些因素会影响到学习的质量和效果，它们又是如何产生影响的，这是很多老师、家长和学生共同关注和思考的问题。

学习是基于人认知活动的心理过程，是经验的获得和积累，一切影响我们经验获得和积累的因素都是影响学习的因素，如此说来影响学习的因素就多种多样，错综复杂。但按照学习的心理过程来分析，主要归结为认知因素和非认知因素。具体来说，基于教育实践，对学习影响显著的认知因素包括个体的智力水平、元认知能力、记忆力、注意力、创造力、知觉-动作能力等。在本章中，非认知因素是指以认知活动为主要特征的智力因素以外的、不直接参与认知活动过程却又深刻影响认知活动效率的一切心理因素的总称，主要包括动机、兴趣、情感、意志、人格等，另外一些重要的环境变量也放在非认知因素中进行阐述。环境因素主要包括学校班级环境、家庭环境、人际关系、网络媒体等一系列因素。认知因素与非认知因素包括环境因素交互作用，共同影响学习的效果。

第一节 影响学习的认知因素

一、智力与学习

Snyderman和Rothman在1997年调查1020位专家对智力的看法时发现，当前专家对智力的认识还是有很多一致的地方，在对智力的最重要的因素上，看法高度一致。智力的重要因素有抽象逻辑思维、问题解决能力、获得知识的能力、记忆力以及适应环境的能力。归纳起来，智力可以概括为处理抽象观念、处理新情境以及进行学习以适应新环境的能力。

智力是学习的基础，它可以帮助学习者获得知识、形成技能；学习是发展智力的条件，它可以促进人们智力的开发，二者相互影响。

不同个体的智力水平是有差异的，既有量的差异，也有质的差异。量的差异可以用IQ分值反映出来。随机抽取一定数量的儿童，通过测量发现，他们的智商呈正态分布，大多数人的智商属于中等水平，分数在85～115分。智商超过130分的人为智力优异，智商低于70

分的为智力障碍。另外，IQ 分数相同也不意味着智力完全相同，其中可能存在质的差异，因为智力是由许多不同的心理能力构成的。

智力水平和智力结构与学生的学习息息相关。在教学中会发现，有的学生数学成绩、逻辑推理、空间想象力非常优秀，但是在语文、写作和背诵课文上却表现出很大困难。有的学生语文、写作、表达能力较强，但在数学、逻辑推理上却表现极其一般。有的老师对此疑惑不解，这些学生看起来都不笨，但有些知识学起来怎么就那么费劲。其原因可能是孩子的智力结构发展不均衡导致的。

智力与学业成绩的关系并非绝对关系。智商高的学生一般形成学习定式的速度很快，容易学会解决问题的策略，会更多使用逻辑推理，善于发现事物的本质和规律，学习成绩一般会更好。心理学家对智力与学业成绩之间的关系进行大量研究分析后发现，IQ 与学业成绩存在中等程度的相关，相关性会随着年龄的增长有所下降，在小学阶段为 0.6～0.7，在中学阶段为 0.5～0.6，在大学阶段为 0.4～0.5。智力不是影响学习成绩的唯一因素，学生的知识结构、认知发展水平以及学习动机和集体氛围、教师、家庭等因素也会影响学习成绩。

智力是可以培养的，学习可以促进智力的发展。可以在具体的学科教学中，结合知识讲授以发展智力。学生在语文、数学、自然等具体科目的学习中，涉及观察活动、思维活动和实际操作活动等，这些活动培养了儿童的各种能力，促进了学生认知能力的发展；也可以开设智力教学课程，如开设分别针对天才儿童、弱智儿童和普通儿童的教学课程，在这样的课堂中，学生不是以掌握知识、技能为主，而是学会如何掌握知识、技能的一般策略与方法，再自发地运用到各种知识、技能的学习中去。这样的训练对学生智力的提升也有一定的帮助。

二、记忆力与学习

记忆是过去经验在人头脑中的反映。传统心理学把记忆过程分为识记、保持、再认或重现三个基本环节。识记是记忆的开端，是获得知识经验的过程，通常要经过反复地感知、思考、体验和训练，比如，我们反复朗读英语单词或古诗词等。保持是巩固已获得的知识经验的过程，简言之就是识记的巩固，如一首古诗词经过多次反复朗读，终于在头脑中保留下来。再认或重现是在一定条件下恢复过去经验的过程。再认是过去经验或识记过的事物再次呈现在面前时仍能辨认和确认出来，如考试的选择题，让考试者在多个选项中选择一个正确答案或者多个正确答案，考试者看到选择，就是对知识点再认的过程。重现是过去经验或识记过的事物不在眼前时，能把它重新反映出来的过程，如曾经反复朗读过的古诗词，在考试时能够默写出来。从信息加工的角度看，记忆就是对信息的输入、编码、储存和提取的过程。识记就是信息的输入和编码，保持就是信息的储存，再认或重现就是信息的提取。

总之，记忆的三个基本环节是密切联系的。识记是记忆的开端，没有识记，就不会有对事物的保持，更谈不上再认或重现。保持是识记的巩固，也是再认或重现的保证。再认或重现实际上也加强了人脑对事物的保持。

按保持时间的长短来分，记忆可分为瞬时记忆、短时记忆和长时记忆。后一种划分的记忆类型是传统的记忆三重存储模型。

(1) 瞬时记忆，又称为感觉记忆，是指外界刺激在极短的时间内呈现后，信息在感觉通道内迅速被登记，并保留极短时间的记忆，具有鲜明的形象性。如果对瞬时记忆中的信息加以注意，信息会进入短时记忆，没有注意到的信息就会很快消失。

(2) 短时记忆。外界刺激从不同的感觉通道进入感觉记忆后，信息很快就会衰退，而没有衰退的信息经过转换和编码存储在短时记忆中，具有不同于原来的感觉形式，其类型主要有听觉的、视觉的和语义的。保持时间一般在 20～60 秒。短时记忆的容量有限，一般为 7±2 组块。

(3) 长时记忆，容量巨大，是可长期保持信息的记忆系统。长时记忆是短时记忆经过不断复述而形成的，有的是一次形成的，比如，一些情景记忆和形象记忆。长时记忆中的信息是按一定系统组织的，这种有组织的知识经验系统对人的学习和行为具有重要意义。长时记忆的这种组织方式有利于快速提取信息、高效理解信息，有利于对问题的解决。图 4.1 是记忆的三重存储模型。

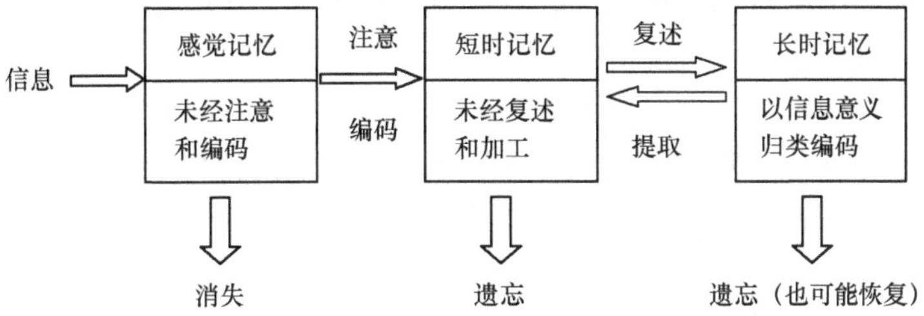

图 4.1　记忆三重存储模型

根据以上模型可知，信息首先进入感觉记忆，引起个体注意的信息经过编码进入短时记忆，未经注意和编码的信息很快消失。在短时记忆存储的信息经过不断复述、加工，最终存储到长时记忆中，未经复述和加工的信息也很快被遗忘。在长时记忆的信息大多是通过语义编码存储，在一定条件下可以提取出来，当然也可能被遗忘，但遗忘的信息也许能恢复。

三、注意力与学习

注意力是一种认知资源，是各种学习发生的基础。

注意力的品质表现在多个方面，即注意力的广度、分配性、转移性、持续稳定性和控制性方面。尤以持续稳定性和控制性对学习的影响最大。

(1) 影响学习的行为。良好的注意力品质对学习有极大的促进作用，注意力范围广可以增加个体一次处理信息的数量，注意力稳定持续性可以增加学习的投入和信息加工的深度，注意力转移速度快可以节约心理能量并便于迅速投入到下一学习内容，注意力适当分配可以提升单位时间处理事情的能力，注意力的抑制性可以让学习更不容易受到无关分心的影响。而注意力品质不佳会影响学习的行为。在课堂上，有的学生注意力难以集中，不能完整地听完教师讲的一个知识点，而且对于教师的多命令或多项任务感到很棘手，往往只能记住其中的一两个命令或任务，别人说的话好像根本没听或听了也忘。有的学生甚至记不住或者记不全教师布置的家庭作业。有的学生很容易被其他事物吸引，上课分心甚至会离开座位。在写作业的时候，注意力品质不佳的学生往往不注意细节，丢三落四，不是看错了题目，就是写错了字，而且比较拖拉，玩一会橡皮、发一会呆，明明一个小时可以写完的作业，他们可能花一整晚也完成不了，无法专注于课业或无法在规定的时间内完成作业。

(2) 影响学习的认知加工过程。注意力能够使个体把当前的心理资源集中到当前所选择的信息上，并调节和监控认知过程。注意力品质佳，会促进感知、观察、记忆、思维效果的增强，并提高认知加工的效率；反之，则会影响认知加工过程。已有研究证实，注意力缺陷会影响个体神经心理功能的缺陷，包括认知加工速度、工作记忆、时间感知、计划和监控等。

(3) 影响教师和家长对学生的评价。注意力品质不佳的学生容易给人“学习不认真”的印象，教师和家长一贯的评价就是学习态度不端正，学习习惯不好，却始终找不到提升学生学习成绩的方法，反而采取比较简单粗暴的方式来处理这些问题。

四、创造力与学习

创造力是根据一定的目的、任务，运用一切已知信息，开展能动的思维活动，产生出某种新颖、独特，具有社会和个人价值的产品的品质。这里的产品既指观念，如新概念、新设想、新理论，也指具体事物，如新技术、新工艺、新产品等。判断这种新产品是否是一种创造，可以通过三个标准来判断，即产品是否具有新颖性、独特性和有用性。新颖性、独特性是创造性的首要标准；有用性是指创造的产品必须是有价值的，如实用价值、学术价值、伦理价值或审美价值等。

美国社会心理学家艾曼贝尔（T. Amabile）对创造性构成要素的研究认为，创造力主要由三方面要素构成：一是创造性人格，属于动力系统，包括强烈的动机，自主性、主动性、好奇性、挑战性、坚韧性等；二是创造性思维，属于智能系统，包括思维的敏锐性、发散性等；三是创造性技能，属工作系统，包括具备作为创造基础的基本知识技能和具有获取、利用新知识信息的能力、操作应用能力和一般创作技术等。

其中，创造性思维是创造力的核心。吉尔福特（J. P. Guilford）把思维分为发散性思维和聚合性思维。发散性思维是指能够从已有的信息中尽可能地扩展开来，从不同的方向、不同的角度、不同的层次去思考问题，提出假设，寻求问题解决方法的思维活动。发散性思维主要有三个基本特性，即流畅性、变通性和独特性。流畅性指在限定的时间内想出较多的问题解决的方案。变通性是指思维灵活，遇到阻碍能够另辟蹊径，找到解决问题的方法。独特性是指能够打破常规，别出心裁，提出新颖的与众不同的观点。聚合性思维则是尽可能多地利用已有的知识和经验，把信息引导到有条理的逻辑推理中，通过分析综合得出正确的解答。吉尔福特认为，发散性思维是创造性思维的核心特征，它在整个创作活动中起关键性的突破作用。但是创造性思维往往是发散性思维和聚合性思维多水平的结合。通过发散性思维，可以从已知信息中产生大量的新异独特的新信息，但是如果没有聚合性思维，发散过程将一无所获。后一次的发散集中建立在前一次发散集中的基础上，螺旋式上升，直至获得最优价值的最新创见。

创造性思维中有一个非常重要的状态，即灵感。灵感是在一个人长期紧张思考后在创造过程中达到的高潮阶段，突然出现的最富有创造性的心理状态。灵感的产生是长期辛勤劳动的结晶，思维通过多次发散与集中，使头脑中已积累的丰富材料、构思渐渐变得明朗。因此，灵感也是发散性思维与聚合性思维相互作用的产物。

（一）创造力与学习的关系

创新是一个民族进步的灵魂，是一个国家兴旺发达的不竭动力。创造力与学习有什么样的关系？什么样的学生更具有创造力？创造力与学习成绩有必然联系吗？在教学过程中，我们不难发现，有的学生在语文科目上创造力比较强，每次作文、诗歌创作都非常精彩；有的学生在数学、物理科目上有很强的创造力，一道题经常可以想出多种解法，也经常做些科学小实验，弄个科学小发明等；有的学生成绩不一定非常优秀，但是创造力却很突出；有的学生成绩优异，但是在创造活动中往往表现一般。这是为什么呢？

知识是创造的前提。任何创造都不是凭空产生的，必须以一定的知识作基础或“原料”。没有知识，分析就没有根据。具有丰富知识的人不一定会创造，但是能创造的人一定具有相关领域的丰富知识。另外，创造力并非表现在一般领域，并不要求某个人在每件事情上都具有创造力，而可能表现在特定领域，即一个人在某一领域具有创造力。换言之，我们不是要求学生在所有的科目上都具有创造力，也不是要求学生在个别科目的所有内容上都具有创造力，创造力可能只居于某个科目的某一点内容上，而创造的前提就是学生需要对该内容有深刻的理解、有深厚的基础知识储备，否则创造活动就是空谈，也就不难理解为什么不同的学生在不同科目上的创造力不同，甚至在相同科目上的创造力也不同，因为每个人感兴趣的点不同，每个人对同一知识的理解、加工、钻研程度不同，对相关知识的储备也不同，所以学生的创造活动也就不一样。

各类研究性学习离不开创造力。研究性学习是指学生在教师指导下，从学习生活和社会生活中选择和确定研究专题，主动地获取知识、应用知识、解决问题的活动，主要应用于高中。研究性学习与传统的学科教学不同，并不局限于学生进行纯粹的书本知识的传授，而是让学生参加实践活动，在实践中学会学习和获得各种能力。研究性学习能够促进学生创造思维和创造倾向的培养，甚至促进学生创造人格的培养。与传统的学科不一样，研究性学习的内容丰富多彩，为学生发展自己的独特潜能提供了一个良好的空间。在研究性学习当中，学生可以根据自己的兴趣，选择自己的课题，“兴趣是最好的老师”，兴趣可以驱使学生克服一切困难，不断钻研，从而发挥自己的创造潜能。另外，研究性学习内容的不确定性，提高了学生主动发现问题、解决问题的能力，同时推动学生迈出创造的第一步。

（二）创造力的培养

（1）培养创造意识。一般来说，没有强烈的创造意识，创造是不可能成功的。所以，培养创造意识至关重要。可以通过开展创造性教育来进行。教师和家长要竭力营造出创造性的心理气氛和正确的舆论导向，学校要尽可能地减少各种不利于创造的规定，教师要信任学生，不轻易批评学生，让学生充分进行自由的创造。要尊重学生与众不同的观念、不同的疑问，为学生提供证明他们的观念和想法是有价值的机会。相信每一个人都有创新的潜能，创新不在于结果，而在于创新意识和创新过程。

（2）培养创造力人格。创造力人格的训练，即在于培养个体形成有利于创造的各种人格品质，包括强烈的创造动机、浓厚的创造兴趣、积极的创造情绪和坚强的创造意志，尊重学生个性，发展学生个性，培养他们的自我责任意识，使之成为一个具有高创造性的人。

（3）创设创造的气氛与情境。研究表明，民主与自由的气氛是创造力发展的条件。学校要给孩子们自己想法的自由，对他们稚嫩的创造性活动、想法以及观念要给予奖励和保护。学校要给孩子们足够的时间和空间，让他们充分利用环境进行创造。创造力高的孩子有时候好奇心强、想象力丰富，有时候甚至带有不切实际的想法，他们思维敏捷，发散快，但有时候比较淘气顽皮，常常被大人看作“捣蛋鬼”。所以不能用传统的眼光看待他们，必须改变旧的评价观念，保护具有创造性的学生。

（4）正确对待创造中的困难。创造活动往往需要极其复杂和艰难的脑力劳动和体力劳动，也需要各种物质和技术条件，当这些条件不具备时，创造活动就会遇到困难。在创造活动过程中遇到困难，需要创造者具有对待创造困难的正确态度和品质，如挑战困难的勇气，不断坚持的毅力，不怕困难的态度等。

（5）采用一些具体方法来训练创造力。创造力的培养依赖于学生个人所处的环境和自身的培养，更依赖于一定的方法和技术。头脑风暴法又称智力激励法，是一种创造能力的集体训练方法，它把一个组的全体成员都组织在一起，使每个成员都毫无顾忌地发表自己的观点，既不怕别人讥讽，也不怕别人的批评和指责，为全体成员提供一个相对安全的心理环境，使得每一个人都能提出大量创造性的解决问题的最有效的方法。头脑风暴法也要遵循一定的原则，如严禁批评，推迟批判，自由奔放，追求数量，坚持客观等。除此之外，创造力训练还有一些具体技巧，包括摆脱思维定式训练，思维定式常常束缚人们的创造性，限制解题的思路；远距离联想训练，是指训练学生在彼此相距甚远的观念之间建立起联系，形成一种新的联想；变熟为生训练，把自己熟悉的事物当作陌生的事物，从新的角度异化这些事物；图形想象训练，尽可能多地想象出某种图形像什么。

五、知觉-动作能力与学习

（一）知觉-动作能力的一般概述

知觉和动作是密不可分的。知觉-动作是从接受、分析并解释信息刺激到作出正确动作反应的过程，即当有机体接受了外界的信息，通常会在中枢神经系统中进行加工，然后根据需要适当地、完整地、有组织地作出动作反应。有机体将信息的知觉转变为动作反应的能力就叫知觉-动作统合能力。知觉-动作统合能力主要包括视知觉-动作能力、听知觉-动作能力和运动知觉-动作能力。

（二）知觉-动作的心理过程

知觉动作由以下四个阶段构成一个循环的过程：感觉输入—知觉统合—动作输出—动作反馈，如图 4.2 所示。

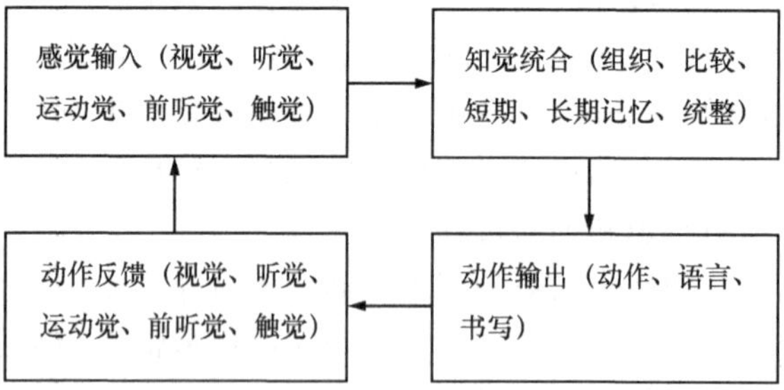

图 4.2 知觉-动作过程

感觉输入过程，由感觉器官接受外部刺激而产生神经冲动，神经冲动再通过传入神经传至中枢神经系统。知觉统合是将所接收的神经冲动在中枢神经系统进行识别、比较、组织和理解，然后进行存储，并将当前信息与过去的感觉信息加以统合，使个体有效选择并建构准确适当的动作的过程，此阶段为知觉-动作过程最关键部分。动作输出过程，指在信息接收与统合后，由中枢神经系统支配而表现出动作的过程。个体的运动系统如果有了缺陷，也将造成知觉-动作上的另一道障碍，比如，语言障碍与肢体障碍。动作反馈，当个体产生动作反应的同时，信息即持续性地回馈，使知觉-动作构成一个连锁循环的过程，使动作越来越精细，越来越正确。比如，教师要求学生在白纸上画一个三角形，学生通过听觉接受这一刺激产生神经冲动，传至中枢神经系统，中枢神经系统对此信息进行加工、识别和理解，使个体建构准确适当的动作，最后表现出动作即在纸上画出三角形，画出的三角形变成视觉信息进一步回馈到中枢神经系统，这种持续性回馈，可以检查动作的正确与否。

由以上知觉-动作过程可以发现，只要其中一个阶段出现障碍，就会造成个体知觉-动作能力的缺陷，进而影响个体的知觉-动作能力。

（三）知觉-动作能力发展与学习

皮亚杰（J. Piaget）认为，个体的心智能力依存于早期的感知觉运动机能而发展，他更强调孩子借助于感觉运动机能以获得时间、空间以及因果关系的意义。孩子的学习能力（或更高层次的认知能力）能否圆满获得，都可能受到知觉动作机能发展的影响。换言之，个体语言上的能力或其思考性能力，皆以知觉动作能力为前提，知觉动作的发展直接或间接地影响个体的学习能力。学生从事各种学习活动时，能有效地接受刺激、组合经验，适当地做出反应，学习才有效果，否则会产生学习适应上的困难。知觉动作能力的缺陷会导致一些学习障碍的出现，例如，不良空间导向、身体知觉异常、不成熟的身体形象、动作迟缓、协调和平衡能力缺陷等。

知觉-动作发展主要可以分为视知觉-动作发展、听知觉-动作发展与运动知觉-动作发展。

（1）视知觉-动作发展。视知觉-动作发展对小学生学业、体育和运动等方面的学习是非常重要的，如画图、书写、计算、平衡、跑步、踢球等活动，这些都需要视知觉-动作能力的适当发展才可以顺利学习。适龄儿童视知觉-动作能力则建立在视觉敏锐力基础上，视觉敏锐力会影响追视、注视等方面的能力，这是信息输入阶段不可或缺的能力。视知觉-动作能力包含形象背景知觉能力、空间关系能力、视知觉恒常性、视动协调能力等。

（2）听知觉-动作发展。听知觉动作能力包含形象背景知觉能力、听觉辨别能力、声音方位、时间的听知觉、听动协调能力等。适龄儿童听知觉-动作同样建立在听觉敏锐力基础上。听觉发展受阻，常导致无法进行听觉辨别、听觉分析与组织、听觉序列记忆、复听和构音等。听知觉-动作发展会影响儿童聆听、朗读、沟通等活动。

（3）运动知觉-动作发展。运动知觉能力是所有运动能力的基础，个体要能正确了解身体的姿势、运动情形与身体的位置，以及了解动作执行之前的反应或动作等，就需要发展出适龄儿童的运动知觉能力，而这种身体运用、方位的知觉和记忆，即称为运动知觉。运动知觉能力包含身体知觉能力、方向感与触觉知觉能力等。运动知觉发展有缺陷者，常表现为动作迟钝、缓慢，行为混乱无组织，比如，经常碰掉书桌上的东西，容易从椅子上跌下来等。

有关知觉-动作训练来发展知觉-动作能力的研究已经证实，知觉动作训练可以改进儿童的知觉-动作能力。因此，知觉 动作能力不佳的孩子可以通过一些训练来得到改善和提高，调整儿童本身的神经模式，以适应环境的需要。

六、元认知与学习

（一）元认知的界定

“元认知”这一概念是美国心理学家弗拉维尔 1976 年首先提出的。“元认知是个体对自身认知过程的知识和意识”，它的核心是“关于认知的认知”。

目前，国内外研究者倾向于把元认知分为三个部分：元认知知识、元认知体验和元认知监控。

1. 元认知知识

元认知知识是元认知活动得以进行的基础，是关于个人的认知活动以及影响这些认知活动的各种因素的知识，涉及三个方面：①关于任务因素的元认知知识，是指知道学习材料和任务目的的不同特点对认知活动的不同影响；②关于个人因素的元认知知识，是指关于自己和他人作为一个信息加工者具有哪些特点的知识，包括关于个体内差异的认识，关于个体间差异的认识，关于人类认知的普遍特性的认识；③关于策略的知识，涉及的内容很多，如进行认知活动有哪些策略，各种认知策略的优点和不足是什么等。

2. 元认知体验

元认知体验是个体对认知活动的有关情况的觉察和了解，伴随认知活动而产生的任何认知体验或情感体验。

3. 元认知监控

元认知监控是指个体在进行认知活动的全过程中，将自己正在进行的认知活动作为意识对象，不断地对其进行积极、自觉的监视、控制和调节，以保证任务的有效完成，主要包括以下几个方面：①制订计划；②实际控制；③检查结果；④采取补救措施。元认知监控是元认知的核心，学生在具有一定的学科知识的基础上，自我监控水平是影响学习成功的主要因素。

在实际认知活动中，元认知知识、元认知体验和元认知监控三者相互联系、相互影响和相互制约。元认知知识有助于人们在实际的认知活动中对活动进行有效监控，指导人们自觉而有效地选择、评价、修正认知的任务、目标和策略等。同时引起元认知体验，帮助人们理解这些元认知体验的意义和它们在行为方面的含义。另外通过元认知体验，人们可以补充、删除或修正原有的元认知知识。元认知监控水平制约着人们的原知识的获得与水平，元认知体验总是与认知活动相伴随，离不开人们对认知活动的监控过程。

（二）元认知与学习的关系

自弗拉维尔提出元认知这一概念后，元认知逐渐被人们从理论上视为个体认知加工的核心成分。对于元认知的训练也被认为是个体能力提高的一条新的有效途径。元认知对学生能力的发展主要体现在以下几个方面：

（1）元认知是智力的核心成分，能促进智力的发展。1985 年，斯滕伯格在《超越智商》一书中提出智力三重理论，将智力分解为操作成分、知识获得成分和元成分，其中元成分在功能上与元认知完全相同。他认为元成分是三种成分中最高级、最重要的成分，始终处于核心地位，元认知的发展直接反映与促进个体智力的发展。许多研究都证明元认知水平会影响其对问题的理解、分析和归纳，这些能力都是智力发展的重要组成部分。元认知对日常口语交流、写作、记忆问题解决、社会认知等方面的作用也不可忽视。

（2）元认知能力能提高学生的学习效率。元认知可把认知主体自身的认识活动作为意识对象，能有效监视和调节个体的认知过程，从而使认知活动能够快而有效地达到目标。在解决问题时，元认知能力强的人不仅重视对问题本身的研究，而且时刻清醒地关注着自己的思维活动过程，如会思考这些问题，解决这个问题可能需要哪些策略，这些策略会达到什么样的效果，应该选择哪些策略等。现代社会，要求学生要“学会学习”，而学会学习的实质就是学生对自己的学习活动进行不断反省、评价、调节和总结，从而发展学生的学习能力，提高学习效率。

除以上功能外，元认知可弥补认知能力的不足，增强学生的主体意识和主体能力。关于元认知能力的培养，将在第五章学习策略中具体介绍，这里不再赘述。

七、认知风格与学习

（一）关于认知风格的一般概述

认知风格亦称认知模式或认知方式，是个体对信息和经验进行组织加工时所表现出的个别差异，是个体在感知、记忆和思维过程中经常采取的、习惯化的态度和方式。认知风格是一种重要的个体差异变量。国外有研究者（Armstrong，1998）通过实验研究发现，认知风格差异性与学习第二语言有很强的相关性，并直接影响学习第二语言的成绩。国内也有研究表明，认知风格的差异会影响学生的学习方法、学习策略的选择和采用，还会影响学生学习科目的偏好等。这种影响主要是通过学习材料的结构、呈现模式以及学习内容的类型来实现的。深入研究认知风格的历史并不长，但由于研究的范围广泛，到目前为止，已经提出了名目繁多的认知风格类型。研究较多的是场独立型与场依存型认知风格和冲动型与沉思型认知风格。

（二）认知风格类型与学习

认知风格是指个体在认知活动过程中表现出来的一种相对稳定的认知倾向性。本书主要关注场独立型与场依存型认知风格及冲动型与沉思型认知风格对学习的影响。

1. 场独立型与场依存型认知风格与学习存在一定的关联

所谓场独立型认知方式是指他们在对客观事物作判断时，倾向于凭借内部感知线索来加工信息，不易受外来因素影响和干扰，能独立对事物作出判断。而场依存型对物体的知觉倾向于以外在参照作为信息加工的依据。场独立型的学习者，倾向于以个人内在参照为依据，不易受外界环境因素影响，自己决定学习的要求，愿意个人独立钻研，喜欢开展讨论，不太喜欢结构严谨的班集体，也不喜欢按部就班的讲解。无人指导也能按照自己的意愿对学科进行学习，能够利用先验知识情景重新组织信息，很少受社会外界力量的影响，表现出较强的推理技能，往往在对材料深入分析的基础上去接受观念，喜欢组织结构较为松散的学习材料（马丽和戴心来，2007）。他们偏爱以学习者为主的学习方式，一般偏爱自然科学和数学。

场依存型的学习者易受环境因素影响，喜欢听逻辑结构比较严密的课程，易学习书本内容。其信息加工系统易受到暗示，尤其较信任权威人士和书本教材的说法，很少对内容提出异议；喜欢以教师为中心的教学，较适宜于传统教学方式。同时，他们难以利用先验知识重建信息，有着明显的社会性导向的人格特征，表现出较少的推理技能，喜欢有人际交流的小组学习情景，能处理个别化的知识元素。但学习时总是借助外在参照，完成学习任务时很少有干扰情绪的产生，学习动机单纯、浅显，学习时一般能完成教师所安排的学习任务。场依存型学生一般较偏爱社会科学，如表4.1所示。

表4.1 场独立型与场依存型认知风格对应的学习行为特点

项目	场独立型	场依存型
同伴关系	喜欢竞争并获得个别肯定；不易顺从也不易感受他人情感	喜欢帮助他人；对他人的意见及情感较敏感
与教师的个人关系	较少主动跟教师直接接触；与教师的正式交互作用仅限于教学时	公开表示对教师的正面情感；关心教师个人爱好与经验，主动接近教师
与教师的教学关系	喜欢尝试新的学习；不依赖教师帮助；急于完成作业	希望得到教师的辅导与肯定；与教师一起学习能得到激励
有效学习策略	强调概念细节，个人钻研；喜欢发现式学习	作业目标及课程要详加解释；喜欢以人文或故事方式说明概念；喜欢教师的明确讲解与指导

2. 冲动型与沉思型

冲动与沉思的认知方式反映了个体信息加工、形成假设和解决问题过程的速度和准确性。冲动型学习者在碰到问题时倾向于很快地检验假设，根据问题的部分信息或未对问题做透彻的分析就仓促作出决定，有点急于求成，反应速度较快，但容易发生错误。沉思型学生在碰到问题时倾向于深思熟虑，用充足的时间考虑、审视问题，权衡各种问题解决的方法，然后从中选择一个满足多种条件的最佳方案，因而错误较少，但往往时间较长。相比于速度，他们更看重质量。

沉思型学生的信息加工策略多采用细节性加工方式，所以他们在完成需要对细节做分析的学习任务时，学习成绩会较好。另外，沉思型学生阅读能力、记忆能力、推理能力、创造力等方面都表现比较优秀。相比之下，冲动型学生常会出现阅读困难，学习能力缺失，学习成绩不太好。冲动型学习者信息加工策略使用的多是整体加工方式，在完成需要做整体型解释的学习任务或涉及多角度任务时，会表现比较好。此外，沉思型学生与冲动型学生的差别还在于，沉思型学生往往更容易自发地或在外界要求下对自己的解答作出解释；冲动型学生则很难做到，即使在外界要求下必须作出解释时，他们的回答也往往是不周全、不合逻辑的。与冲动型学生相比，沉思型学生表现出具有更成熟的解决问题策略，能提出更多不同的假设。而且，沉思型学生能够较好地约束自己的动作行为，忍受延迟性满足，比冲动型的学生更能抗拒诱惑。

针对冲动型认知风格的缺点，心理学家们创造了一些训练方法。研究发现，如果只是单纯提醒儿童，要他们慢一些作出反应，对他们并无帮助。心理专家们具体采取的方法有两种，第一种是让冲动型学生出声思考，开始时大声说出自己解决问题的过程，进行自我指导，当获得连续成功以后，由大声自我指导变成轻声低语，而后变成默默自语，目的是训练冲动而又粗心的学生有条不紊、细心地进行学习和解决问题。这种具体训练收到了较好的效果。第二种是教冲动型儿童具体分析、比较材料的构成成分，注意并分析视觉刺激，让他们逐渐认识并掌握科学的认知过程，这对克服他们的冲动型认知行为比较有效。

除了以上这些认知因素会影响学习外，还有其他的认知因素也会影响学习，尤其是学习策略因素，对学习的影响较大，学习策略内容将在专门的章节中讲述。除此之外，其他因素还有很多，如语音意识能力、视觉加工能力、空间能力等，在此不一一叙述。

第二节 影响学习的非认知因素

由于个体因素中的非认知因素自身的复杂性，以及人们对它的探索的多角度性和多方面性，目前人们对它尚无统一的界定。通过综览和比较，我们得到一种最基本、最普遍的看法，即个体因素中的非认知因素是指以认知活动为主要特征的智力因素以外的、不直接参与认知活动过程却又深刻影响认知活动效率的一切心理因素的总称，主要包括动机、兴趣、情感、意志和人格等。在学生学习乃至整个身心发展的过程中，认知因素占有重要的地位，发挥着重大的作用，而非认知因素同样对学生学习产生重要影响。在非认知因素中，关于学生学习动机的影响已在专门章节中介绍，这里不再赘述，以下将着重关注学业情绪、家庭环境等因素对学习的影响。

一、学业情绪

情绪指一种心理过程，是心理结构的重要组成部分，对人的健康、学习、认知和人际关系等均有重要影响。Pekrun 等（2002）最早把学业情绪定义为与学业学习、课堂教学和学业成就有直接关系的各种情绪（如学习时感到愉快，成功时感到骄傲，考试时感到焦虑）。

学业情绪具有三个特征：情境性、多样性和动态性。首先，学业情绪具有情境性。不同的学生在不同的学习情境下会产生不同的学业情绪。学业情绪会受到学习任务及其要求的影响，同时学生当下的学业情绪也会受到过去经验的影响。其次，学业情绪具有多样性。学生在学习的过程中，会获得各种不同的情绪体验，既包括对认知加工过程监控和调节的情绪，也包括直接促进和延迟学生学习行为的情绪，既有积极的情绪，也有消极的情绪。最后，学业情绪具有动态性。在学习的过程中，学业情绪会随时产生、隐藏或终止，也可能会随着学习任务和学习情境的变化而改变（Efklides，2005）。

在学习过程中，情绪可以影响学生的认知加工过程，还会影响学习动机、学习策略等。

良好的学业情绪有助于认知活动的开展。积极情绪可以提高大脑多巴胺水平，进而影响长时记忆、工作记忆以及解决问题的创造性（Ashby et al.，1999）。情绪还会影响学生对注意力资源的分配，进而影响到学生与任务相关的加工过程（Meinhardt and Pekrun，2003），同时还会影响学生的选择性注意和持续性注意（俞国良和董妍，2007）。总之，良好的情绪有助于注意力的集中和保持。

积极的学业情绪还可以激发学生学习的主动性。学生学习自主性来源于良好的学习动机，而情绪是动机的源泉之一。良好的情绪是使人克服困难完成任务的强大内驱力，它可以提高学习动机和努力程度，促使他们更灵活地、创造性地使用学习策略，并有助于学生的自我调节学习。这样也更容易获得良好的情绪体验，从而逐渐改变学习状态，把“要我学”变成“我要学”，积极主动地为自己的学习负责。

在学习的过程中，难免会产生一些消极的学业情绪，如焦虑、失望、生气、倦怠等。有些消极的情绪对学习有一定的积极作用，比如羞愧会使学生改变学习行为，提高学习成绩（Turner and Schallert，2001）。但一般来说，消极情绪会阻碍学生的学习，降低学习动机和努力程度，使学生更多地使用一些刻板的学习策略（Pekrun et al.，2002）。以下介绍几种典型的学业消极情绪。

学业焦虑是一种强度较高的消极情绪，是影响学习进程最普遍的因素之一。学习焦虑主要表现为惧怕家长或老师的否定评价，对考试的焦虑不安与恐惧，课堂上害怕提问，趋向回避、退缩，并伴随植物性神经系统唤起的症状，如失眠、做噩梦等。另外，在学习上的拖沓也会引起焦虑，甚至是焦虑的主要原因之一。学习拖沓是指学生知道自己应该也愿意去做，却没有在预定时间内完成学习任务，或学生把立即做或决定了的应及时采取的行动推至将来的非理性行为（张斌和蔡太生，2010）。拖沓不仅直接影响学习效率，还会引发焦虑、内疚自责、抑郁等负面情绪，引起生理免疫力下降等（夏晓娟和廖凤林，2009）。如果学习反复给学习者带来焦虑，则焦虑可能变成一种品质或心理素质，而焦虑导致紧张不安和畏惧，紧张和畏惧又会影响学习的精力投入和注意力，并且会使学生对学习失去兴趣，从而影响学习的效率和质量（程刚和袁桂平，2005）。将焦虑控制在适宜的强度之内，对学生学习是有帮助的。焦虑程度与学习效率之间的关系呈倒“U”形曲线，即焦虑过强或过弱都会使学习效率下降，对于大多数人来说，中等程度的焦虑会促进学习。由此可见，一定程度的焦虑可以使学习者保持警觉，影响学习态度和时间精力的投入。

学业倦怠是另外一种消极的情绪状态，指学生对学习没有兴趣或缺乏动力却又不得不为之时，就会感到厌烦，从而产生一种身心俱疲的心理状态（杨丽娴和连榕，2005）。引发学业倦怠的因素有很多，比如，学业任务繁重，家长、老师甚至个人对自己学习要求太高；学习形式单一乏味；没有主动参与学习，缺乏内驱力，动力总是从外部来获得，体会不到学习的真正乐趣；学生在学校的不良人际关系，如曾受过老师、学生的不公平对待；学生自我效能感太低，对学习没有信心等，这些都可能导致学生对学习产生倦怠。学习倦怠的学生的学业状况普遍不佳，对学习的价值感出现偏差，对学习缺乏兴趣，行为表现出远离学习的倾向，如讨厌作业，不认真听讲，违反课堂纪律，时常迟到、早退、旷课、逃学，对学习成绩反应麻木等（郭英和周文静，2008）。

教师通过营造宽松的学习环境、制定合理的学习目标、开展学习情绪心理健康教育课程可以有效地缓解不良学业情绪对学生学习的负面影响，对于个别情绪问题相对严重的学生，也可以实施个体化的心理辅导。

二、家庭环境

家庭是一个人成长的起点，也是人生命历程的第一课堂。家庭环境的影响不仅贯穿于孩子成长的全过程，而且家庭教育的内容最容易被孩子接受并内化。家庭环境对孩子的学习和孩子的健康成长至关重要。家庭环境主要是指父母的教养方式、家庭的心理氛围和家庭物质环境。

（一）父母的教养方式

在心理学中，把父母的教养方式分为两个维度：接受-拒绝维度和控制-容许维度。根据这两个维度的不同组合，可以形成四种教养方式：权威型、专断型、溺爱型、忽视型。权威型的教养方式最有利于孩子的成长，这是一种理性且民主的教养方式。在该种教养方式下，父母在孩子心中有权威，这种权威主要来自于父母对孩子的理解与尊重，来自父母与孩子的经常交流及对孩子的帮助。父母帮助孩子设立恰当的目标，对孩子的行为做出适当的限制，并且奖惩分明。这种教养方式下生长的孩子独立性较强，善于自我控制和解决问题，自信，乐于与人交往并且具有责任感。在学习中，他们有良好的学习习惯，对学习持有积极的态度和情感，勤奋努力，有毅力。

专断型的教养方式表现为父母要求孩子绝对地服从自己，对孩子的要求很严厉甚至苛刻，稍有让其不满就要受到惩罚。在这种环境中长大的孩子常常出现焦虑、退缩和不快乐，自我调节能力和适应性都比较差，责任意识不强，与父母的关系比较疏远。在专断型家庭中成长的孩子可能会迫于压力而努力学习，但是不一定喜欢学习。

溺爱型的父母虽然对孩子充满爱与期待，但对孩子的行为缺乏控制和要求，对孩子的一些违反规则的行为采取忽视或接受的态度，这样很容易养成不良的习惯。在这种环境中长大的孩子比较任性，规则意识不强，自制力差，心智不成熟，缺乏恒心和责任感，在学习上也比较随意，兴趣来了就学，没兴趣的时候就把学习抛之脑后。

忽视型的父母对孩子的成长往往表现出漠不关心的态度，既缺乏爱的情感和积极反应，又缺少对孩子行为方面的要求和控制。他们与孩子在一起的时间很少，有时候甚至会对孩子流露出厌烦的情绪。父母的这一方式像是对孩子情感生活的剥夺，它很容易让孩子出现适应障碍，对学校生活和学习缺乏兴趣，自控能力差，人际关系淡漠，有较高的攻击性，不利于孩子的学习和成长。

（二）家庭的心理氛围

家庭的心理氛围主要是指家庭的心理环境，包括家庭成员间的人际关系、交往方式，家庭的价值追求和精神情趣等。这种心理氛围在很大程度上反映了家庭成员的价值观念与精神世界，它以潜移默化的方式对个人产生影响。

家庭成员之间的关系，特别是父母之间的关系会直接影响到整个家庭的心理氛围，对孩子的影响更直接明显。糟糕的夫妻关系，会给孩子带来巨大的心理压力，并影响孩子学习的情绪和兴趣。父母和谐的关系会感染孩子，充满爱的家庭，利于构建良好的学习氛围，促进孩子的学习和良好个性的形成 。

另外，家庭成员的价值追求和精神情趣，对孩子的学习、生活和价值追求具有直接的、明显的导向作用。我国古代教育家董仲舒认为，人的性、情、欲，均为“陶冶而形成之”。陶冶的力量主要来自于家庭环境，这种力量对孩子的教育影响带有自发性、不可控制性。生活在精神富足、情趣高雅家庭的孩子，将不知不觉会汲取到更健康、更积极的养分，孩子个人的生活情趣也会更加丰富，身心更加健康。因此，要尽量避免家庭环境中的消极因素对孩子心灵的影响。一个家庭的精神是否富足、情趣是否高雅与家中有多少书、父母是否有高学历、家庭条件是否优越等都没有直接的关系，主要在于父母对待生活和学习的态度，在于他们面对困难的决心和勇气。

三、同伴关系

同伴关系（peer relationships）是指年龄相同或相近的儿童之间的一种共同活动并相互协作的关系，或者主要指同龄人之间或心理发展水平相当的个体间在交往过程中建立和发展起来的一种人际关系。在儿童的人际交往中，同伴交往是儿童最需要的。因为同伴在他们看来是“彼此之间地位平等的人”，“在行为的复杂程度上也是处于同一水平的个体”。有学者这样说，同伴关系是儿童发展社会能力的重要背景，也是满足其社会需要、获得社会支持和安全感的重要源泉；同伴交往经验有利于其自我概念和人格的发展。

进入学校后，学习是学生的主要活动。他们在课堂教学中收获知识，也发展同伴关系。目前在国内外课堂教学中广泛应用的合作学习观认为，课堂教学的本质是一种人际交往活动，交往性是课堂教学的本质属性。人际交往既是课堂教学的手段，也是课堂教学的目的；既是课堂教学的条件，也是课堂教学的产物。合作学习的代表人物约翰逊（D. W. Johnson）把互动的中心更多地聚焦在生生之间关系的拓展上，他曾指出："教师的一切课堂行为，都是发生在学生-同伴群体关系的环境之中的。在课堂上，学生之间的关系比任何其他因素对学生学习的成绩、社会化和发展的影响都更强有力。但课堂上同伴相互作用的重要性往往被忽视。学生之间的关系是学生健康的认知发展和社会化所必须具备的条件。事实上，与同伴的社会相互作用是学生身心发展和社会化赖以实现的基本关系。"

很多研究表明，同伴关系与学生认知发展、学习成绩高度相关。一些被同伴拒绝或不受欢迎的学生其学业成绩普遍低于受欢迎的学生，并且其缺勤率和中途辍学率也会高一些。这些被同伴拒绝的学生被认为对学习缺乏兴趣，缺少自我肯定，他们有更多冲动行为，也很少被老师喜爱，被同学当作差生。同伴关系不良会影响学习成绩，学习成绩同样会影响一个学生的同伴交往。国内学者程利国和高翔的研究表明，高学业成绩水平的学生与中等学业成绩水平、低学业成绩水平的学生同伴接纳存在显著差异，主要表现为学生更喜欢与学习成绩优秀的同伴一起学习、一起玩耍，高学业成绩水平的学生比其他学业成绩水平的学生更容易赢得同伴的欣赏与接纳。同时，中等学业成绩水平的学生与低学业成绩水平学生相比，其同伴接纳程度也存在显著差异，表现为学业成绩中等的学生更易赢得同伴的接纳。由此可见，不考虑其他因素的影响，学生的学业成绩与同伴接纳之间存在着密切的关系。学生的学业成绩越好，他们的同伴接纳水平就越高；反之，他们的同伴接纳水平就会越低。这种现象在小学阶段表现得更为明显，随着年龄的递增，这一趋势会有所降低。进入高年级阶段，随着学生自我意识的增强，逐渐不会把学习成绩当作衡量一个人是否被欣赏与接纳的唯一标准，但是学业成绩依旧是影响同伴关系的一个重要因素。

同伴对学生的影响是显而易见的，尤其是亲密同伴在行为与态度相互影响上，远远超过一般同伴团体的影响。同伴关系良好的学生在遇到学业上的困难时能够与同伴协商，并获得同伴的帮助，而相比之下，同伴关系不良的学生在学业上获得同伴的帮助则要少得多。而且，长期遭到同伴排斥的学生会消极地看待自己和他人，对学校产生消极和负面的态度，继而不愿意参加学校活动，包括学业活动。一些在学业和交往上常遭失败的学生，会更多地体验到由挫折引起的紧张、愤懑、焦虑等情绪，产生习得性无助感和较低的自我效能感，引发个体对学业和同伴的消极行为反应，进一步导致学业和同伴关系的不良现象，形成恶性循环。

由于学生同伴关系的利害更多地发生在学校，表现在学校生活的各个方面，在学校对其采取干预措施就尤为重要。而在学校教育中最有影响的就是课堂教学，所以我们可以在课堂教学中利用策略来构建和谐的同伴关系。

教师可以在教学活动中试图建构协商学习（negotiated learning），营造和谐的教学环境，以增加师生交流、生生交流的机会。协商学习是由澳大利亚德布莫（G. Boomer）、库克（J. Cook）和美国的莱斯特（N. Lester）等提倡的。他们认为，协商学习就是师生共享学习的权利、共同讨论作出有关学习的决定，实现师生思想情感的沟通、学习意愿的联结、学习手段和结果的共识。协商学习的重点在于营造一种和谐的教与学的环境，包括追求民主平等的多元对话，师生、生生思想与观念的沟通，认知结构的改进与完善，思维的拓展和认识的升华。

课堂协商包括四个关键步骤：教师和学生针对教学计划对学习课题和学习内容达成共识，这里的关键是引起学生探究的兴趣和学习的欲望；学生们根据已有知识经验在小组中展开讨论，学生们在一起交换、协商他们的理解、经验和观点，并提出一些问题；每个小组把问题集中起来，教师把各小组讨论协商的结果进行汇总并呈现出来，学生们会在这个环节中进一步明确自己的学习需要；在集中考虑学生的问题以及教师建议和要求的基础上，学生再重新确定“已知的”和“问题”；通过进一步的协商，找到问题的答案，完善学习的效果，实现学习的共享。

另外，按照同伴关系编组，鼓励同伴指导，对协商学习有积极作用。

四、网络媒体

随着时代的进步，信息技术的迅猛发展，互联网以闪电般的速度渗透到人们生活的各个角落，改变着人们的生活、工作和学习方式。网络媒体的发展给教育注入了新的活力，为人们提供了全新的学习观念。互联网已经成为一种新的学习方式，正在被人们所接受和掌握。

第一，网络媒体拓宽了学生的学习空间。网络同电视、电话一样，已经逐渐成为现代社会信息交流中不可缺少的手段，它以其便捷的方式和丰富的内容为人们提供了一种全新的认识和把握事物的环境，从空间和时间上改变着人们传统的社会信息获得渠道与交流的方式，也为青少年提供了一个更丰富、更广阔的学习空间。网络媒体突破了时间与空间的限制，它整合了传统的各种大众传媒，以先进的电子技术手段迅速而及时地向青少年传播着全人类优秀的文化遗产、当代科学技术的最新成果和社会倡导的价值观与行为规范。利用互联网便利的信息传播条件，青少年可以在更广阔的空间中进行学习。同时，网络上丰富的信息也为青少年提供了更多的选择余地，他们可以根据自己的兴趣爱好选取不同的领域，从而积累社会知识，获得全面发展。

第二，学生对网络媒体的使用可以提高其学习能力。首先，网络是一个巨大的信息库，其中的信息资源良莠不齐。因此就要求学生在进行网络学习时，面对各种信息必须具有识别、选择的能力。其次，网络上的学习资源图文并茂，丰富多彩。这种交互式的人机界面很容易激发学习者的学习兴趣和学习的主动性，为学生探索式学习、发现式学习创造有利的条件，同时，如何避免信息迷航，也是网络学习者必须要面对的。另外，网络可以从一定程度上促进学生发散性思维、创造性思维以及创新能力的发展，提高他们自主学习的能力。

第三，网络媒体为教师提供了新的教学方式。与传统的教学方式相比，通过网络实现的教学活动使学生和教师的角色都发生了变化，学习行为也有了新的特点。在网络教学中，学生看不到教师，教学双方通过文字、声音等工具进行交流。在这样的教学活动中，教师的角色发生了变化。首先，教师由知识的传授者转变成了知识体系的建构者，教师的职能由“教”变成“导”。他们引导学生选择学习的内容，构建自己的信息体系，充当促进者的角色。其次，教师由课程教材的执行者转变为课程教学的研究者。在传统教学中，教师是教学的中心，但往往只是执行由课程专家设计的课程体系，按照教材进行讲授。而在网络教学中，教师可以根据学校的情况及自身的专长进行课程的设计和开发，成为教学的研究者。

与此同时，学习者的心理也发生了变化。在网络教学的过程中，师生之间以及学生之间非面对面的接触，学习者之间可以采用匿名的交流方式，这可以很大程度上帮助学习者克服畏惧和羞涩的心理，增加学习的安全感。另外，学生不会担心自己发言的失败会导致难堪，因而减轻了心理负担和挫折感，参与学习活动会更为踊跃。由于学习者的心理变化，每位同学都会畅所欲言，也可以接受其他同学的评论。师生之间和学生之间的交流变得更为畅通，学生学习的积极性和主动性也会提高。同时，学生在网络教学过程中，可以操纵自己学习的进程和内容。每位学习者都可以根据自身的特点和需求，在教师的引导下从网络中选取适当的信息资源，按照适合自己的学习进度进行学习。学习者不再受到传统教育中标准化、同步化、集中化的限制，成为学习过程的控制者和评价者。这样的学习过程使学习者的主观能动性得到了发挥，促进了学习者自我潜能的发掘与自我实现趋向的增强。

当然，网络媒体对学生的学习活动也存在消极影响。网络是一把双刃剑，它在为教育发展带来契机的同时，也带来了一定的挑战。网络信息的开放性、及时性、匿名性、海量性等特性，对于学生来说具有诱惑性，学生除了利用网络学习外，还会在网上玩游戏、看电影、聊天等。由于青少年的自控能力比较差，更容易被其吸引，容易沉迷，由此吞噬学生的时间。除此之外，网络上的很多垃圾信息也给学生带来负面影响。网络是一个信息的宝库，可以为青少年拓展学习的空间，但网络同时也是一个信息的垃圾场，学术信息、娱乐信息、经济信息以及各种各样的色情、暴力、反动信息混杂在一起，青少年好奇心强，自我控制能力不强，如果面对信息缺乏一定的选择能力和抵抗能力，就很有可能在通过网络获取知识的同时受到信息垃圾的侵袭，对他们的身心健康造成损害。另外，网络的匿名性和隐蔽性等特征会导致青少年网络道德约束力下降，容易出现一些网络问题行为。网络的消极方面如不加以控制，必然会对青少年的学习产生不利影响。

第三节　认知因素与非认知因素交互作用

前面分别介绍了认知因素、非认知因素与学习的关系和对学习的影响，两者对学习的影响既有区别，也有联系。现代学习理论的研究表明，学生的学习作为一种外显的智慧行为，不单纯是孤立的认知活动，而是建立在学生全部的心理结构和活动基础之上的复杂的、综合性的行为活动，它既包含着认知因素的作用，也包含着非认知因素的作用。按照系统论的观点把学习过程中的全部心理活动看作一个完整的动态系统，那么这个系统就是由认知因素与非认知因素两个子系统协同作用维持的。认知因素系统主要是个体所具有的认知基础和条件，直接指向具体的学习内容，承担着对知识的获取、储存、加工处理和技能形成的任务，相当于执行者和操作者。非认知系统虽不直接介入具体的认知过程，也不直接指向具体的学习内容，但对认知活动本身起着定向、推动、维持和调出等一系列相互关联的作用，相当于发起者、推动者和影响者，两者相互依存，相互制约。

（1）认知因素与非认知因素共同作用。认知因素直接作用于学习过程，学习的加工操作，如果出现严重的认知缺陷，学生的特定认知过程就不能有效完成，就会对特定的学业领域产生致命的损害，例如，学习障碍儿童就是因为特定类型的认知功能受损而影响了学业；而离开了非认知因素的作用，学生认知活动的发生和持续就会缺乏应有的保障，学习活动是两者相互作用的产物，两个因素对学习的作用缺一不可。

（2）非认知因素可以调节和推动认知水平的发展。非认知因素是学生学习活动应有的保障，如果没有非认知因素的作用，人的学习活动是无法完成的。在学生对知识信息进行获取、储存、加工、理解、消化时，学生的情感、态度、意志力都在发挥作用，没有积极的情感和态度，没有坚强的意志力，很多认知活动可能就半途而废，学习效果会大打折扣。非认知因素对认知水平的发展具有调节和推动作用。对于认知水平一般的学生或者在某些认知因素上有缺陷的学生，良好的非认知因素特征可以推动认知水平的发展，可以削弱或补偿认知活动方面的一些缺陷，使得学习更加有效。比如，一些学生虽然记忆品质不佳，但是在学习过程中，凭借坚强的意志力、积极的学习态度，克服困难，花更多的时间来记忆和巩固，通过做更多的练习来加强应用。“笨鸟先飞”、“勤能补拙”，“天才出于勤奋”、“成功等于99%的汗水加1%的灵感”，这些都体现了非认知因素可以推动认知水平的发展这一观点。《中庸》中有一段话说得很好：“人一能之，己百之；人十能之，己千之。虽愚必明，虽柔必强。”其实如此百倍、千倍地努力学习，不但能完成任务，而且还能使愚笨转化为聪明，从学习上的弱者转化为强者。正所谓喜欢学习的人也更善于学习，因此学习能力也越来越强。

(3) 良好的认知水平可以促进良好非认知因素的获得。认知活动是学习的基础，只有认知活动的参与，学生才能获得知识，认识世界。一个人的认知水平会随着年龄的增长而不断发展，在青少年时期达到一个较高的水平。具有高水平认知的学生对知识信息的获取、储存、加工等都能比较顺利地完成，掌握、消化知识的效率较高，在知识的运用上也会更准确，学习起来会相对轻松。学生由此可以获得比较高的自我效能感，对学习往往也能够保持一种热情、积极的态度，意志力也能更好地发挥作用，容易养成良好的学习习惯，并可塑造良好的个性，此外，教师对这些学生更加喜爱，更有耐心，也更愿意去关心他们的学习。正所谓越是聪明的孩子，越善于学习，更容易得到更多的资源。

第五章 学习策略

第一节 学习策略概述

一、学习策略的概念

对于什么是学习策略，不同的学者对其有各自的看法，概括起来，大致可以分为以下三类。

第一类，把学习策略看作学习的过程或步骤。持该种观点的研究者对学习策略进行这样的定义：梅耶（Mayer）认为，“学习策略是人在学习过程中用以提高学习效率的任何活动”；凯尔和比森（Kail and Bisan）认为，“学习策略是一系列学习活动的过程，而不是简单的学习事件”；里格尼（Rigney）认为，“学习策略是学生用于获得、保持与提取知识和作业的各种操作与程序”；琼斯、艾米伦和凯蒂姆斯（Jones，Amiran and Katims）认为，“学习是被用于编码、分析和提取信息的智力活动或思维步骤”。

第二类，把学习策略看作学习的规划、能力或技能。持该种观点的平特里奇（P. Pintrich）认为，“学习策略是学生获得信息的技术或方法，是使用认知策略和元认知策略的一般术语”。学习策略是个人调制自己的认知活动、提高自己的认知操作水平的能力，是学习方法与学习调节和控制的有机统一体，它包括具体的学习方法与学习的调节和控制技能。

第三类，把学习策略看作学习计划。持该种观点的研究者认为学习策略是个体对自己学习活动的一种计划。德瑞（S. J. Derry）认为，“学习策略是学习者为了完成学习目标而制订的复杂计划”。

综上所述，学习策略就是指学习者为了提高学习的效果和效率，有目的、有意识地制订有关学习过程的复杂方案。

二、学习策略的特征

根据对学习策略概念的界定，我们可以明确学习策略的五个方面的特征。

第一，主动性。学习策略是学习者为了完成一定的学习目标而去主动使用的，一般来说，使用学习策略的过程是有意识的心理过程。在学习的时候，学习者首先要分析自己的特点和自己的学习任务，然后再根据这些因素来制订适合自己的学习计划。对于较新的学习任务，学习者也会主动地思考学习计划。

第二，可指导性。不同的学习策略可以解决不同的问题。学习策略的可指导性是指教师可以指导学生掌握适当的学习策略，当学生遇到问题时，学生自己能够根据教师的指导选择合适的学习策略去解决问题，从而提高自己学习的目的性和有效性。

第三，程序性。学习策略是一种程序性知识，是学习者制订的学习计划，它由一些规则和技能构成。针对不同的学习问题，所需要遵循的规则和采用的技巧不一样。学习策略是告诉学习者如何进行学习的一系列知识，如解决问题时需遵循什么规则，采用什么技能等。

第四，过程性。学习策略是有关学习过程的复杂方案。采用一定的学习策略，可以使学习者在完成学习任务中，知道自己该做什么，不该做什么，完成到什么程度等。

第五，有效性。学习策略的有效性是指学习策略可以促进学习者进行有效的学习。学习者在进行学习活动时，如果能够使用一些适当的学习策略，就能达到事半功倍的效果。如果使用最原始的学习方法，虽然最终可能也会达到自己的学习目标，但是学习的效果较差而且学习效率较低。比如，记忆一篇短文，如果采用一遍一遍地朗读，只要有足够的时间，也能记下来，但是保持的时间并不长。如果这个时候采用分散记忆法，一段一段进行记忆，然后结合默写，记忆的效果会更好，记忆效率也会更高，关键是保持的时间会更长。

三、学习策略的分类

根据不同的标准，学习策略可以分为不同的类型。以下是学习策略比较典型的分类。

（一）温斯坦的分类

得克萨斯大学教育心理学系的温斯坦（Weinstein）把学习策略分为四种类型。

（1）认知信息加工策略，如精细加工策略。比如，学生记英语单词时，会把英语单词按照单词表达的意思进行分类，如会把水果类的单词放在一起记忆，文具类的单词放在一起记忆等。

（2）积极学习策略，如复习策略。学习后需识记知识，一般采用复习策略。学习者为了提高复习的效率和牢记的程度，一般会采用各种有效的积极的复习策略，如及时复习，把分散复习和集中复习相结合，复习时还会采用一定程度的过度学习策略等。

（3）辅助性策略，如处理压力的策略。完成任务具有一定的压力，可以提高学习者完成任务的动力。但是如果学习者在学习过程中压力过大，对其学习没有促进作用，反而会产生消极的后果。如教师布置一项任务，任务难度比较大，时间也比较有限，任务难度和时间的有限极易给学生造成压力，如果学生没有掌握一定的处理压力的策略，可能会影响任务的完成。因此学习者在处理各种压力事件前需要掌握一些处理压力的策略，提高自我调节的能力和疏解压力的能力。

（4）元认知策略，如计划策略。这一策略是指根据认知活动的特定目标，在一项认知活动之前计划各种活动，预计结果、选择策略，想出各种解决问题的方法，并预估其有效性。如教师组织郊游，需要提前设定郊游的目的，确定郊游的地方、乘车路线，预想路上可能会发生的各种突发事件及其解决的方法等，到了目的地，需要通过什么活动引导学生以达到本次郊游的目的。

（二）丹瑟洛的分类

丹瑟洛（Dansereau）根据学习策略所起的作用不同，把学习策略分为主策略（primary strategy）和辅策略（support strategy）。他认为主策略和辅策略是相互作用、相互联系的。

主策略是指被直接用来操作课本材料的策略，包括领会、保持策略和提取、使用信息的策略。其中，领会、保持策略又包括理解、回想、消化、扩展、复查五个子策略。提取、使用信息策略又包括理解、回想、详述、扩展和复查五个子策略。

辅策略主要是指学习者用来保持合适的心理状态进行学习的策略，如自我调节策略。辅策略主要包括计划和时间安排、专心管理、监控和诊断三种策略。辅策略的使用可以使学习者保持良好的心理状态来完成学习任务，从而有利于主策略的实施。辅策略有着十分重要的意义，假如学习者的心理状态没有达到最佳，尽管主策略有效性很大，对学习也不会产生很好的效果。

（三）麦克卡等的分类

麦克卡（Makeachie）等根据学习策略成分的不同，将学习策略分为三种，即认知策略、元认知策略和资源管理策略。认知策略主要是从记忆中较为有效地提取信息的一些方法和技术，主要可以分为复述策略、精细加工策略和组织策略。这三种策略针对不同的学习任务具有不同的作用和意义。元认知策略是指学习者对认知行为的管理和控制，其主要包括三种策略，即计划策略、监控策略和调节策略。资源管理策略是指那些用于辅助学生管理可用的环境和资源的策略。学生可以采用这些策略来帮助他们适应环境或者调节环境以适应自己的需要。资源管理策略在调节学生动机方面具有重要的作用。根据麦克卡等对学习策略的分类可以得出，学习策略既包括直接影响学习材料的信息加工的成分，也包括影响信息加工过程本身的成分，还包括学生对学习环境、资源管理的成分（图 5.1）。

- 学习策略
  - 认知策略
    - 复述策略　如重复、抄写、做记录、画线等
    - 精加工策略　如想象、口述、总结、做笔记、类比、答疑等
    - 组织策略　如组块、选择要点、列提纲、画地图等
  - 元认知策略
    - 计划策略　如设置目标、浏览、设疑等
    - 监控策略　如自我检查、集中注意、监控领会等
    - 调节策略　如调整阅读速度、重新阅读、复查、使用应试策略等
  - 资源管理策略
    - 时间管理策略　如建立时间表、设立目标等
    - 努力管理策略　如归因与努力、调整心境、自我谈话、坚持不懈、自我强化等
    - 寻求支持策略　如寻求教师帮助、伙伴帮助、小组学习、获得个别指导等
    - 学习环境策略　如寻找固定地方、安静地方、有组织的地方

图 5.1　学习策略的分类

以上三种比较分类类型主要是从学习策略结构的角度出发进行分类的，学习策略还可以根据任务的类型分类，如阅读策略、写作策略、解决问题的策略等。根据不同的标准，学习策略可以划分为不同的类型。学习策略对于我们进行有效的学习是非常重要的，因此，我们需要掌握一定的学习策略，以便提高我们的学习效率。

第二节　常见学习策略及其运用

如前所述，学习策略种类繁多，这一节我们会根据我国一般的学习观念，按照知识学习的过程，介绍一些已经初步定型并被广大教育工作者和学生接受的学习策略。

一、认知策略

布鲁纳（Bruner）于 1956 年在研究人工概念形成时首次提出认知策略这个术语。直到 20 世纪 70 年代，加涅（Gagne）才在其学习分类中把学习策略单列出一类。认知策略是加工信息的方法和技术。这些方法和技术促使学习者的学习、记忆、问题解决等信息加工活动有效进行。根据加工的知识的类型，认知策略可以分为陈述性知识的认知策略和程序性知识

的认知策略。

（一）陈述性知识的认知策略

陈述性知识是关于事实的知识，即“是什么”的知识。陈述性知识主要用来说明事物的性质、特征和状态等，用于区别和辨别事物，它具有静态的性质。对陈述性知识加工的策略即为陈述性知识的认知策略，主要分为三种，即复述策略、精加工策略和组织策略。

1. 复述策略

复述策略是指为了在记忆中保持信息而对信息进行重复记忆的策略。比如，我们拨打一个手机号码，就需要记住一连串的数字，为了记住这个号码，我们会口头重复这一连串的数字，使这个号码暂时保存于我们的记忆中，这就是对所需要记忆的材料（如手机号码）使用了一种复述策略。在学习中，复述是一种主要的记忆手段，许多新信息，如人名、外语单词等，只有经过多次复述后，才能短时间内被记住并促使其长期保持。复述策略主要包括以下几种。

（1）我们把最重要的学习任务放在学习刚开始或学习结束时。有关研究发现在学习中存在两种干扰的现象：一种是前摄抑制，它指的是先学习的内容对后学习的内容的干扰作用；另一种是后摄抑制，即后面的学习内容对之前的学习内容产生的干扰。由于这两种干扰的存在，在学习和记忆中，中间部分的内容记忆效果是最差的，遗忘也最多。因此，在记忆学习内容时，为了排除这两种干扰，我们应该尽量不要把重要内容放到学习过程的中段去复述记忆，而应该把重点内容安排到学习的开始阶段或者学习即将结束的阶段。

研究发现，当我们学习完一组词汇后马上进行测试，我们对刚开始的单词和末尾的单词的记忆效果要比中间单词的记忆效果好。这就是所谓的首因效应和近因效应。首因效应是指人们对某物或某人形成的第一次印象的重要影响。我们往往会对首先呈现的学习项目投入更多的注意力和精力，因此往往倾向于记住刚开始的事情。比如，早晨背单词的效果更好，就是这个道理。所谓近因效应，是指当人们识记一系列事物时，对末尾部分项目的记忆效果优于中间部分项目的现象。在末尾阶段的学习项目和测试之间几乎没有受到其他信息的干扰。我们根据首因效应和近因效应可知，刚开始所获得的信息和末尾阶段所获得的信息要比其他阶段的信息更容易记忆。因此，在学习时，要充分利用学习刚开始的时间，同时在学习即将结束时做好复习和总结。

（2）及时复习。及时复习是应对新学习知识容易遗忘这一困境的有效方式。对于遗忘的进程，心理学家们做了大量的研究。艾宾浩斯通过无意义音节实验发现，学习最初遗忘是很快的，以后逐渐减慢，遵循先快后慢的规律。根据这一规律，我们应该在学习之后及时复习。

（3）集中复习与分散复习相结合。对于一些有内在联系的知识内容，适合集中起来进行复习，对于大量关系不密切的知识内容，可以采用多次发散复习的方式。

（4）整体与部分相结合的学习。对于很多学生来说，一下子记住很多很长的内容效果往往不好，而如果将学习内容分成一段一段或者几个部分进行复习，就比较容易记忆，并且也比较容易掌握。比如，在背诵一篇文章时，可以将文章分成几个部分，等背熟了一个部分，再去背下一个部分，直至将所有部分都背熟，等背完全文后，可以将整篇文章整体背几遍，发现哪部分没背熟再回头去巩固。整体与部分相结合进行的学习可提高学习效率。

（5）过度学习。过度学习是指对学习内容掌握之后，再继续学习一段时间，从而加强我们对学习内容的掌握。研究表明，在达到100%的学习程度以后，再继续多学几遍，保持的成绩会更好，保持的时间也更长。如背诵一首古诗，在第一次背熟之后，能再背诵几遍，有助于更加牢固地记住这首古诗。一般认为，150%的过度学习是最合适的。

（6）自我提问式复习。这是指学生在学习一段内容时，一边阅读一边问自己一些问题，然后自行回答。在阅读和尝试回忆的过程中，自问自答的学习方式可以促使学习者对所学的内容留下比较深刻的印象，并且学生可以根据自己回答问题的情况来检查自己的错误和一些薄弱环节，从而了解自己的学习状况。研究表明，单独阅读的记忆效果要比一边阅读一边尝试回答自己提出问题的记忆效果差。当然，自问自答并不是空虚的口头工夫，它需要学习者根据所学的内容和自己对内容的理解来设问和回答，这样才能提高学习的效果。

（7）自动化。在学习过程中，并不是每一次学习都要求学生有意识的注意，我们的认知活动会随着熟练程度的提高，逐步减少所需的认知资源。随着学习程度不断增加，任务所耗费的认知资源越来越少，这一过程称为自动化。自动化对于我们掌握技能十分重要，技能达到自动化后，可以节约更多的认知资源，使我们的工作记忆去完成较高水平的学习任务。自动化主要通过不断的练习来获得。

（8）多重编码与复述。多重编码与复述是指在学习过程中，对信息采取多重编码方式并进行有效复述，以促进知识的积极储存，包括运用多种感官进行的学习，例如，听课时手、脑、眼睛同时进行。特瑞奇勒（Treichler）对人的感觉与学习、记忆之间的关系研究结果发现，我们的学习1%是通过味觉，1.5%通过触觉，3.5%通过嗅觉，11%通过听觉，83%通过视觉。而且人一般可以记住自己阅读的10%、自己听到的20%、自己看到的30%、自己看到和听到的50%、交谈时自己说的70%。这足以说明，多种感官的参与，能有效提高我们的记忆。

2. 精加工策略

复述策略是一种识记策略，其作用仅仅是保持信息，是一种比较低水平的信息加工策略。一般而言，仅仅依靠复述策略达到长时记忆很难产生良好效果。因此，要配以一些有助于学习者整合长时记忆信息的学习策略，这些策略就是精加工策略。精加工策略是一种更高水平的更精细的信息深加工策略。所谓精加工，又称精细加工，是通过把所学的信息和已有的知识联系起来，以此来增加新信息的意义。而精加工策略就是指人们为了更好地记住所学的东西而对学习材料做有意义的添加、构建和生成所采用的策略。

精加工策略主要包含两种策略，即生成策略和人为联想策略。所谓生成策略，又可以称作内在联系策略。这种策略比较适用于一些意义性较强的学习材料，它主要强调学习者整合新的信息到已有的图式中去，具体的生成策略主要包括以下几种策略。

1）画线法

学习新知识和复习旧知识时，画线可以使学生快速找到所学内容中重要的信息，提高学习和复习的效率。有研究表明，如果学生画出材料中重要的信息和相关的信息，就能从材料中学到更多的知识。学生在使用画线法的同时，可以在画出的重要信息旁边进行一些注释，以使画线信息更易理解，比如，圈出不知道的词、句子，标明定义，标明例子；在重要的段落前加上星号，在混乱的章节前画上问号，然后给出注释；用画箭头的方式表明知识之间的关系，并注上评论；标明知识点的差异和相似点、标出总结性的陈述等。尽管画线法应用十分广泛，基本上每个学生都在用，但是大部分学生并没有真正学会运用它。大多数学生在运用画线法时，只是一味地画线，并没有对关键信息、重要信息进行筛选。因此，有针对性地对学生进行画线法的训练很有必要。

2）笔记法

俗话说，好记性不如烂笔头。笔记法是阅读和听讲中用得较为普遍的精加工策略。研究发现，学生记笔记可以有效控制自己的认知过程和材料加工过程，有助于提高学习效率。学生在记笔记的过程中能及时发现新知识的内在联系和新旧知识之间的联系。记笔记的类型十分多，效果却不尽相同。如逐字逐句地记笔记是对学习材料一字一句地编码；作总结性的笔记将加强对材料的重新整合。有人认为用自己的话记笔记学习效果会较高，原因可能是用自己的话记笔记要求学习者对信息进行高水平的心理加工。

资料窗一

5R笔记法

5R笔记法诞生于美国康奈尔大学，又称为康奈尔笔记法，这种方法几乎适用于一切课堂的自学场合。

5R指由5个“R”字母开头的术语：

（1）记录（record），在阅读或者听讲的过程中要在主栏（将笔记本的一页分为左大右小两部分，左侧为主栏，右侧为副栏）内尽量多记有意义的论据、概念等讲课内容。

（2）简化（reduce），下课以后，要尽可能及早将这些论据、概念简明扼要地概括（简化）在回忆栏，即副栏。

（3）背诵（recite），把主栏遮住，只用回忆栏中的摘记提示，尽量完整地叙述课堂上讲过的内容。

（4）反馈（reflect），将自己的听课随感、意见、经验体会之类的内容，与讲课内容区分开，写在卡片或笔记本的某一单独部分，加上标题和索引，编制成提纲、摘要，分成类目，并随时归档。

（5）复习（review），每周花10分钟左右时间，快速复习笔记，主要是先看回忆栏，适当看主栏。

要想完成高质量的笔记，学习者应该尽量做到准确记录、详细得当、层次分明、多留空白和提高速度。

3）卡片法

卡片法是将需识记的内容写在卡片上。这种方法既有利于将需识记的内容归类存放，也有利于对这些内容进行整合和批注。卡片法广泛适用于零散资料的收集，是非系统性自学最合适的方式。使用卡片法需注意：①一卡一题。一张卡片上尽量只记下一个相对独立的内容，如果一张卡片上记得内容过多，很有可能产生混淆，不利于进行分类；②在卡片的左上角或者右上角标明分类号、材料性质等；③在卡片的下方正中打孔，然后用线串成整册，以便于保存和查找。

4）写提要

写提要是指总结并写下所学内容的中心思想。这种方法要求学习者以梗概的形式总结所学的材料。写提要可增强学习者对学习材料的领会和保持，如学习者读完一段后可以用一句话来概括总结这段话的中心思想。学习者还可以写一个提要来帮助其他人学习相关材料，这样做可以促使学习者认真去考虑哪些是重要的信息，哪些是不重要的信息。

以上介绍了几种精加工策略中的生成策略。生成策略主要应用于比较有意义的学习材料中。如果我们遇见意义性不强的学习材料时，精加工策略的人为联想策略可以帮助我们赋予材料意义，从而帮助我们学习和记忆。主要的人为联想策略有以下几种。

1）位置记忆法

位置记忆法是指在学习者的头脑中确定一条熟悉的路线，然后在这条路线上确定一个特定的点，将要记忆的项目全部视觉化，并按顺序和这条路线上的各个点联系起来，以帮助学习者记忆的方法。

位置记忆法对于记忆有顺序的项目特别适用。例如，现在我们要记忆这几个英语单词：苹果、宿舍、食堂、汽车、图书馆。首先，我们要选择一条熟悉的路线。我们现在可以想象从宿舍到图书馆的路，路上有书店、邮局、招待所、食堂。接下来，我们可以根据所记的词和特定的位置进行联想：从宿舍出发，然后经过校园，校园路上停着众多汽车，校园路的边上有水果店，可以买到苹果，再往前走，就到了食堂，经过食堂，再往前走，经过一个花园，穿过花园，就是图书馆。记忆这些单词时，把特定单词与特点位置联系起来，这样记忆效果更快更好。

资料窗二

位置记忆法的由来

位置记忆法是一种传统的记忆术。这种技术在古代不用讲稿的讲演中曾被广泛使用，而且沿用至今。西赛罗在《论讲演》一书中把这一方法的起源归功于一位希腊诗人西蒙尼德斯。这位诗人有一次在一个大宴会厅里朗诵一首抒情诗，朗诵完之后，他被在诗中赞美了的卡斯托尔和波拉克斯两位大神叫到宴会厅外。正在这时宴会厅塌了，厅内宾客无一幸存。尸体模糊，亲属莫辨，而西蒙尼德斯却能根据每个人在宴会厅里的座位而一一把尸体辨认出来。这样完美的记忆使西蒙尼德斯相信，把要记住的东西按次序地安放在自己熟悉的位置上，是很有用的方法。

2）首字联词法

首字联词法又称首字母缩略词法，是指利用每个词的第一个字或字母形成一个缩写词或句子来帮助学习者记忆的方法。比较典型的例子是二十四节气歌：“春雨惊春清谷天，夏满芒夏暑相连，秋处露秋寒霜降，冬雪雪冬小大寒。”只要记下这首诗歌，要记住一年的二十四节气就不是什么大问题了。当所记忆的内容比较长，很难记住时就可以使用首字联词法，这样可以使所记忆的内容化繁为简，帮助记忆。

3）谐音联想法

谐音联想法就是用相同或相似的读音将无意义的材料变成有意义的材料来帮助记忆的方法。比如，在刚开始学习外语的时候，会把外文读音用汉语来标注以方便记忆。运用这种方法会使一些枯燥乏味的材料变得有意思，增加了学习知识的趣味性。例如，马克思的诞辰是1818年5月5日，这种无意义的年月日记起来很无趣，我们如果用谐音联想法就可以记忆成：马克思一巴掌一巴掌打得资产阶级呜呜直哭。当然，谐音联想法只适合用于一些无意义的材料，对有意义的学习材料并不适用。

资料窗三

谐音联想记忆圆周率

传说从前有一位爱喝酒的私塾先生，一次外出前给学生布置任务：把圆周率背到小数点后 30 位。先生走后，一些学生就背了起来：3.141 592 653 589 793 238 462 643 383 279。但几个淘气的学生将题单一踹便去山顶玩耍，见先生正与一和尚在山顶的寺庙前饮酒作乐。有个聪明的学生就用谐音法将圆周率记下来了。他是这样记的："山巅一寺一壶酒，尔乐苦煞吾，把酒吃，酒杀尔，杀不死，遛尔遛死，扇扇刮，扇耳吃酒。"这个学生一边念，一边指着山顶饮酒的先生，做喝酒、死、遛弯、扇耳朵等动作，轻松记住了这些枯燥无意义的数字。

4）关键词法

关键词法是指将新词或概念与相似的声音线索词通过视觉表象联系起来，以促进对新词记忆的方法。比如记忆"apple"，可以联想成"一个矮小的小孩手上拿着一个苹果"。

5）形象联想法

形象联想法就是将无意义的材料通过联想和头脑中生动奇特的形象结合起来，从而促进记忆的方法。形象联想法也有人称之为视觉想象法。如"电脑—窗户"可以想象为"电脑变成一个机器人，带着翅膀飞过窗户"。其实很多有效的记忆方法的基础都是通过形成一种心理想象来帮助人们记忆的。上面提到的位置记忆法实际上就是一种利用心理表象的形象联想法。我们在使用形象联想法时，也可以自己创造一些故事，然后将所有的信息编在一起。

6）歌谣口诀法

歌谣口诀法就是利用编制歌谣口诀的方式来帮助我们记忆的方法。现在很多数字儿歌，就是帮助低年级学生学习数学的，例如，四舍五入法儿歌："四舍五入方法好，近似数来有法找；取到哪位看下位，再同 5 字作比较；是 5 大 5 前进 1，小于 5 的全舍掉；等号换成约等号，使人一看就明了。"我们在使用歌谣口诀法时，最好自己编歌谣，在编的时候要精炼准确，富有韵律。当然，我们也应善于运用已有的歌谣口诀，这样可以节省大量的学习和记忆时间。

以上主要是一些人为联想策略的方法，人为联想策略还有很多，比如，琴栓-单词法、限定词法等，这里就不一一介绍了。

上面介绍的都是一些最基本的精加工策略，在进行比较复杂的课文学习时，精加工策略可以帮助学习者总结大意，建立类比，用自己的话做笔记、解释、提问以及回答问题等。总之，与那些逐字逐句学习的学生相比，学习时使用精加工策略的学生往往会收到更好的学习效果。

3. 组织策略

组织策略是指整合所学新知识之间、新旧知识之间的内在联系，形成新的知识结构的策略。其实质是一种复杂的重新编码和联系过程，但比一般编码更复杂、层次更高，是对信息进行更深的加工。其主要方法是将学习材料分成一些小的单元，然后把这些小的单元置于适当的类别中，从而使每项信息和其他信息形成相互的联系。组织策略有助于学习者对学习材料的理解，并且便于形成比较清晰的知识网络。下面介绍一些常见的组织策略。

（1）概念图。概念图是一种由各概念单元及它们之间的相互关系所构成的图解。概念图可以让学习者比较清楚地了解到各种观念的联系。建构概念图的过程是一个把自己头脑中的知识外显化的过程，其步骤为：首先，选择一个核心的概念；其次，在核心概念的基础之上，选择相关的概念，放在不同的层次上；再次，添加概念之间的连线，并加文字说明；最后，检查是否有错误。概念图适用于学习者在学习过程中遇到的概念比较多，而且这些概念之间又存在着各种各样关系的情景。在熟练一种概念图之后，不必拘泥于某一种形式，可以采取各种各样的形式来制作方便自己学习的概念图。

（2）归类法。归类法是对学习材料进行归类组织，以便于更好记忆的一种组织策略。归类法主要用于自由回忆类的学习任务。所谓自由回忆类的学习任务就是把所学的内容不限回忆顺序地回忆出来的学习任务，比如，要识记中国所有省级行政区的名称。我们可以把各省级行政区归类成中、东、西部三个区域，然后再根据划分进行记忆。以在个体发展中出现的先后顺序为归类依据，我们可以将归类法分成四种：以音韵归类，以句法归类，以类别归类和随机归类。例如，（tian）和（lian）就是以音韵归类；将教师和教学放到一起就是按句法归类；将香蕉和荔枝归为一类就是按类别归类；而随机归类就是根据具体的情况，随机选择有效的归类依据来进行归类。

（3）列提纲。列提纲就是将所学习材料的内容以简要的词语写下主要和次要的观点，这主要是对所学内容的一种概括。列提纲有助于对细节的回忆，是一种比较有效的巩固学习的策略。列提纲的步骤有：第一，深入分析材料，理解其基本思想和中心思想，并确定自己的学习目标；第二，根据自己确定的学习目标摘录教材的要点或重点部分；第三，考虑材料之间的关系，把提纲确定下来；第四，复述自己列的提纲，使用提纲来回答一些问题；第五，根据提纲来回忆更为细节的知识点。

（二）程序性知识的认知策略

程序性知识就是告诉我们如何做某件事，是关于“怎么办”的知识。它由“如果……那么……”条件陈述句组成，其基本形式就是如果某个条件合适，那么就应该采取某种行动。程序性知识要解决的是“怎么办”的问题。程序性知识主要分为模式再认知识和动作系列知识。

1. 模式再认知识

模式再认知识主要是对刺激的模式进行再认和分类的能力。例如，识别某个概念的一个新事例，再认海豚属于哺乳动物。又如，识别符合应用某个规则的条件，什么时候“分数可以相加”。与概念一样，模式再认过程也是通过概括和分化的过程学习来的。比如，学习哺乳动物这一概念时，需掌握这类动物所具有的特征，即智力和感觉能力的进一步发展；繁殖效率的提高；获得食物及处理食物的能力的增强；体表一般有毛、胎生，一般分头、颈、躯干、四肢和尾五个部分；用肺部呼吸；体温恒定，是恒温动物；脑较大而发达。学习者可根据这些特征去举例，如老鼠、大象、鲸等。

2. 动作系列知识

加涅认为，“一个动作系列是为了达到某个目标所采取的一系列行为或认知动作”。学习者在学习动作系列知识时，须有意识地执行每一步，一次执行一步，直到整个过程完成。例如，学习骑摩托车，首先跨上摩托车，然后坐稳，然后插入钥匙，然后发动……刚开始的时候，我们的效率可能会比较低，但是我们要有意识地去做，随着不断的练习，这一过程就会慢慢自动化，最后将会不假思索地完成这一系列过程。我们的一些阅读、计算和书写的能力就是在这样不断的练习中慢慢形成的。

在学习某一程序时，一般有两个主要障碍。一是工作记忆容量的限制。为了克服这个障碍，我们可以采取一些记忆的辅助手段，如记下程序当中包含的步骤。二是缺少一些必备的知识。在学习某一程序时，学习者要确保已经具备了所必需的知识和技能，同时还要加强练习，找出错误并及时纠正错误。

二、元认知策略

元认知策略是指学习者对自己学习过程的有效监视和控制。比如，我们在读一篇文章时，如果遇到一段读不懂该怎么办？我们可能会重新再读一遍，可能会寻找其他的线索，也可能会重读前面的文段。对自己阅读文章的监控，属于元认知策略。认知策略是学习过程中必不可少的，而元认知策略则是复杂监控和指导认知策略的运用。

（一）元认知结构

在学习的信息加工系统中，存在着一个对信息流动的执行控制过程，它监视和指导认知活动的进行，负责评估学习中的问题，确定用什么样的学习策略来解决问题，反馈所选策略的效果并且改变策略，从而提高学习效果。执行控制功能的基础就是元认知。那么，什么是元认知呢？弗拉维尔（Flavel）认为，元认知就是对认知的认知，具体地说，是个人关于自己认知过程的知识和调节这些过程的能力，或者说是对思维和学习活动的知识和控制。元认知具有三个相互独立而又相互联系的成分：元认知知识、元认知体验和元认知监控。

1. 元认知知识

元认知知识就是有关认知的知识，即人们对于什么因素影响人的认知活动的过程和结果，这些因素是怎样起作用的，它们之间又是怎样相互作用的认识。元认知知识主要包括以下三个方面的内容。

（1）有关学习者本身的知识。这个方面的知识又可以分为三类：①关于个体内差异的知识，如正确认识自己的优缺点、自己的价值观、兴趣爱好、为人处世的风格等。②关于个体间差异的知识，如认识人与人之间性别的差异、人生观的差异、文化差异等。③关于主体认知水平和影响认知活动的各种主体因素的知识，如知道注意有不同的类型、认知风格对人看待事物的影响等。

（2）有关认知材料、认知任务方面的知识。在认知材料方面，主体应当认识到材料的类型、材料有无意义、材料的结构特点等因素，这些因素都会影响个体认知活动的进行和结果。

（3）有关学习策略及其使用的知识。它是指主体对学习策略的选择、调节和监控的认识。比如，有哪些认知策略适合于学习者进行的认知活动，各种认知策略的优缺点各是什么，运用它们的条件如何，什么样的认知策略对不同的认知活动和任务是最有效的。

2. 元认知体验

元认知体验是指伴随并从属于智力活动的有意识的认知体验或情感体验。例如，预感失败后产生的焦虑，预感成功后产生的喜悦，从成功的经验中获得心得，从失败的经验中获得教训，借此产生信心、效能感等，这些都是主体认知前后产生的情感体验。

3. 元认知监控

元认知监控即对认知行为的管理和控制，是主体在进行认知活动的过程中，将自己正在进行的认知活动作为意识的对象，不断地对其进行积极、自觉的监视、控制和调节。这个过程主要在工作记忆中进行操作。元认知监控主要包括以下几个步骤：

（1）制订计划。根据认知活动的特定目标，在认知活动之前计划各种活动，选择相应的策略，预计可能的结果，构想出各种解决问题的可能方法，并预估其有效性。

（2）实际控制、调节过程。在认知活动进行的过程中，始终清楚活动的目标、对象和任务，并严格控制自己排除干扰，去执行计划，保证活动的顺利进行，如坚持在完成学习任务后才出去踢球。与此同时，对自己的活动及时评价，反馈认知活动进行的情况，发现认知活动中存在的不足并及时修正和调整策略。

（3）检查结果、反思总结。根据有效性的标准来评价各种认知策略的效果，根据认知目标评价认知活动的结果，正确估计自己达到的程度和水平。

（4）采取补救措施。根据反馈结果若发现所采用的认知策略不适合，对自己实践活动采取补救性措施。

（二）元认知策略的种类

元认知策略主要包含三种策略：计划策略、监控策略和调节策略。

1. 计划策略

计划策略是指学习者在学习前对学习目标、学习过程等方面的规划与安排的元认知策略。其中包括设置学习目标、安排学习时间、提前浏览学习材料、预测重点难点、列出一些待回答的问题、分析如何完成学习任务等。学习者应该学会运用计划策略，如在每节课之前进行预习，预习完后制订一个上课计划，计划包括本节课所要达到的目标、有哪些地方自己需要注意听讲、哪些是重点和难点等。

2. 监控策略

监控策略是指学习者在学习过程中根据学习目标对学习进程所采用的方法、效果、学习计划情况等方面进行有意识监控的元认知策略。如在阅读一篇文章时，可以边阅读边提问，引导自己更深入地阅读，检查自己哪些地方没有读懂。监控策略可以帮助学习者察觉自己在注意或者理解方面出现的问题，从而进行改正。监控策略主要包括领会监控、策略监控和注意监控。

1）领会监控

领会监控是指学习者调控学习过程的元认知策略。领会监控是一种很重要的监控策略，一般在阅读中使用。一个熟练的读者在阅读中会在头脑中形成一个领会的目标，诸如读完文章后总结概括出文章的中心思想或者找出一些要点，于是，读者为了这个目标会对全文进行浏览。随着这一策略的进行，如果读者概括出了文章的中心思想或者找到了文章的要点，那么读者就会因为达到目标而体验到一种满足感。读者要是没有找到文章的要点或者读不懂文章，那么就会产生一种挫折感。在这种情况下，读者可能会采取一些补救方法，比如重新仔细地阅读一遍文章。

2）策略监控

策略监控主要是指学习者调控自己策略使用的元认知策略。一些学习者在学会使用一些比较好的学习策略之后，最常出现的问题就是局限于运用这种策略而不会选择使用另一些更加有效的学习策略。为了确保学习策略能够熟练运用，必须要学会不断监控调节这种学习策略的使用，例如，在训练学生发展熟练的写作策略时，自我调节策略发展模式（SRSD）就常常被采用。其他一些常见的训练方法有教师提醒法、学生互相监督法等。但最常用的方法是学生的自我提问法。

首先，使用自我提问法进行策略监控的训练，要制定一个关于学习策略有效使用程序的“问题单”。例如，学习者可以自己制定一个自我提问单：

(1) 我用什么方法来解决这个问题？哪种方法最合适？

(2) 解题时，我进行双向推理了吗？

(3) 我进行发散性思维和集中思维了吗？

(4) 对于一些困难的问题，我归纳总结思路了吗？

其次，要花一段时间经常训练自己去使用自己制定的“问题单”，以此来监控自己的思维过程。刚开始最好强迫自己问一个问题，然后进行相应的思考，慢慢地这就会成为一种习惯。如果学习者具备了策略监控的技能，那么就可以适当减少自我提问单的使用，直到让有效的学习策略使用成为一种稳定的能力和习惯。

3) 注意监控

注意监控是指学习者调控自己的注意过程的元认知策略。注意资源具有时间有限性的特点，在某一个时刻只能注意有限的事物。在课堂上，有些学生往往很难把注意力全部集中在教学任务上，常常会受到其他事物的影响而分心。教师经常会批评那些注意力不集中的学生，认为他们注意力有问题或者学习态度不端正。但是一味的批评并不能改变学生上课注意力不集中的问题。教师所要做的是帮助和指导学生学会自我管理和自我调节，比如让学生知道现在应该做什么、注意自己正在做什么、让学生学会延迟满足以及抑制无关分心物。

教师指导学生提高自我管理和自我调节能力的步骤如下：首先，教师应该为学生挑选一些重要的材料；其次，让学生对这些材料加以注意，减少能分散学生注意力的事物并且教会学生处理分散注意力的事物的技巧；最后，教师可以采取一些方法来培养和训练学生保持注意力（表 5.1）。

表 5.1　培养和训练学生保持注意力的方法

方法	解释
提高注意学习目标	在上课之前，告诉学生要注意的学习目标，学生会学得好一些
重点提示	有些教师提高或降低他们的声音，表明他们正要说关键的信息，有些教师可能使用手势，重复表达同样的信息，课本常常用不同的颜色或不同字体排版指明要点
增加材料的情绪性	有些宣传媒体常常选择情绪色彩浓的词汇来赢得注意。这就是为什么报纸的标题说“某某议员枪毙了某教育法案”而不说“某某议员否决了某教育法案”
使用独特的或奇特的刺激	例如，自然科学的教师上课时，经常可以做演示，以引起学生的好奇心，从而吸引学生的注意力
告知重要性	许多学生常常会预期在随后的测查中会有什么问题，以此来确定课中重要的信息。有研究表明，这种技能能增强学生对相关材料的注意。为了避免学生只对教师提到的重点进行复习，可以告诉学牛测验的题型和范围。当然，教师有必要告诉学生哪些材料不重要，这可使学生有效地使用学习时间

3. 调节策略

调节策略是指根据学习过程的实际情况对计划、学习过程、所用的策略等进行调整的元认知策略。在学习过程中如果发现问题，就要及时调整和改正。调节策略和监控策略有很大的关系。比如，当学习者意识到他们不能很好理解一个材料时，他们可能会重新去读前面的内容；当阅读遇到困难或者不熟悉的内容时，会选择放慢速度或者重新读一下前文内容等。

我们来举一个例子说明这些元认知策略是怎样起作用的。假如一个学习者正在学习中国改革开放的历史，这个学习者首先意识到这个知识将会以简答或者论述题的形式进行考查，然后他评价了自己对这个知识点的了解，最后决定制订一个学习计划来理解要点并熟记重要的历史事件。于是，他用自己的话口头重复这一知识点的重要内容并罗列出一些重要的历史事件，他在监控自己的学习进程，不断改正自己经常犯的错误，加强识记容易遗忘的历史事件，并写下在考查中有可能是简答或者论述题的答案。这个学习者以一种相对有效的学习策略取代之前的无效策略，提升了学习策略使用能力。

元认知策略只有和认知策略一起才会起作用。认知策略帮助学习者将新的知识和旧的知识整合在一起，并且存储在长时记忆中，而元认知策略帮助学习者估计自己的学习程度、决定如何学习和选择何种合适的认知策略。认知策略是学习中必不可少的工具，元认知策略则是监控和指导着认知策略的运用。总之，学习者可以学习很多不同的学习策略，但是如果没有必要的元认知技能来指导他们什么时候该使用哪一种学习策略，那么他们就不可能成为成功的学习者。

三、资源管理策略

资源管理策略主要是辅助学习者管理可用环境和资源的策略，它在调节学习者的动机方面有重要作用，主要包括四种类型，即时间管理策略、努力管理策略、寻求支持策略和学习环境策略。有效地使用资源管理策略可以帮助学习者适应各种环境。

（一）时间管理策略

时间是十分重要的学习资源，有效的时间管理可以更好地促进学习。时间管理策略是通过一定的方法合理地安排学习时间，有效利用学习资源。它主要包括统筹安排学习时间、高效利用最佳时间和灵活利用零碎时间。

1. 统筹安排学习时间

人生就像一张时间程序表，每个人都应当根据自己的总体目标，对时间作出一些总体安排。总体时间表必须通过阶段性的时间表来落实，例如，将高中三年划分为不同的阶段，按年来划分，可划分为三个阶段，高一、高二、高三各需完成什么任务，达到什么目标，这三年的目标需整合于一个目标，如考上自己理想的大学。因此，学习者必须合理分配学习时间，尽量减少无计划、无节制、无意义的时间。在安排学习活动时，要分清哪些事情必须做，哪些事情可做可不做。定期列出一张计划表，要按事情的重要性程度来选择学习活动，确保每天都在做最重要的事情。

2. 高效利用最佳时间

每个人的体力、情绪和智力状态会因时间的不同而不同，因此，为了有效地提高学习效率，应该在精力最充沛、精神状态最好的时候从事一些比较重要的学习活动，以充分发挥时间效益。

首先，学习者可以根据自己的生物钟安排学习活动；其次，学习者可以根据一周内学习效率的变化安排学习活动；再次，学习者可以根据一天内的学习效率的变化来安排学习活动。此外，学习者还可以根据自己的学习曲线安排学习活动。一般来说，每个人的精神状态和注意力在一段时间内存在三种变化模式：先高后低；中间高两头低；先低后高。每个学习者要根据自己的模式，安排学习活动以确保学习的效果。

3. 灵活利用零碎时间

零碎时间大多是学习的低效时间，如课后、饭前饭后、等车等人时或者坐车等，这些时间也可以加以灵活运用。首先，可以利用零碎时间处理学习上的杂事。学习上有些杂事不得不做，这些事不宜使用整段时间来做，而要利用零碎时间来做。例如，收拾课桌上的书本、收拾自己的房间、整理书包等。其次，利用零碎时间进行小知识点的学习和复习。这实际上等于在进行分散复习，可以提高记忆效率。此外，还可以利用零碎时间进行学习反思和计划等。

（二）努力管理策略

学习并不是一件容易的事情，需要强大的意志和努力。为了使学习者维持自己的意志努力，学习者需要不断地进行自我激励，这时就需要运用到努力管理策略。

1. 激发内在动机

对学习有强烈的兴趣和求知欲是一种重要的内在学习动机，它可以使人不畏困难，敢于克服障碍，进行持久的学习，而且可以从学习中体验到快乐。学习者可以自我培养学习动机，比如可以设法通过某些活动，如一些课外实践活动，了解某一学科知识在现实生活中的意义，以及对将来学习的重要性，激发进一步了解相关知识的愿望，并体验获得知识的愉悦感。学习者要不断发现自己取得的进步，体验掌握知识和解决问题的快乐，增强学习的自我价值感。

2. 树立为了掌握而学习的信念

有些人学习仅仅是为了应付考试，至于是否掌握这门知识并不重要。考试和学习成绩固然重要，但是学习的目的并不只是为了应付考试，学习最终的目的应该是掌握某一门知识。因此，除了要在考试中真实反映出自己的能力水平外，更重要的是，学习者应该给自己设立一个内在的标准，来衡量自己的学习是否成功，从而提高自己的能力。

3. 选择有挑战性的任务

学习者在选择学习任务时，最好选择那些具有中等难度的任务，这样的任务往往更能激励自己。太简单的任务成就体验不高，而太难的任务又容易产生挫折感。持掌握目标者取向的学习者往往会去挑选中等难度的任务以激励自己学习的动力，将成败归因为努力，而不是能力。

（三）寻求支持策略

学习要时刻与人交流，当学习上遇到一些困难，自己难以解决时，就必须寻求教师和同学的帮助与支持，教师和同学是学习中最重要的支持系统。

1. 教师的帮助

教师不仅是一座知识库，而且是学习的引路人和促进者。因此，除了教师的讲授以外，学生一旦有什么疑问无法解答，最好向教师请教。但也不能盲目简单接受，学生要善于分析思考，真正理解他人的指导。

2. 同学间的合作与讨论

同学间的相互合作和讨论有助于彼此互相启发，加强对某一事物的全面理解。同学间的合作存在许多形式：一种是双方或小组学习同样的内容，相互讨论，彼此提问和回答；另一种是双方或小组共同完成同一项任务。此外，同学间还可以相互辅导。当自己不懂时，可以请教其他同学。根据建构主义思想，每个学生对事物的认识都有自己的角度，都很难做到全面，小组学习可以让学生们彼此相互学习，互相补充，达到对知识深刻、全面的理解。

（四）学习环境策略

该策略强调如何构建有利于学生学习的环境，涉及物理环境和心理环境两个方面。这里不展开阐述。

第六章 阅读、写作与数学辅导

第一节 阅读辅导

一、阅读的概述

（一）阅读的界定

阅读是语言学习的一个重要方面，是一项综合性的语言学习过程，它本身要求学生必须不断地提高自己的语法、拼写、词汇水平。阅读之所以重要，不仅因为阅读是语文学习的主要内容和其他学科学习的基本方法，还因为它也是学生获得学业成功的重要手段，以及学生认识世界和接受新信息的主要渠道。

既然阅读对于我们来说如此重要，那么什么是阅读呢？

对于阅读的界定，不同的学者有不同的看法。科威尔（Carver，1973）认为阅读包含了四层含义：

（1）阅读是对词进行解码（decoding），决定这些词在特殊句子中的意义。

（2）阅读是将个别词的意义联合起来，达到完整理解句子的目的。

（3）阅读是了解段落之间所隐含的主旨，以及文章原因、假设、证明的含义，未清楚说出的结论，甚至与段落主旨有关但暂时离题的观念。

（4）阅读是评价各种观念，包括逻辑、证明、真实性和价值判断等问题。

从科威尔对阅读的界定中看出，阅读包含解码、语句整合、理解和推论等阅读技巧。

随着心理学对阅读的心理过程的研究不断深入，阅读的界定也进一步发展，Hall 提出阅读具有四个方面的特点：

（1）阅读技能是一项复杂的任务，包括知觉、认知和语言加工。

（2）阅读是阅读者在不同水平上获得的信息感官上的相互作用（如语音、词义、语义、句法、语法和解释等），而不是从基本译码到理解的连续过程。

（3）人的信息加工系统限制了对课文加工的能力（如注意、知觉、短时记忆和长时记忆），即当低水平加工（解码）达到自动化，会转向更高水平的功能。

（4）阅读是一种策略，包括建立目标、选择策略、监控过程，简言之，它是一种元认知活动。

（二）阅读的环节

阅读是一种综合性的语言学习过程，作为一个过程，它具有本身的环节，即译码、采用策略、阅读理解、推论等。其中译码和理解是阅读的两大核心环节。

1. 译码

译码，又称为词汇认知，是指阅读者译解印刷符号的过程。译码是理解文章的必要条件而非充分条件。许多有学习障碍的学生有编码或词汇认知的困难，随之有理解文章的困难。有研究证明，较差的阅读者花费更多的时间来译码词汇，正因为如此，他们的工作记忆资源几乎都被分配到译码加工上，这就造成他们在阅读中难以建构文章的意义。

一般来说，译码有两种方法：一是全词法（whole-word），另一种是语音法（phoretic）。全词法是将整个词作为一个单位来辨认和发音的，强调词的名称与印刷字符联结。而语音法则是将单个字符的发音组合成整个词的读音。

2. 阅读理解

所谓阅读理解，是指为了一个特殊目的、使用信息和知晓印刷符号意义的过程。它是阅读的核心成分之一，正确有效地理解文章是成功阅读获取文章信息的标志。

根据 Rnsel、Taba、Herber 等的研究，阅读理解有三种不同的水平，分别是：

（1）字面理解。它是以理解作者在文章中采用的词汇和概念为基础的，它要求读者再认和回忆在材料中明显陈述的事实和观点。

（2）解释性理解。它是指在理解材料过程中，理解没有明确表达的、蕴含的、可以推论的意义。读者在阅读中，需要探究比文章字面更深层次的意义。

（3）评判性理解。在这个水平上的理解，要求读者对所读物的实质、价值、真实性和作者的意图等利用外部准则和内部准则作出评价。

以上三种水平的理解是逐次递增的，字面理解要求理解的深度最低，评判性理解要求理解的深度最高。我们在阅读过程中，要根据阅读的目标和阅读文章的要求，具体决定自己阅读所需要达到的理解水平。

二、阅读的理论模式

近年来，许多关于阅读理解的研究表明，阅读理解不是一种单向接受信息的活动，也不只是对词、句甚至语篇的理解，乃是读者在大脑中建立一种模式的过程。这个过程是以理解为目的、多层次的、相互作用的、不断进行推论的过程。阅读有四种理论模式，分别是自下而上模式、自上而下模式、相互作用模式和图式理论。

（一）自下而上模式

自下而上模式以 Gough 和 Foss 提出的阅读理论模式为代表。

Gough 的阅读模型描述从看到文字符号到理解意义的整个过程，模型从信息加工的视角来解释阅读过程。Gough 认为阅读就是从低级的小单位字母加工发展到高级的词组、句子以至语义加工的过程。该阅读模型从本质上说就是自下而上的模式。在这个模型中，来自单词的图形信息进入视觉系统，并被短暂保留在映象中。然后它经过一图形识别器来加以扫描和操作，从而使得输入的字母得到辨认。得到辨认的字母进入字母寄存器后，经由译码器把字符转换成它们的音素表征。这些音素表征会进入程序库管理系统，同词汇相匹配，然后把产生的词汇又输入到主存储器，最后输入到 Merit 系统。Merit 系统具有句法和语法等知识，当词汇输入到这个系统后，这个系统会运用它所具有的一系列知识去确定输入信息的深层结构，即意义，并到达最后的存储寄存器，这是句子被理解后存储的地方（图 6.1）。

Gough 的阅读模型反映了早期信息加工中的线性模式对阅读研究的影响，强调词汇积累的作用，却忽略了一系列影响阅读过程的语境因素，把阅读过程当作一种纯粹的语言知识运用。

Foss 提出了自下而上模式的另一变式，认为阅读开始于视觉输入，视觉输入的信息在视觉信息加工器里得到加工，并把这种输入刺激变换成映象表征，映象表征经过视觉译码器的

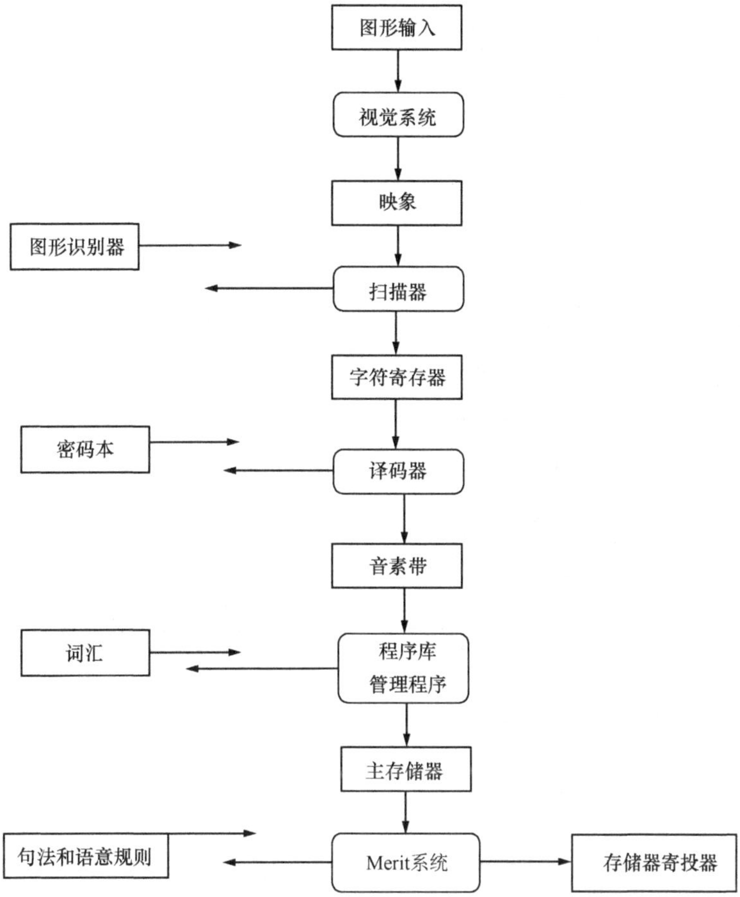

图 6.1　Gough 阅读模型

加工后，把它转变为字母、音节或词的视觉代码。紧接着，语音转录机制把视觉的字母或词通过一组规则转换成一种系统音素。接着，系统音素在心理词典中进行搜索发现和匹配词汇条目。当所需要的词条被发现时，句、法或语义的信息结合在一起，进入短时记忆，继而进行语法的分析，这是在更高水平上的句子加工机制（图 6.2）。

从这一模型中可以看出，阅读和语言听觉理解是可以在这个加工系统中结合起来的，词汇搜索之后的各个阶段是阅读和言语听觉理解的共同机制。

以上两种阅读模型都认为阅读是一系列词的知觉，准确迅速辨认单词的能力是熟练阅读的基础，如果词汇辨认达到了自动化，就能把注意力集中于获取文字语言的意义上。这两个模型强调了词汇辨认在阅读中的重要作用，能够解释阅读过程中的一些问题，但是忽视了读者的背景知识、阅读经验等信息对阅读的影响。

（二）自上而下模式

“自上而下”的阅读模式是指让读者主要通过利用自己已有的语言知识和有关经验对文章进行认知加工的过程。它是由 Goodmen 在 1967 年提出来的。他反对把阅读看成是对一系列词的知觉，认为这是把阅读过程简单化了。人们在阅读过程中，通常是利用语言知识、有

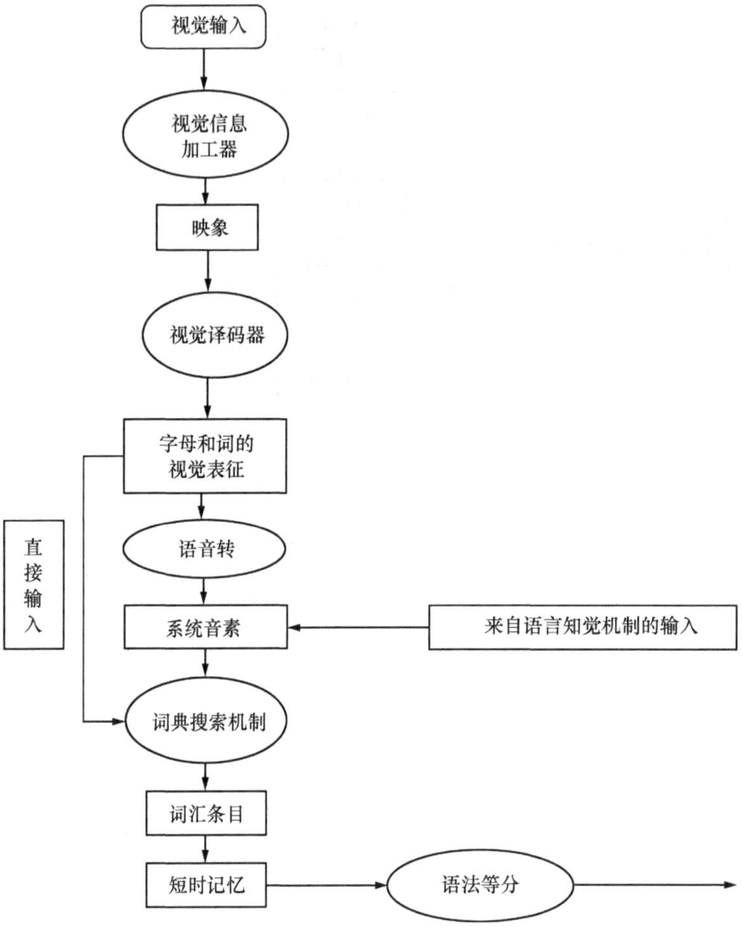

图 6.2　Foss 的模型

关经验的作用对课文进行加工。阅读是一个选择的过程，是指在读者预期的基础上去运用那些可能得到的、最少的、从知觉中选择而来的语言线索。在运用这些选择而来的语言线索的过程中，会形成暂时的预测和决定。这些暂时的预测和决定会在继续进行的阅读中得到证实、拒绝或进一步加以提炼。因此，Goodmen 认为阅读也是一种心理语言学的猜测游戏。在游戏中，阅读包括思想和语言之间的相互作用。精确的知觉与辨认所有的文字成分并不能带来有效的阅读结果，对阅读来说必要的、最有效的线索技能是选择那些有效的猜测。因此，在阅读中去预测那些没有看到东西的能力才是最重要的。

在解说阅读的过程中，Goodmen 提出了阅读的步骤。他认为并非所有的步骤都是必需的，在阅读中有些步骤还是可以省略的。阅读的步骤主要包括：一是从左到右地对印刷的文字进行扫描，并且一行一行地读下去，并对印刷材料的某些部分进行注视。二是选择过程。在选择过程中，读者会受到先前选择的限制，而且也会受到读者的语言知识、认知方式以及他所学会的阅读策略等因素的影响。三是运用选择得来的线索以及读者预期的线索形成一种知觉的表象。四是读者从自己的记忆中寻找有关句法的、语义的和语音的线索，重新形成知觉的意象。五是读者需要作出一种暂时的选择，之前所获得的文字意义将暂时保存在短时记忆里。六是如果到此时为止，所获得的线索还不能用来进行任何猜测的话，读者就需要检查他的知觉输入，并且再次尝试去猜测。七是倘若猜测仍无可能，读者就将进一步阅读并汇集更多文字线索，直到能够作出选择，并检查这种选择在上下文中语法和语义方面的可接受性。八是如果这种暂时的选择在句法或语义上是不可接受的，读者还要退回去重新进行扫描，直到发现选择是可以接受为止。九是形成再一次的循环。译码的过程继续扩展，所获得的意义也被先前获得的意义容纳和吸收，同时，又形成了对下面内容的期待，于是一个新的循环开始。

（三）相互作用模式

Rumelhart 在 1977 年提出了相互作用模型（图 6.3）。相互作用模型结合了自上而下和自下而上两种加工模式。模型认为阅读过程是同时使用各种感觉和非感觉信息的过程，是各种信息平行加工相互作用的过程。当读者扫描课文时，字母就被登记到视觉信息存储中，有一个特征提取装置对这些信息进行操作，并从视觉信息储存中提取关键性特征，这些特征作为感觉输入图形综合器。在图形综合器中，除了感觉信息外，还存在非感觉信息。图形综合器运用所有的信息对输入的图形作出最可能的解释。也就是说，读者在阅读时，头脑是信息加工的中心，在不断搜索外界输入信息的同时，还运用自己已有的知识经验、背景以及语言知识，对输入的信息进行加工，从而得到文章的意义。

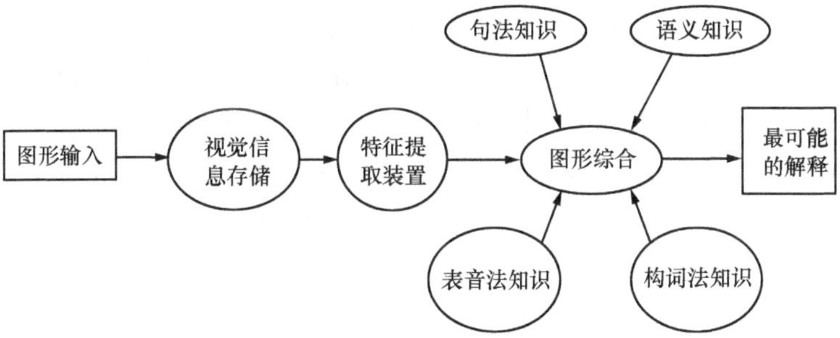

图 6.3 Rumelhart 的相互作用模型

相互作用模型把课文和读者当时的情感因素、环境因素分隔开来。20 世纪 70 年代末，Rosenblatt 又提出了相互作用的另一种形式，交易阅读模型。他还认为阅读是一个不断发展的过程。在阅读中读者不是单纯地追求作者在课文中表达的意思，而是创造性地理解作者所要表达的意思。由于读者知识经验不同，在阅读时情绪和环境也不同，因此对同一文章会有不同的理解。

Rosenblatt 进一步指出，阅读是发生在读者人生中的某一阶段、某种环境和某一时刻里的活动。当读者和作者具有共同的语言和思路时，阅读理解就能达到令人满意的程度。而且随着读者阅历的增加，对同一篇文章的理解在不同的时刻也会有不同的领悟。随着阅读理论的发展，有很多学者开始从社会交际角度探讨阅读过程，认为读者的知识、个人经历、看法、兴趣、主观观点及情绪等对阅读过程会产生影响。

三、影响阅读的因素

李咏吟归纳总结了阅读的影响因素，包括家庭社会地位、学校地区、父母教育程度、亲子互动程度、智能成绩、各学科成绩、学校以外的上课时间、师生信任程度、人格因素，等等。我们根据阅读理论模型，关注影响阅读因素的四个方面，分别是词汇，读者的背景知识，读者的兴趣、情绪和动机，以及阅读的环境。这四个方面从微观到宏观概述了阅读的影响因素。

（一）词汇

阅读是一种综合性非常强的语言学习过程，其中，阅读的两个核心环节是译码和理解。译码是指阅读者对印刷符号的译解过程。理解是指阅读者为了一个特殊目的，使用信息和知晓印刷符号意义的过程。词汇量是促进译码和理解的基础。在自下而上阅读理论模式中，Gough 和 Foss 都认为阅读是一个从低级的小单位字母加工发展到高级的词组、句子以至语义加工的过程。这里的低级小单位字母加工就是指对词汇的细致加工。掌握词汇量的多少，直接影响了阅读的效果，词汇是有效阅读的基础，熟练掌握一定数量的词汇非常重要。

（二）读者的背景知识

在阅读过程中，除了需要掌握一定量的词汇外，阅读的另一个重要的影响因素就是阅读者的背景知识。在 Goodmen 提出的自上而下阅读模式中，他强调认知系统依赖于已掌握的语言知识和社会经历。在阅读过程中，充分发挥语言知识和社会经历的作用，有助于推动对书面文字的处理。可见，背景知识对阅读也是非常重要的。当读者阅读文章时，具备一定的关于该文章的背景知识，不但有助于加快读者阅读的速度，而且有利于加深对文章的理解。斯蒂芬生等针对美国和印度大学生作了一组实验，请这两组学生阅读两封信，一封信是写美国的婚礼，另一封信写的是印度的婚礼，结果发现，学生错误地理解那封有陌生文化的信的内容，但是可以回想起更多包含自己文化的信的内容，同样地，学生在阅读包含自己文化的婚礼的那封信时，速度明显加快。因此，在阅读教学过程中，如何促进学生有效激活相关的背景知识，是值得思考的。

（三）读者的阅读兴趣、情绪和动机

在人的心理活动中，信息的获得是主体在与信息源相互作用过程中主动建构的过程。个体在获得信息的过程中，不是盲目和被动的，他会根据自己的个人偏好及其他动机指向对信息进行筛选，从而获得自己所需要的信息。

读者的阅读动机是反映读者阅读需求、引起阅读行为、满足阅读愿望的内部动力。它反映了读者阅读的内在原因以及阅读选择的主观因素，是激励和维持阅读行为的一种心理状态。而读者的情绪是指读者在阅读过程中所产生的评价和体验。读者阅读时的情绪对动机具有双向作用。积极的情绪有助于提升读者的阅读动机，消极的情绪可能会降低读者的阅读动机。而且读者的动机是读者阅读时的内部因素，而词汇和背景知识是外部因素，外因要通过内因起作用，读者要获得有效的和流畅的阅读，必须提高自己的动机，调节好自己的情绪。

在心理学上，一般认为兴趣的性质是人们力求认识、探究某种事物的心理倾向，是人类的一种基本情绪，是人体活动的内在动机。我们在阅读文章时，最重要的就是理解文章的内容，而理解文章的过程就是读者运用自己已有的认知图式对文章进行信息加工，提取信息（包括语法的、语义的和语用的信息），主动建构文章图式（包括逐字的、命题的和情境的表征）的过程。在阅读过程中，兴趣促使个体在与文章内容相互作用过程中渴求并获得信息。它还促使读者对文章进行深层加工，主动提取更多的信息，更好地建构文章的图式。兴趣作

为读者阅读的一种内部动机，对阅读具有促进作用。

（四）阅读的环境

阅读的环境因素涉及两个方面的内容，一是读者的成长环境，二是读者阅读时的环境。读者的成长环境包括读者成长的家庭环境、学校环境和社区环境等；读者阅读时的环境是指读者阅读过程中周遭的环境。

家庭文化氛围和阅读环境影响了儿童阅读能力、兴趣和阅读效能感的发展。而儿童最核心的阅读技能的获得则是在小学阶段，良好的学校教育和系统的学习促进了学生阅读能力的获得。

阅读发生时的物理环境和心理状态对阅读效果的影响更为直接，但又因人而异。

四、影响阅读的认知因素

阅读是一个复杂的认知过程，受到多种认知成分的影响。其中以工作记忆、言语理解、认知方式等因素影响为代表。

工作记忆是阅读理解研究中经常涉及的问题，工作记忆是对信息的短时间在线存储与操作，阅读是典型的工作记忆任务，阅读广度任务也是经典的工作记忆测量方法。工作记忆尤其是言语工作记忆能力的高低是阅读理解能力的重要预测变量，较高的言语工作记忆容量对汉语阅读理解有显著促进作用。

语音回路是工作记忆的一个重要组成部分，它主要负责加工语音信息。丁锦红和王丽燕（2006）在对语音回路与阅读理解关系的研究中发现，在阅读一般难度情况下，语音回路反而会延缓阅读速度，抑制发音可以减少阅读时间，加快阅读速度。鲁忠义和张亚静（2007）在语音回路与阅读理解关系研究中也发现，语音回路中的发音复述装置和语音存储装置在汉语阅读理解中起着重要的作用，字音和字形都影响汉语的阅读理解。

在言语理解方面，高效率文本阅读和理解不仅提升了阅读理解的速度，而且阅读理解的效果也高于那些慢速度、低效率的阅读者。能够快速攫取一句话、几句话和一个段落的核心意思、逻辑关系等，是优秀阅读者的必备素质。而这一点在与韦氏智力量表的言语理解指数相关的分测验中可以得到明显预测。

对于不同的认知方式个体来说，他们在语篇阅读方面也存在差异。场独立性个体在语篇阅读中抑制外部干扰的能力好于场依存者，而且这种差异发生在抑制加工的后作用过程。相对于无意义干扰材料，不管是场依存者还是场独立者，在语篇阅读中，有意义的外部干扰对语篇阅读的干扰作用更大、更明显。冲动型阅读者相比沉思型阅读者速度快，但是，更容易受到细节的影响，理解不深刻，甚至容易出现错误的理解。

五、阅读技能训练

获取信息的两条重要的途径就是实践和阅读。除了实践，最重要的就是阅读。阅读，可以让我们快速地拓展自己的知识面，开阔我们的视野和见识。如何才能在有限时间内获取尽可能多的信息，学到尽可能多的知识？换句话说，如何进行有效的阅读？掌握阅读技能至为关键。接下来将详细介绍几种阅读方法，希望对日常的阅读活动有所帮助。

（一）SQ3R 阅读法

SQ3R 阅读法是由美国依阿华大学的 Robinson 在 20 世纪 60 年代中期提出来的。这种方法自 Robinson 创建后，极受推崇，目前在外语教学中被广泛使用。

SQ3R 阅读方法由 survey，question，read，recite，review 几个单词的第一个字母缩写组成，这五个字母分别代表了“浏览、提问、阅读、复述、复习”五个阶段。其要点是浏览全文，应特别注意书的序（或前言）、内容提要、目录，正文中的大小标题、图、表、照片，以及注释、参考文献等，以便对全文有一个总的印象；针对全文的初步印象提出问题，然后根据提出的问题再回到文中进行全文细读；这个步骤进行完后，要用自己的话对文章的大意进行复述；为了更好地对所获取的信息进行巩固，最后需要对文章进行复习。

SQ3R 阅读法的第一步是浏览（survey）。浏览的目的是对阅读材料有了一个大概的了解，初步了解一些背景知识，准备好阅读策略，产生初步的阅读动机，为接下来的阅读做好充分的准备。

SQ3R 阅读法的第二步是提问（question）。在浏览一篇文章或者一部书的某个章节的同时，我们可以在阅读之前根据通读时了解的文章大概意思对自己提出一些问题，或者是在边阅读文章时边提出一些问题，如问：谁？什么地方？是什么？为什么？这样就使得阅读具有目的性和方向性。另外，在读一篇文章之前，我们还可以看一看后面的阅读理解题。这些题目有些是回答问题的形式，有些是选择题的形式。无论是哪种形式，这些问题都使我们的头脑在阅读时有了问号，有了问号后，我们阅读的兴趣和好奇心会促使我们去寻找答案。我们带着目的去阅读，有意识地去搜寻文章的主要内容，比起毫无目的的阅读，效率就会迅速地提高。

SQ3R 阅读法的第三步是阅读（read），即细读，它是三个 R 中的第一个。阅读是在浏览和提出问题之后，带着问题耐心细致地去读。在阅读过程中，读到文章的重点部分或者与问题相关部分，就需要作上记号，比如画线，而且有些地方还需要写下自己的感悟，及时做好笔记有助于有效地抓住文章的内容、把握及理解文章的主旨。在阅读这个步骤，需要特别注意两点，即中心思想和重要细节。中心思想是一篇文章的核心。把握文章的中心思想，就是理清了作者写作的思路，这有利于我们理解全文。重要细节是中心思想的论据，它往往是一个事实、一系列的事实或者一个例证。一篇文章确立了中心思想以后，还必须通过许多的细节来进一步解释或者表达主题，体现中心思想。阅读细节时，我们需要对它进行归纳总结，有些细节也需要作上记号或者抄写下来，以便以后理解。在此步骤中，前面的问题基本上也得到了解答。

SQ3R 阅读法的第四步是复述（recite）。复述在这种阅读法中也有背诵的意思。细读文章后，要保证自己记得和理解文章的主要内容和基本要点，就需要回忆读过的文章内容。这里的回忆，不是一字不漏地背诵，而是用自己的话把读过的文章的主要内容和基本框架回忆一遍，必要时，还需要用笔把它记下来。遇到一篇文章的重点段落，或者精彩的段落，需要我们背诵下来。复述结合必要的背诵，就能让我们在阅读文章后更加深入地把握和理解文章的内容。尤其是遇到一些关键的段落或者一些模棱两可的内容，就需要不断去重述，以促进理解。

SQ3R 阅读法的第五步是复习（review），即在文章全部阅读完毕，问题也基本解决后，继续对全文进行回看和检查。

SQ3R 阅读法在国外具有广泛的影响，但是也存在一些批评。有人（Shepard，1978）认为此阅读法在实际运用中太耗费时间，有些学生无法使用这个方法。

（二）DRTA 阅读法

DRTA 阅读法是由 Stauffer 在 1969 年提出来的。这个方法的全称是“引导阅读与思考活动”（directed reading and thinking activity），英文名称的缩写为 DRTA。这个阅读方法把阅读理解的训练分为三个阶段。

第一阶段是预料。给学生一个文章的标题，或文章的开头几个句子，或关于文章的一个图，要求学生预料这个文章讲的是什么，其主要内容大概是什么。

第二阶段是细读。学生耐心细致地阅读整篇文章，并在文章中寻找预料阶段形成的猜测的依据。

第三阶段是证明。细读完整篇文章后，我们对整篇文章有了较为详细的把握和了解。这个时候就需要说出我们在文章中寻找的“依据”是否验证或者否决了我们预料时的猜测。

这三个阶段都是循环反复的过程，阅读时，要不断地重复这个程序。

（三）REAP 阅读法

REAP 阅读法是 Eanet 等提出来的。Eanet 等强调要训练阅读者把文章的内容转译成自己的语言，转译过程需要经过阅读（read）、编码（encode）、注解（annotate）、深思（ponder）这四个步骤。

第一，阅读。这个步骤的阅读其实包括了 Robinson 提出的 SQ3R 阅读法的前三个阶段的内容，即浏览、提问和细读。在这个步骤中，读者需要尝试阅读整篇文章的内容，把握文章的中心思想和主要框架。

第二，编码。这个步骤相当于 SQ3R 阅读法的复述阶段。在这个步骤中，读者在阅读了整篇文章内容后，需要及时地用自己的语言来复述文章的主要内容。

第三，注解。编码只是相当于口译，要巩固自己对文章的识记，加深对文章的了解，对以后再次阅读有所促进，我们还需要用笔以自己的话记下刚复述的内容。

第四，深思。对于上一步骤记下的注解，我们要回过头去阅读，并思考所写的注解，从注解中去把握文章的内容，也许我们还能有新的领悟。

这四个步骤不是进行一次就结束了。我们在阅读中需要循环往复地进行这些步骤。有时，我们进行到深思这个步骤时，对自己注解的内容还感到不够时，还需要回过头去重新阅读全文。因此，这几个步骤也不是独立的，而是相互交叉和相互进行的。

第二节 写作辅导

写作是人类的一项历史悠久的实践活动，人类最原始的写作形式出现在中国殷商时期的甲骨文和西文古希腊时期的泥板文书中。人类对写作的研究也有一个漫长的历史，回溯漫漫历史长卷，从中国的《尚书》、《论语》、《文赋》、《文心雕龙》、《文章指南》、《论文八则》，到西方的《诗学》、《大教学论》等，无不闪烁着写作研究的真知灼见。走过历史的长河，现代人类对写作的研究数不胜数。本节在简要回顾研究者们对写作的界定基础上，着重介绍目前具有代表性的写作模型，以及几种具有代表性的写作教学策略。

一、写作模型

写作模型有利于研究者关注写作任务的范围，这些模型提供了较为精确的和解析化的写作活动的概念，涉及这个过程的结构和功能。目前写作心理学研究的主要模型有 Hayer 和 Flower 模型，Bereiter 和 Scardamaliar 的发展模型，Levelt 的说话模型和 Kellogg 模型。

（一） Hayer 和 Flower 模型

Hayer 和 Flower 模型（图 6.4）是由 Hayer 和 Flower 在 1980 年提出来的。该模型主要包括三个方面的内容，分别是写作者的长时工作记忆、写作过程和写作环境。

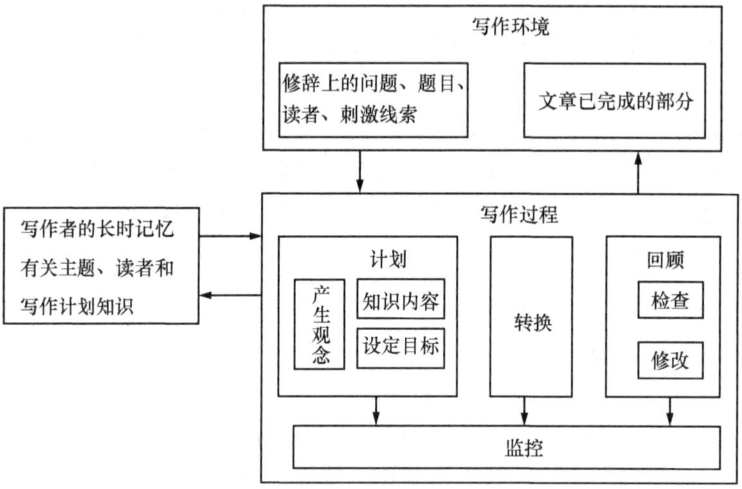

图 6.4　Hayer 和 Flower 模型

1. 写作者的长时工作记忆

写作者的长时工作记忆包括三个方面的内容：一是文本主题；二是表达行为；三是写作计划的语言知识。文本主题是指某领域知识，或者说主题知识。表达行为是指实用知识，或者说读者知识。而隐含在写作计划中的文本语法就是写作计划的语言知识的一部分。

2. 写作过程

写作过程包括三个阶段：计划阶段、转换阶段和回顾阶段。

计划阶段包括内容产生、内容组织和目标形成。这三个方面的内容归结为一点，就是要确立写作计划。在计划阶段可以从两个方面来确立写作计划：一是从写作者的长时记忆中提取某方面知识；二是从任务条件中获取信息，通过确定主要目标和子目标来指导文本写作。

转换阶段就是通过词汇和语法加工以正确的句子转换提取命题。

回顾阶段是指评价写作目标与所写文本间的语言、语义、实用特征等方面的匹配性。它包括对已写成的文本进行阅读分析和进行可能的修改这两个子阶段。

3. 写作环境

写作环境包括两个方面的内容：一是有关写作指导方面的，主要包括写作的主题、表达的目标等；二是逐步写成的文章为写作者提供参考，并修改已写成的文本。

（二） Bereiter 和 Scardamaliar 的发展模型

Bereiter 在《写作心理》一书中，提出了写作发展的两大策略，即知识叙述策略（图 6.5）和知识转换策略。1985 年，Bereiter，Burtis 和 Scardamalia 又提出，写作专长发展需要经历从“知识叙述”到“知识转换”的中间策略。这三个策略构成了 Bereiter 和

Scardamaliar 的发展模型的内容。

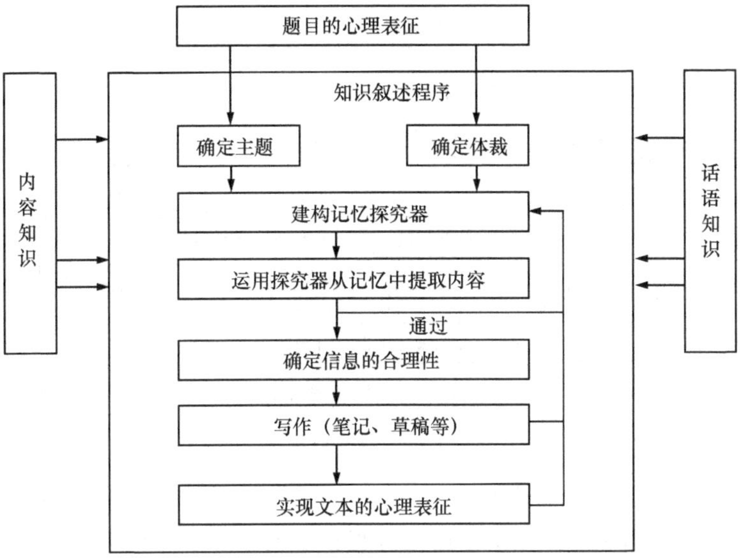

图 6.5　知识叙述策略

1. 知识叙述策略

知识叙述策略由三个部分组成。

第一部分是题目的心理表征。这个部分的内容有利于写作者界定文本主题和功能，它是理解任务和指导整个写作活动的基础。

第二部分是长时记忆中的两类知识，即内容知识和话语知识。内容知识（content knowledge）是指文章中要求写作者需要知道的主题。话语知识（discourse knowledge）包括语言知识和文本类型、性质知识（叙事、议论、说明等）。

第三部分是知识叙述程序，即写作过程。这个部分的内容与其他两个部分的内容关系密切，由七个子阶段组成，即确定主题、确定体裁、建构记忆探究器、运用探究器从记忆中提取内容、确定信息的合理性、写作和实现文本的心理表征。首先，写作开始时，要“确定主题”和“确定体裁”，这两个阶段是同时进行的，它们的操作依靠写作指导的心理表征由写作者进行详细叙述，并指导第三个子阶段“建构记忆探究器”的操作。建构记忆探究器后，许多记忆探究器就会提取相关的内容知识和话语知识。进入第四步，即“用探究器从记忆中提取内容”。记忆探究器提取出的内容知识和话语知识还需要经过“确定信息的合理性”这一阶段的检验。如果这些内容不合适，记忆探究器就要重新检测，如果提取的内容与文本主题和性质相一致，则向“写作”这个阶段过渡。在这个阶段，确定好笔记、草稿等内容之后，就向“实现文本的心理表征”转换。

2. 知识转换策略

“知识转换策略”包含了“知识叙述策略”三个主要的成分，即任务心理表征成分，长时记忆的两类知识组成和知识叙述加工。这两个策略的差异在于，知识转换策略更侧重于专长化写作，是加工文本内容的一项重要计划，依据文本修辞、交流和语用规范来进行，而且其中的复杂问题解决系统是在任务的心理表征成分和知识叙述加工之间进行操作的，如图

6.6 所示。

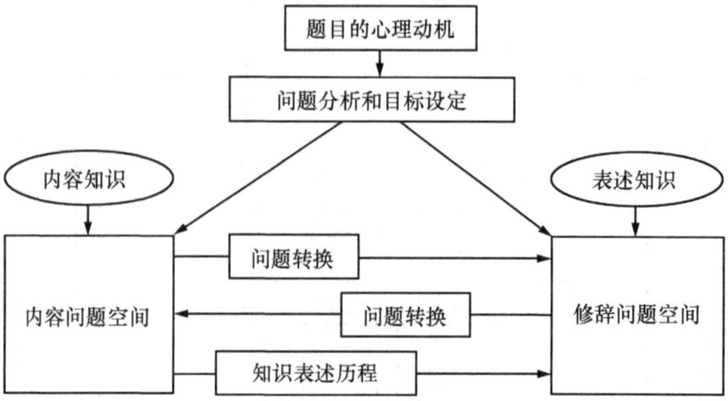

图 6.6　知识转换结构模式

（三）Levelt 的说话模型

Levelt 在其《说话：从思维到清晰的表达》一书中提出了写作的说话模型（图 6.7）。该模型为人们提供了口头语和写作在认知加工过程、表征、加工类型等方面的差异。Hayer 和 Flower 模型与 Bereiter 和 Scardamaliar 的模型是一种过程性的发展模型，意图囊括写作所需要的全部知识和加工过程。与前两个模型不同的是，Levelt 致力于口语领域的写作研究，试图描述成人口语的形成过程。该模型由四个因素组成：思维者、设计者、表述者转换语音计划和话语-理解系统。

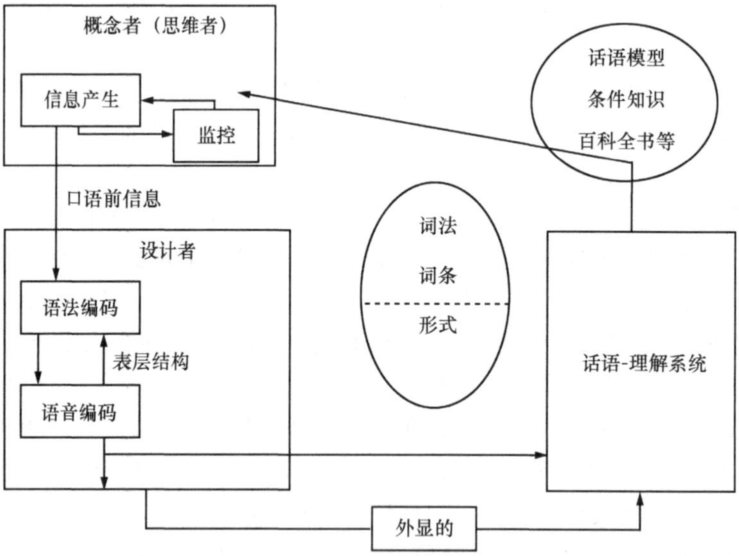

图 6.7　说话模型

第一，思维者。思维者将从长时记忆中提取的知识转换成“口语前信息”。这一转换通过“宏观计划”和“微观计划”两个阶段来实施。宏观计划界定说的行动，即说什么和说的方式，它确保交流目标的实现，以及实现交流目标所需要的知识的提取、选择和组织。微观计划决定哪些组块有用，哪些需要强调等，它由具有语义功能的某领域知识单元和语用参数构成。

第二，设计者。设计者为表述它的语言形式，要进行口语前信息的词汇、语法和语音编码。在编码中要用到两个子系统，即语法编码和语音编码。语法编码就是去选择一个合适的词汇和语法系列，语音编码就是将词语转换成词位。

第三，表述者转换语音计划。这个计划是为信息的输出做准备的，它需要借助监控器，通过造句法结构和词汇的形式进行言语的叙述。

第四，话语-理解系统。该系统是一个自我监控系统，该系统的输出由内在的和外在的话语两部分组成。

（四）Kellogg 模型

Kellogg 于 1996 年提出了信息加工系统（图 6.8），旨在解释写作的内在机制。他认为写作由三部分组成，即形成、执行和监控。每个部分都有两个基本的加工程序。

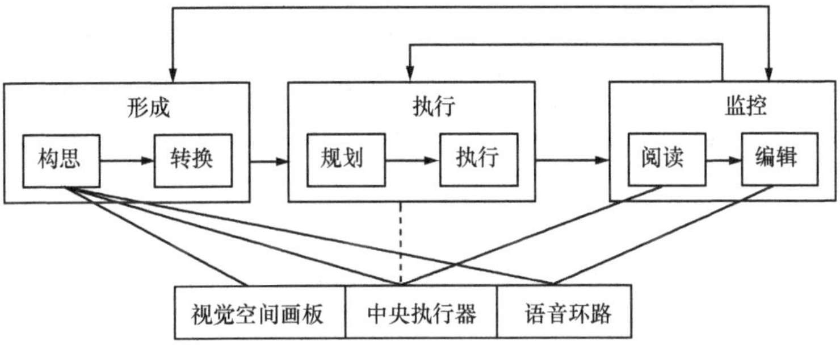

图 6.8　Kellogg 模型中工作记忆成分与文本产生间的关系

第一部分，形成。它包括计划和转换两个加工。计划加工有利于设定所要达到的目标，根据目标研究相关的知识域单元来组织提取的信息。转换加工有利于将观点转换成语言组织。

第二部分，执行。它包括规划和执行两个加工。规划有利于写作者思考，而执行有利于信息的实现。

第三部分，监控。它包括阅读和编辑两个加工。阅读加工有利于在叙述之前或之中反复阅读或核实信息。编辑加工将写作者的意图与不同系统的输出进行比较，它有利于探测和诊断问题，并编辑新的输出信息，直至解决问题。

二、写作教学策略

写作作为国内语文教学的重要课程内容之一，教师如何有效地进行写作教学直接关系到学生的学习效果。写作教学是指师生双方以写作作为内容进行的教与学的协同活动，其最终目标是培养和提高学生运用书面语言的能力，它包括教师有目的、有计划地引导学生识字写字、用词造句、布局谋篇、运用语言文字表达思想感情，最终能用自己的语言表达自己的认知和感情。为了有效地进行写作教学，教师需要运用到哪些教学策略呢？目前，在写作教学领域中，常见的写作教学策略有以下几种。

1. 读写结合法

在读写结合法中，关键是要在写作教学中教会学生灵活地运用在阅读中学到的各种写作知识。因此，阅读教学在这种方法中占有重要的地位。在阅读中，要教授学生懂得怎样选择材料、组织材料，怎样确定中心，怎样准确地选择词语，写出通顺的句子，怎样连段成篇并注意到前后的内在联系。归结为以下几点：一是审题教学，培养学生的审题能力；二是语言教学，旨在帮助学生理解作者用词的用意，以及语言表达的艺术；三是思路教学，使学生真正理解课文，懂得和掌握作者围绕中心安排组织材料的技巧，培养选材与组材能力。

2. 虚构想象法

这种方法包括两个方面的内容，一是虚构情节，二是巧思奇想。所谓虚构情节就是指教师设定一些足以引发学生好奇心的写作题目，让学生插上想象的翅膀，以虚构故事情节的方式叙说动人的故事。所谓巧思奇想，是指教师提示一件东西，让学生叙述他们的新构想，也可以让学生以幻想的方式，叙述自己感觉新奇的其他事物。

3. 头脑风暴法

所谓头脑风暴法是指利用集体思考的方式，使思想相互激荡，发生连锁反应，以引导出创造性思考的方法。其主要步骤为：第一，选择或说明问题；第二，确定讨论规则；第三，组织并激发团体的气氛；第四，主持谈论会议；第五，记录大家所提出来的意见或观念；第六，共同制定标准，以选取最好的意见。如果是班级教学，可以采用小组讨论或者全班共同讨论的方式进行。

4. 直观表述法

所谓直观表述法，指教师引导学生利用各种感官，比如视觉、嗅觉、听觉、触觉、动觉等，去感受身边的事物，去了解事物，启发学生自己的敏感性，同时，把这种感受具体地描述出来。这种方法在国内运用广泛，它有利于提高学生的写作能力和写作兴趣。

5. 属性列举法

在实施此法时，要先让学生尽量列举出讨论内容的各种属性，无论好坏，然后，再提出各种可能对其进行改进或改造以使其更完善的方法。这种方法常用于对事物的改革创新、观察、分析，或事物间关系的发现等。

6. 图片联想法

图片联想法比较适合于中小学生的写作教学。它是指教师以一张或者多张幻灯片或图片，引发儿童的联想，并发展为一个完整的故事情节。该策略的目的是利用图片来激发学生的写作兴趣，以启发和引导学生把握图意，激发学生的想象力，使学生言之有物。

7. 角色替代法

在写作教学中，教师可以让学生设身处地去想象另一个不同于本身的角色人物或者动物，设想他们处在不同的角度时可能的想法、思想等，这就是所谓的角色替代法。在教学中运用这种方法，不仅可以激发学生的创造力，而且能够促进学生良好自我概念的形成。

另外，有些学习策略比较适合于特殊的学习者尤其是写作障碍学生的学习和教学，有关内容将在后面的章节中介绍。

第三节　数学辅导

一、数学和数学教学的概述

对数学的认知和解释，是历史上数学家、数学哲学家共同关心并热衷追求的问题，并产生了许多观点，例如，认为数学是先验的科学，数学是逻辑的科学，数学是结构的科学，数学是经验的科学，数学是量的科学等。J. A. Middleton 和 P. Goepfert 认为，数学是一个问题解决的过程，是一种沟通方式，是一种推理活动，是一个建立联系的过程。我国学者任勇认为，数学是研究数量关系和空间形式的科学。它具有三个方面的特征，即高度的抽象性、严密的逻辑性和广泛的应用性。

高度的抽象性是指撇开对象的具体内容，仅仅保留数量关系或者空间形式。数学严密的逻辑性要求我们在学习时，应认真理解数学的概念，准确运用数学知识，严格进行数学推导。数学也有着广泛的应用，在自然科学、社会科学和艺术等领域都有着数学的身影。

数学教学是指教师根据一定的教学目标，组织学生有计划、有目的地进行数学学习的过程。那么数学教师在课堂上如何教学才能收到满意的效果呢？当然不同的老师有不同的教学方法和手段，Leinhardt 和他的同事在对数学课堂进行多次观察后发现了一位专家级数学老师数学授课的特点：一是讲解清晰以达到目标；二是注意学生是否掌握；三是有教学计划，包括目标及可以达成目标的教学内容与活动；四是持续且弹性的教学组织。

二、数学学习的理论基础

历史上人们很早就开始了对数学本体的研究。国内外在数学研究中，形成和提出了对数学不同的众多界定。但是，目前关于数学的理论模型还比较少，在这方面还有待更进一步发展。以下主要介绍两大数学理论，即数学学习心理的 CPFS 结构理论和 Lesh 的数学高级思维的转换模型。

（一）数学学习心理的 CPFS 结构理论

2003 年，喻平和单墫在《数学学习心理的 CPFS 结构理论》一书中提出了数学学习心理的 CPFS 结构理论。CPFS 结构是由概念域（concept field）、概念系（concept system）、命题域（proposition field）和命题系（proposition system）四个部分组成的。

一般来讲，从静态角度来看，数学概念具有抽象性、逻辑化、形式化和简明化的特征。从动态角度来说，数学概念具有四个方面的特征：①概念具有发展性，在不同背景下可以赋予一个概念新的意义。②对同一个概念，可以从不同的侧面或选择不同的角度去刻画。③数学概念之间是相互联系的，定义一个新概念往往要用到许多其他的旧概念。根据数学概念的特征，学者喻平和单墫提出了概念域和概念系的理论。所谓概念域，是指一个概念的所有等价定义的图式，具体来说，是指某个概念的一些等价定义在个体头脑中形成的知识网络，是个体对数学知识在头脑中的表征。概念系是指个体在头脑中形成的概念网络。在这个网络中，概念间存在一些特定的数学关系。因此，概念域是概念系的子图式。

作为概念域和概念系的推广，喻平等学者提出了命题域和命题系的理论。在对命题域的界定中，学者提出了四个方面的定义：①命题域是个体头脑中的命题网络，是个体数学认知结构的组成部分；②命题网络中的所有命题在逻辑上是等价的；③命题域中的典型命题往往构成了命题域的核心，是个体在应用命题时最容易提取的因素；④命题域是命题网络在个体头脑中的储存方式，它与命题网络的组织形式有关。所谓命题系，是指一个半等价命题网络的图式。由此可见，命题系是命题域的推广，而命题域是作为某个命题系的子图式。

喻平等学者在此研究基础上，还提出了 CPFS 结构在数学中的两层含义，即个体头脑中内化的数学知识在网络中处于一定位置，知识点之间具有等值抽象关系，或强抽象关系，或弱抽象关系，或广义抽象关系；正是由于网络中知识点之间具有某种抽象关系，而这些抽象关系本身就蕴含着思维方法，因而网络中各知识点之间的联结包含着数学方法，即“连线集”为一个“方法系统”。

概念域反映了从不同侧面对同一概念的描述，揭示了概念之间的等值抽象关系；概念系刻画了一组数学概念之间由数学抽象关系组成的知识网络在头脑中的储存方式。而命题域和命题系则精确地描述了数学命题及其关系在头脑中的组织形式。从 CPFS 结构来看，它从概念域、概念系、命题域和命题系四个方面揭示了数学概念、数学命题之间的联系。CPFS 结构是数学认知结构。

（二）数学高级思维的转换模型

Lesh 在 1979 年提出了数学高级思维的转换模型（图 6.9）。该模型是对 Bruner 的三个典型模式——动作、图表和符号（包括语言和真实问题的环境和形式）的扩展。数学高级思维的转换模型认为，在模型中，每个模式都与另一个模式相联系，并且相互之间都是双向的关系。每一个向量都意味着一次教学的运用，这种运用是把两种典型的模式和数学概念相联系。例如，教师让一名学生用图来表示“3/5＋2/3”这个算式，这个活动可能包括 5、3 两个符号与图片之间的一种转换，即符号向图片的转换。反之，如果给出一个圆的 3/5 和同等大小圆的 2/3，让学生用“3/5＋2/3”算式表示出来，那么这个学生就需要进行图片向符号的转换。

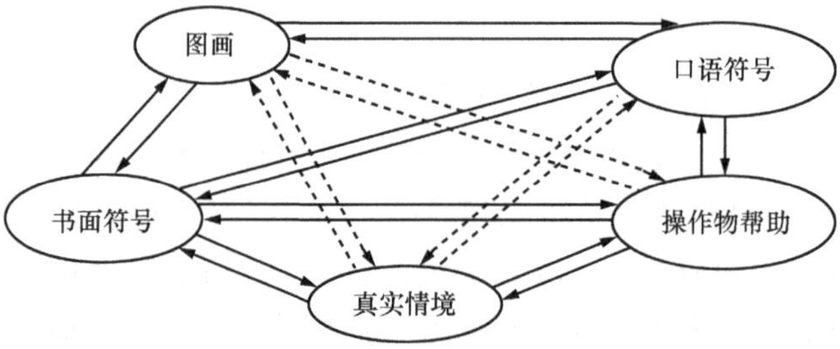

图 6.9　数学高级思维的转换模型

Lesh 还认为，模型内图片之间的转换、算式之间的转换也是非常重要的。后者的转换与 Dienes 的认知变异性原理（perceptual variability principle）是一样的。转换需要对数学观念和概念进行重构和重新解释。通过对数学概念的重构和重新解释，学生不但获得了新的认识，而且还强化了目前的看法和观念，这就对数学的概念有了更加广阔和深入的理解。

三、数学的四项技能

我国《数学教学大纲》中规定了“数学双基”的形态。其中数学基本技能就是“双基”中特别重要的一项。《大纲》把数学基本技能界定为按照一定的程序与步骤进行运算、推理、处理数据、画图、绘制图表等。由此可见，数学技能对于数学学习者来说是评估其是否灵活掌握数学知识的关键，也是其数学问题解决的基础。在对数学问题解决的研究中，梅厄认为，数学问题的解决需要四个方面的基本技能，即问题转译、问题整合、解题计划及监控和解题执行。我国教授吴增强先生将这四项基本技能与具体的数学教学相结合，进行了总结。

（一）问题转译

问题转译是指对问题的每一个陈述句所形成的内在表征。在转译过程中，你必须了解和理解句子的内在含义和意义。有研究发现，问题转译对于学生来说常常是有困难的。究其原因主要有两点：一是理解关系语句。学生在问题转译中是困难的，尤其是对关系语句的转译。比如，“小明两年前的年龄是小花的 3 倍，小花今年 8 岁，那么小明今年是多少岁?”对于很多学生来说要解答这个问题是很困难的，究其原因，就是因为学生没有理解关系语句。因此，教师在教学过程中需要注意让学生灵活地掌握关系语句的相关知识。二是事实知识的使用。事实知识对问题的转译也是很关键的，很多学生在解题中由于没有掌握数学的事实知识，而导致错误，或者不知道如何下手。比如，“已知一个长方形的长为 0.5 米，宽为 20 厘米，求解一个长方形的面积”。对于此题，很多学生错解题目，一是因为没有看清题目中“长”与“宽”的单位不同，二是因为不知道“米”与“厘米”之间的换算。而对于后者来说，是比较普遍的。

那么我们如何提高学生的问题转译能力呢？对于教师而言，可以从两个方面对学生的问题转译进行训练，从而提高他们的转译技能：一是在学生解题过程中，要求学生重述问题的已知条件和解题目标，通过重述，把知识与问题匹配起来；二是在教学中教授语言知识和事实知识，并及时以解题的方式来检查学生知识的掌握程度。

（二）问题整合

问题整合是指将问题的每个句子整合成连贯一致的问题表征。在问题整合过程中，需要认识问题的类型（图式知识）。比如，一个需要求解长方体体积的问题，就需要清楚长方体的体积公式“长方体＝长×宽×高”。图式知识可以让学生了解到问题中的陈述句是如何整合到一起的，并明确问题解决的方向。有研究发现，学生的图式知识与他们的解题经验有关。格瑞诺等研究了不同年级的学生的数学图式知识。在研究中，他们采用了三种问题类型，旨在测试不同年龄阶段的学生。这三种问题如下：

（1）结果问题。小明有 3 颗弹珠，小花给小明 5 颗，问：小明现在有几颗弹珠?

（2）结合问题。小明有 3 颗弹珠，小花有 5 颗，问：他们一共有多少颗弹珠?

（3）比较问题。小明有 3 颗弹珠，小花比小明多 5 颗弹珠，问：小花现在有多少颗弹珠?

三种问题的解答都需要运用到“3＋5＝”的算式，但是，研究结果发现，学生在解决这些问题时所遇到的难度极为不同。幼儿园及一年级的学生能够很好地解答“结果问题”，但是在后两种问题中却做得很差；而二三年级的学生却能够很容易地解答出后两种问题。这表明，年幼学生在解题过程中只有一个图式，而年长学生却有更大的图式。由此可见，学生解决数学问题时较困难的原因主要不是出在计算技能上，而是缺少相应的图式。因此，为了提高学生的问题整合能力，教师可以在教学中将各种问题进行归类，帮助学生辨识问题的类型。

（三）解题计划及监控

所谓解题计划及监控，就是在解题过程中，想出解题的计划。对于解题计划及监控，学者们提出了具体的策略。

梅厄在选择题训练中提出的策略是：以“数学语句”或“方程式”或“必需的运算列表”来表示问题，建立次目标。

例如，一位水果销售员在一天中接待了150位老年顾客，350位中年女顾客，200位中年男顾客，300位年轻顾客，其中，有200人买了苹果，有50人买了梨，360人买了香蕉，请问他接待的顾客中还剩多少位没有买他的水果？

为了解答此题，你需要确定：一共有多少人买了他的水果，他一共接待了多少人，还剩下多少人没有买他的水果。

惠克伦（Wickelgren，1974）认为数学解题可以采用以下四种策略：一是矛盾法，即显示解题目标无法完成；二是发现有关问题，即使用解题计划去解有关的问题；三是建立次目标，即将问题分为许多较小的问题；四是逆向工作，即从解题目标开始，往已知条件的方向解题。

不同的学者对解题计划及监控提出了不同的具体策略，教师在教学过程中，可以根据具体的数学问题运用不同的具体策略。

（四）解题执行

解题执行主要是指计算。计算属于程序性知识，它会随着学生练习的增多，日益自动化。鉴于这一点，教师在教学过程中要加强学生的数学问题的练习。有的学生计算常常出错，是因为他们使用了有缺陷的计算程序。研究者们分析学生演算的错误时，发现许多错误的发生有一定的模式、一定的规则。Resnick和他的同事整理出了一些儿童在处理减法时产生的常见错误模式：

a. 总是用大减小；

b. 当向左边借1，没有借，直接写0；

c. 0－M＝M；

d. M－0＝0；

e. 0－M＝0；

f. 向0借1，但0仍当作0；

g. 向0借1，忘了0值变成9，仍以10来减；

h. 0－M，自左方的数字借了1，但是0－M＝M或0；

i. 0－M时忘了向左方的数字借1；

j. 向被减数借1，且0－M＝M或0。

当然除了减法错误具有一定的模式外，其他的演算也有一定的错误模式，比如，比较小数点大小，乘法答题等。因此，为了有效地监控学生的学习情况，教师在教学中需要将学生计算错误系统进行归类，找到问题的症结。这样，才能有针对性地采取补救措施。

四、数学学习辅导

（一）运算能力及其培养

在数学学习中，运算能力对于学生解答数学问题是十分关键的，它是一项基本的数学能力。因此，提高学生数学运算能力是非常重要的。所谓提高运算能力，是指不仅会根据概念和数学基本原理正确地进行运算，而且在理解运算原理的基础上，能够根据题目条件寻求合理、简捷的运算途径，达到熟练、迅速、准确的程度。那么作为教师，如何培养学生的运算能力呢？

1. 掌握运算需具备的元认知知识

为了更好地培养运算能力，学生应具备四个方面的元认知知识：一是对影响自己运算成败的因素进行分析的知识；二是对自己运算过程中如何进行监控调节的知识；三是对自己或他人的运算水平进行评价的知识；四是学习运算需具备的方法和策略知识。掌握这些元认知知识是学习运算和培养运算能力的基础。

2. 重视运算方法的选择和运算合理性的训练

一个具体的运算问题，由于运用的概念、定理、公式不一样，往往问题解答的简繁程度也不同。一个公式、一个定理或者一种运算方法的应用范围越广，在处理某个具体问题时就很可能比较复杂。因此，在求解运算问题时，要重视运算方法的选择。在运算合理性训练方面，最根本的还是要克服运算的盲目性，学生在得到一种算法后，要自觉分析这种算法，并把它与其他的算法相对比，探求出它们之间的优缺点。

3. 注意运算训练的灵活性

教师在进行运算训练中，要注意其灵活性。在训练中，可以通过一题多解来训练学生，使他们养成在解答运算问题时，能够养成从多侧面、多角度、多方位观察思考问题的习惯。除此之外，培养学生运算的灵活性还要引导学生善于对题目实行等价改造，以适应变化了的条件，形成应用已有知识与方法解决问题的能力。

4. 重视运算的最初定向

所谓重视运算的最初定向，就是要求学生全面地分析数学问题中显见的和隐含的一切条件，在分析条件中，要弄清楚数学问题的结构特征，确定好运算的方向，养成一种统观全局的习惯。

例如，已知二次方程 $(b-c)X^2+(c-a)X+a-b=0$ 有二相等实根，求证：$2b=a+c$。在分析本题的基本结构中，要弄清二次方程有相等的二实根这个已知条件，它需要通过这个已知条件去证明一个等式。求证此题的基本方法是根据判别式等于 0 进行推导的。但进一步观察就会发现，题目中各项系数的和为零，所以可以运用韦达定理这一特殊方法加以证明。

（二）应用题及其解答策略

如果一个数学问题的内容纯粹是有关数学对象和方法的，那么它就是一个纯数学问题，把一个实际问题的复杂背景和条件进行简化后，如果这个简化的实际问题可以转化为纯数学问题进行求解，那么它就叫作数学的应用题。

应用题是数学课堂教学中重要的一部分内容。对于抽象的数学而言，需要掌握数学问题解决的基本技能，而对于具体数学问题，它又有其具体的解题技能。应用题作为具体数学的一部分，有自身的解答策略。应用题教学的最终目的是通过一些有代表性问题的解答，使学生掌握解题的一般策略或者方法，培养学生解决实际问题的能力。那么，解答应用题有哪些策略呢？

1. 学会合理求解纯数学问题

纯数学问题相比于应用题更简单，但是，在求解纯数学问题时也容易犯一些错误，而且纯数学问题的求解与数学知识关系密切，因此，要学会合理地求解纯数学问题。

2. 学会解释并回答实际问题

在求出了相应的纯数学问题之后，应将结果应用到实际情景中去，对纯数学问题的答案进行检验，看看其结果是否符合实际问题，以确定答案是否合理和有意义。

3. 教学生阅读理解问题

众所周知，要解决一个问题，就需要首先理解它。数学应用题源于实际问题，一个可以转化为纯数学问题来解答的实际问题。教师可以教学生简缩问题，面对一个数学应用题时，首先应该认真仔细地阅读问题，在阅读过程中，一边阅读一边思考，题目告诉了我们什么？哪些是重要的信息？题目中已知什么数据？给出了什么重要的条件？弄清楚这些后，对那些次要的信息、语句等进行删减，这就得到了一个简缩的问题。简缩问题有利于我们对应用题的理解和其数量关系的把握，有利于我们从已知条件中探索出解题的思路。

4. 树立自信，克服解题心理障碍

应用题和纯数学问题相比，它的文字叙述更加语言化，题目比较长，数量关系比较多且显得分散和隐蔽，并且更贴近现实生活。因此，面对一堆非形式化的材料，许多学生常感到茫然，不知道如何下手，寻找不到解题的方向，因此就产生了恐惧感，开始惧怕数学应用题。针对这一现象，教师应该通过分析讲解以往的数学应用题，使学生认识到应用题其实并不难。

例 1：某地有耕地 10 000 公顷，规划 10 年后粮食单产比现在增加 22%，人均粮食占有量比现在提高 10%，如果人口年增长率为 1%，那么耕地平均每年至多只能减少多少公顷？

在求解本题时，只要根据 10 年后的人均粮食占有量比现在提高 10%这个关系列出不等式，然后进行近似计算即可。

5. 教学生建立数学模型

教学生建立数学模型可以从两个方面着手。

第一，把问题简单化和符号化。面对一个数学应用题，在理解了其题意，并且把握好了它里面的数量关系后，可以将问题中的数量用字母符号表示出来，需要的时候，还可以画出简单的示意图，进行一些试算；也可以列出表格，运用实验、联想、猜想、逻辑、推理等方法去发现问题中的数量关系，并用数学符号把数量关系表示出来。

例 2：某地为促进淡水鱼养殖业的发展，将价格控制在适当的范围内，决定对淡水鱼养殖提供政府补贴。设淡水鱼的市场价格为 x 元 / 千克，政府补贴为 t 元 / 千克。根据市场调查，当 $8 \leqslant x \leqslant 14$ 时，淡水鱼的市场日供应量 p 千克与市场日需求量 q 千克近似地满足以下关系：

$$\begin{cases} p = 1000(x + t - 8)(x \geqslant 8,\ t \leqslant 0) \\ q = 5000\sqrt[2]{40 - (x-8)(x-8)}\,(8 \leqslant x \geqslant 14) \end{cases}$$

当 $p = q$ 时，市场价格称为市场平衡价格。

(1) 将市场平衡价格表示为政府补贴的函数，并求出函数的定义域。

(2) 为使市场平衡价格不高于每千克 10 元，政府补贴至少为每千克多少元?

在求解第一小问时，实际上就是由等式 $p=q$ 接触$x=f(t)$，由 x 的范围来确定定义域。在第二小问中，只需要解不等式 $x=f(t)\leqslant 0$ 即可。

第二，要学会用列表格、画示意图来揭示隐含的数量关系。对那些数量关系不明确和数量关系较复杂的应用题，可以按类别和时间的先后列出表格。

如例 1 中，由于其数量类型众多，因而不容易找到所需要的数量关系，如果列出表格，其数量关系就一目了然了。

设耕地平均每年至多只能减少 x 公顷，则可以列表 6.1。

表 6.1 数量关系

项目	今年	10 年后
耕地	10 000	$10\,000-10x$
粮食单产	M	$M\cdot(1+22\%)$
粮食总产量	$10\,000M$	$(10\,000-10x)\cdot M\cdot(1+22\%)$
人口	p	$P\cdot(1+1\%)^{10}$
人均粮食占有量	$10\,000M/p$	$(10\,000-10x)\cdot M\cdot(1+22\%)/P\cdot(1+1\%)^{10}$

列出表格后，它们之间的数量关系一目了然。然后，就可以根据 10 年后人均粮食占有量比现在提高 10%这个关系以及表 6.1 中的组后一行，列出不等式进行求解。

对于一些存在严重数学学习障碍的学生，可以采用下面几种教学方法。

1) FAST DRAW 策略

Mercer 和 Miller 提出 FAST DRAW 的教学策略来帮助小学生学习数学解题。其中各个字母代表的意义如下。

Find：发现欲解决的问题，将问题的重点语句画线，此信息通常在最后一句，或是有问号的句子中。

Ask：问自己："问题的已知是什么？未知是什么？条件是什么？"

Set：决定算式，排列正确的数字顺序，并决定做法，若答案显示所有数字减少，做法可能为减法或除法，若答案数字增加，做法可能为加法或乘法。

Take：以此算式或以绘画法（DRAW）去解决此问题。

Discover：发现符号。

Read：阅读问题以建立方程式。

Answer：回答或检查，比如，从旧经验中回答问题或以图画方式列出算式并做检查。

Write：写下答案。

例如，图解 3×5（图 6.10），先画 3 条水平线，再画 5 条垂直线表示此项乘法。

2) 分层信息处理策略

信息处理将知识分为三种类型：语意知识、程序性知识、策略性知识。其教学策略如下：

(1) 语意知识。前导组织（advanced organizers）：对学习材料做简介或制作大纲，作为学习前的准备，以勾绘出学习内容概要，加深学习印象，增进外在联结的建立及先备知识的

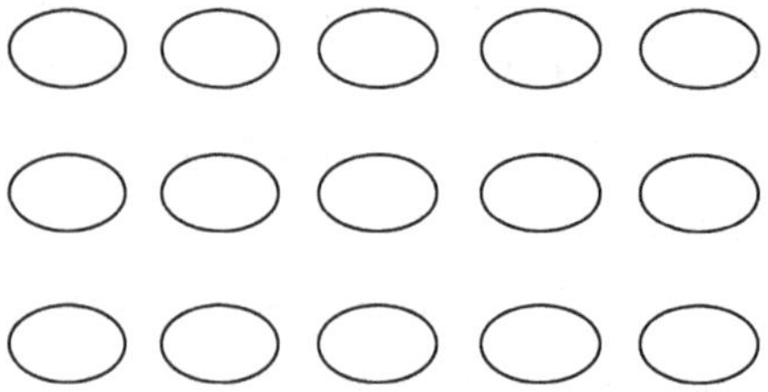

图 6.10　图解 3×5

拥有。标示（signaling）：借由图示、图解、摘要等标示，系统化地整理学习内容，以增强学习者选择性注意及内在联结的建立。附属问题（adjunct question）：以提示注意部分及回顾重点的方式，帮助学生整体性地了解和选择性地注意，促使外在联结的形成。

（2）程序性知识。结构取向教学法：可利用具体可操作的材料或教具，使学生从“做中学”。发现式教学法：以引导式发现鼓励学习者主动探索，通常引导是教导学生如何应用法则，较纯发现式或说明式佳。归纳式教学法：将发现的原理原则系统化地统整归纳，以培养学生如何形成原则和如何迁移到新情境的能力。

3）Polya 解题模式

数学家 Polya 将解题过程分为四个步骤：了解问题、拟订计划、执行计划、回顾解答。以下分别说明各阶段的策略：

（1）了解问题，着重将文字叙述转译成不同的表征形式，以促进问题的解决，例如：①简化问题。将问题中的数据变小或将复杂的问题拆成几个小问题个个击破。②重述问题。请学生以换句话说的方式重新将问题说一遍，但不改变题目的主要意义。③图示法。以具体图形表征问题。④列表法。将问题列成表格，经由归纳可以使问题容易观察及思考。

（2）拟定与执行计划，着重于训练学生拟订解题计划，并依据计划执行及演算，或使用特别的算法，以查看解题的表现，例如：①建立次目标。将问题拆成几个小问题，分别借由回答这些小问题，逐步达成解题。②逆向思考。当结果已知时，可利用倒推法求出未知的初值。③找出类似题。利用类推的方式，讨论过去是否曾做过类似题目。

（3）回顾解答，检验结果，并找出其他的解决方法，策略有教导学生使用自我表述、自我发问、自我检查三步骤。可以进行验算，帮助解题者了解自己使用的方法是否能够成功地解决问题。可以使用三种验算策略：改编数字较易掌握的形式；转换问题的陈述为较好处理的结构；将估算出来的数值作调整，使得到相等的答案。

4）Mayer 的解题历程模式

Mayer 从认知心理学的观点探讨解题过程，他将解题过程分为两大阶段，即问题表征阶段和问题解决阶段，而两阶段又各包含了两个步骤。

（1）问题表征。问题转译：将问题的陈述句转换成内在的心理表征，如重述句子、画图。这时需要的知识是语言知识及语意知识。问题整合：将问题中的信息整合在一起成为一连串的表征，这时需要用到数学的基础知识。

（2）问题解决。解题计划与监控：想出适合解题的策略，此时需要用的策略性的知识。解题执行：能正确运算来解题，此时需要用到程序性的知识。

例如，某店出售边长为 30 厘米的正方形地砖，假如每块地砖的价格是 5 元，那么一个长为 6.3 米、宽为 5.1 米的房间铺满地板砖一共需要多少钱？Mayer 的解题历程模式如表 6.2 所示。

表 6.2　Mayer 的解题历程模式

阶段	步骤	知识类型	例子：地砖问题	教学上可以采取的策略
问题表征	问题转译	语言知识	长为 6.3 米，宽为 5.1 米的房间	1. 将问题中句子的意义弄清楚 2. 学会某些基本的事实 3. 以绘画的方式表示问题中的语句
		语意知识	1 米等于 100 厘米	
	问题整合	基础知识	这是面积问题。面积＝长×宽	1. 画出表示问题的整合图 2. 将问题加以分类 3. 找出不相关的资料 4. 用自己的话来表征问题
问题解决	解题计划与监控	策略知识	1. 以 6.3×5.1 算出房间面积 2. 以 0.3×0.3 找出地砖面积 3. 以房间面积除以地砖面积，求需要几块地砖 4. 将地砖数乘以 5 就是总共需要的钱数	1. 写出解题必要的运算过程 2. 要求学生列出多步骤问题中所需要的次目标 3. 要求学生根据解题计划已完成的部分来下结论
解题执行	程序性知识		6.3×5.1＝32.13 0.3×0.3＝0.09 32.13/0.09＝357 357×5＝1785	1. 注意反馈的重要性 2. 分析错误题目进行辅导教学

第七章　特殊学习者

第一节　特殊儿童与特殊教育服务

一、特殊儿童的界定

众所周知，个体存在差异是具有普遍存在性的。尽管个体之间存在差异是普遍的，但在个体之间也存在共性。这一点大部分个体可以接受普通教育。普通教育作为大众儿童接受教育的一般方式，又称为一般教育，是通过使受教育者掌握具有永恒普遍价值的知识、观念、工具和方法，促使受教育者身心全面和谐发展的基础性教育。

但是，有些儿童自身身体特征和学习能力与一般儿童存在较大的差异，他们需要接受的是特殊教育。所谓特殊儿童，是指身心发展上与普通儿童存在较大的差异、在正常范围之外的儿童，或者说，是指与教育密切相关的身心的某些指标异常或在常态之外（非常态）的儿童。就某个具体的特殊儿童来说，他的指标可能是低于常态指标，也可能是高于常态指标，当然，还可能是具备多种指标。特殊儿童可以是智力低下儿童、天才儿童、注意缺陷多动障碍儿童、情绪障碍儿童等。

二、特殊儿童的分类

虽然特殊儿童与普通儿童存在较大的差异，但是一些特殊儿童身体特征、学习模式与行为模式存在相同的地方，依据这些特征和模式，特殊儿童可以分为这些类型：智力落后、学习障碍、情绪和行为障碍、言语和语言障碍、听力障碍、盲和低视力、身体和健康损伤、脑外伤、重度的和多重障碍、自闭症、天才和特殊才能儿童等。

我国根据前人对特殊儿童的分类标准，从三个级别的标准上对特殊儿童进行了分类，即一级标准（特殊教育需要标准）、二级标准（身心的某些要素标准，如视力、听力、智力、言语、情绪、行为等）、三级标准（数据标准）。图 7.1 概括了我国目前特殊儿童（一级、二级）的分类。

本章主要介绍学习障碍、注意缺陷多动障碍、品行障碍、天才儿童、智力缺陷儿童等这几种与学习关系极为密切的特殊儿童。

三、特殊教育服务

（一）定义

特殊教育服务简称特殊教育，是根据特殊儿童的身心特点和教育需要，采用一般或者特殊的教学方法和手段，最大限度地发挥受教育者的潜能，使他们增长知识，获得技能，拥有良好品德，提高适应能力的一种教育。其目的和任务是最大限度地满足社会的要求和特殊儿童的教育需要，发展特殊儿童的体力、智力和人格。

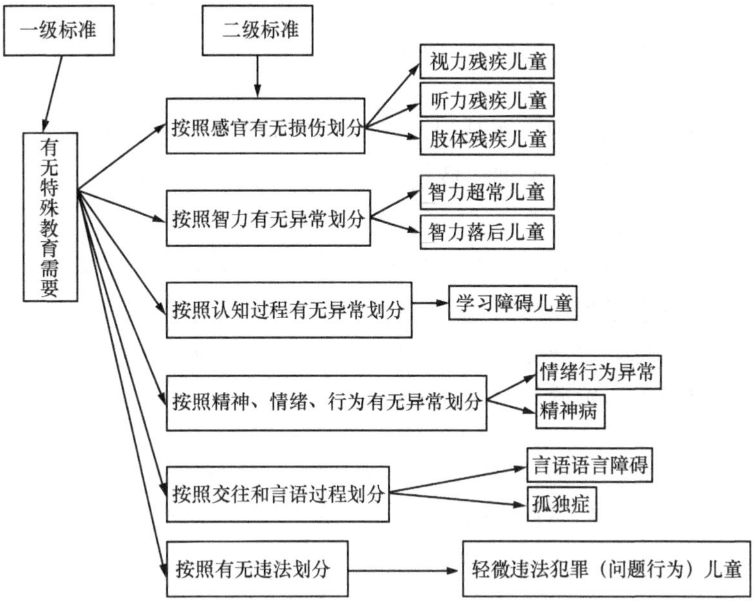

图 7.1 我国目前特殊儿童的分类

（二）特殊教育服务的对象

特殊教育服务的对象包括三大类：第一类是问题儿童，包括有学习问题（如学习障碍、阅读困难、计算困难等）、行为问题（如 ADHD、打架、吸毒、反社会等）、情绪问题（如焦虑、抑郁、孤独等）等不同类型问题的儿童；第二类是天才儿童；第三类是残疾儿童，包括智力缺损、视觉缺损、听觉缺损、语言残疾、肢体残疾、病残和多重残疾等不同类型的残疾儿童。

（三）特殊教育服务的专业工作者

前面提及的特殊学校、特殊班级、资源教室、普通教室的教师均属于特殊教育服务的专业工作者。除了教师，特殊教育服务的专业工作者还包括其他学科和领域的专业人员，如康复治疗师（物理治疗师、听觉治疗师、言语治疗师、心理治疗（咨询）师等）、生活指导教师、社会工作者等。其中，教学类的人员占据最大比例。

需要说明的是，目前我国的特殊教育服务的专业工作者可能身兼数职，担负多重任务。

（四）特殊教育服务的原则

特殊教育服务除了要遵循普通教育的一般原则外，还应遵循四大原则：早期教育原则、补偿教育原则、个别化教育原则、系统化教育原则。早期教育原则是指对特殊儿童要做到早期诊断、早期干预和保存、早期训练和矫正。儿童康复中心的建立就是贯彻这一原则的结果体现。补偿教育原则是指要充分发挥、利用特殊儿童的健全器官的功能，以代替受损器官的功能。如上述的视觉缺损儿童，要早期训练他们的听觉和触觉。个别化教育原则是指要依据不同特殊儿童的不同身心发展状况，为他们制订不同的教育目标、教育方法和教育方案。这种个性化教育应该是动态的，随着特殊儿童需要的改变而改变。系统化教育原则涉及三个方面的系统性：一是教育场合的系统性，即要把家庭教育、学校教育、社会教育结合起来；二是教育阶段的系统性，即要保障特殊教育具有从学前教育到学校教育，再到成人教育的连续性；三是教育内容的系统性，即特殊教育的内容要包括医疗养护、教育训练、就业培训这三个方面。

这些教育原则并不是独立的，而是相互联系、相互制约的。在实施特殊教育的过程中，特殊教育服务的专业工作者要有机地把这些原则结合起来予以贯彻。

（五）特殊教育服务的模式

特殊教育服务的模式包括特殊教育服务的早期模式和特殊教育服务的学校教育模式。特殊教育服务的早期模式包括家庭教育模式、训练中心模式、综合训练模式和医疗康复模式，在此不作详细阐述。特殊教育服务的学校教育模式即特殊儿童的教育安置，如前所述，主要包括特殊学校、特殊教室、资源教室和普通教室。

1. 特殊学校

特殊学校指专门为特殊儿童，特别是较严重的残疾儿童而设立的学校。这种教育模式是特殊教育发展史上较为传统的一种特殊教育服务的模式，也是我国特殊教育中采用较广泛的一种模式。我国的特殊学校有盲校、聋校、盲聋学校、弱智学校等。

特殊学校这种教育模式的优点是配备较专业的特殊教育师资和较齐全的教学设备，缺点是隔离了特殊儿童，妨碍了他们的正常社会化，影响了他们的社会适应和社会交往。

2. 特殊教室

特殊教室是指在普通学校专门为特殊儿童设立的班级教室。在特殊教室，受过特殊教育专业培训的教师根据不同种类的特殊儿童的不同身心特点、智力水平、学业水平等采用个别教学的方法，有针对性地对特殊儿童进行教学训练。特殊儿童除了在特殊教室学习外，还要到普通教室和正常儿童一起参加某些活动。

特殊教室这种教育模式的优点是：对特殊儿童而言，在为他们创造了可以达到他们最大可能发展水平的学习环境的同时，也增加了他们与正常儿童的社会交往；对教师而言，教师可以进行有效的个别化教学。

3. 资源教室

资源教室指特殊儿童有一部分时间参加普通教室的课程，有一部分时间参加资源教室的课程的教育模式。这种教育模式是回归主流运动中一种较为有效的教育模式，也是一些发达国家广泛运用的教育模式。

特殊教室这种教育模式的特点是：能够最大限度地利用普通学校现有的人力资源和物力资源，能为特殊学生提供更为集中的直接指导。

4. 普通教室

普通教室是指特殊儿童进入普通学校的普通班级与正常儿童一同学习、一起活动的教育模式。这种教育模式又称为全纳教育模式、一体化教育模式、随班就读模式。目前，我国接纳随班就读儿童的普通班级一般只招收 2～3 名特殊儿童。

普通教室这种教育模式的特点是：符合“让特殊儿童在最少限制环境接受教育”的教育思想，能促进特殊儿童的全面发展，增强特殊儿童的适应能力，增加特殊儿童与正常儿童的接触机会。

每种教育模式都是平等的。至于哪一种教育模式对哪些学生而言是最佳模式，国内外都还没形成统一的意见。教育模式应该是具有弹性的，要确定适当的特殊教育模式，既要考虑特殊儿童的身心发展状况和教育需要，着眼于他们的全面发展，注意个体差异性，充分考虑性别差异、年龄差异、语言环境差异和文化背景差异等，又要考虑家长、教师、教育管理人员的意见，还要考虑儿童所在地区的教育条件。

第二节　学 习 障 碍

在现实生活中，人们常常会看到，在众多的学校等类似的教育机构，总会发现一些智力正常、五官健全、身体发育良好的儿童，他们在生理上没有任何明显的缺陷，但是却难以适应正常的教育环境，表现出学习困难。在我国，人们经常用“差生”、“后进生”、“学习困难”等术语来描述可能归属于这一类型的儿童。对于这类儿童，他们在生理上并没有明显的缺陷，在学习动机和态度上也没有什么问题，但是学习成绩欠佳，表现出学习困难，这类儿童极有可能是学习障碍儿童。本节主要介绍学习障碍的界定、分类、心理和行为特征、成因及其矫正等问题。

一、学习障碍的概述

（一）学习障碍的界定

最早提出学习障碍（learning disabilities，LD）的是美国著名特殊教育家柯克（Samuel Alexander Kirk）。他在1963年参加全美知觉障碍儿童基金会组织的家长年会上发表演讲中，首次采用了“学习障碍儿童”来描述这一类的儿童。他指出：“所谓学习障碍，是指那些能看、能听，没有显著的智力缺陷，但在行为和心理上表现出相当的偏差，以至于无法良好地适应家庭生活，在学校中依靠通常的教学方法无法有效学习的儿童。”从此以后，许多教育学家也意识到，的确有这样一部分学生，他们既没有视力和听力的障碍、脑部受伤的病史及其他弱智现象，也没有明显的情绪紊乱和非规范性行为，但就是在学业上表现不佳，表现出学习困难，学习成绩不良，甚至每况愈下。但目前为止，对于学习障碍的概念还没有形成统一的界定。

尽管目前对学习障碍的定义没有形成统一的界定，但是对其一些本质问题的认识基本上是相同的。在学习障碍的各种定义中存在以下几个共同点：①中枢神经系统功能失调。学习障碍与中枢神经系统功能失调有关。中枢神经系统功能失调带来的认知功能缺陷是多方面的，可能涉及注意功能、抑制加工、工作记忆、语音加工、视觉加工、推理、计划等多个领域。②糟糕的学习表现。学习障碍的个体会在学习中遭遇各种各样的困难。常见的学习困难包括阅读困难、写作困难、计算困难、空间运算困难、书写困难、学习活动的自我调节困难等。很多学习障碍个体也表现出多个学业领域的困难，不同类型的学习障碍也可能伴随发生。③当前成就与潜能的不匹配。一般而言，教育者主要通过评估个体的智力水平来判断其学习潜力，高智力者往往被期望有高学业表现，反之亦然。而学习障碍者则偏离了这种期望，主要体现在智力正常甚至良好，但是学习成绩却明显滞后。④发展的不平衡性。学习障碍儿童各项心理能力的发展并不是同步的，有可能出现特定的认知能力的发展并没有达到年龄要求的情况。⑤排除其他原因。导致学习困难的原因非常复杂，其中大部分原因导致的学习困难并不属于学习障碍的范畴，例如，家庭原因、教学因素、动机缺失、经济因素、社会文化、情绪障碍、精神发育迟滞、生理缺陷等因素导致的学习困难被排除在学习障碍之外。

（二）学习障碍的分类

柯克等（Kirk et al.，1997）对学习障碍进行了分类，他将学习障碍分为两类，即发展性学习障碍（developmental learning disabilities）和学业性学习障碍（achievement learning disabilities）。

所谓发展性学习障碍，是指个体在其生长发育过程中所显露出的心理和语言功能的偏离，这些偏离导致了学习过程中的障碍。发展性学习障碍又可以分为两种，即原始性障碍和衍生性障碍。原始性障碍主要表现为注意力、记忆力、感知能力、知觉运动协调能力等方面的障碍，这些障碍可能会引起其他许多学习困难，比如，知觉运动协调能力可能引起书写问题。衍生性障碍是由原始性障碍所造成的某些高级能力方面的问题，如思维障碍和语言障碍等。

所谓学业性学习障碍，是指个体在学习学科知识或技能时出现障碍，如书写障碍、算术障碍等。

美国《精神障碍诊断与统计手册》第四版（DSM-IV）将学习障碍分为四类，分别是阅读障碍、数学障碍、写作障碍以及其他学习障碍。我国学者刘春玲和江琴娣（2008）对其进行总结和阐释为：阅读障碍的评估是根据在个别施测的标准化阅读测验中所反映的精确性或理解力来衡量，在正常教育水平下，与同龄、智力水平相当的儿童相比，其阅读成绩显著低于期望值。数学障碍是指根据个别施测的标准化测验结果，在正常教育水平下，与同龄、智力水平相当的儿童相比，其数学能力显著低于期望值。写作障碍是指根据别人施测的标准化测验或功能性写作技能评估的结果，在正常教育水平下，与同龄、智力水平相当的儿童相比，其写作能力显著低于期望值。其他学习障碍就是指不符合以上三类标准的学习障碍。

二、学习障碍的心理和行为特征

学习障碍是一组异质性障碍。学习障碍涉及多种可能的认知功能的缺陷，但是，每一个学习障碍都是独特的。不同类别的学习障碍之间既有差异，又有共同特征。他们均会在特定的学业领域表现出不同程度的缺陷，但是，很少有障碍者在全部的学业领域都表现出缺陷。不同类型的学习障碍的学业缺陷的特征既有重叠，又有区分。另外，不同类型学习障碍也可能表现出年龄特征上的差异，特定类型的学习障碍可能在特定的年龄水平更容易发生，同一类型的学习障碍在不同的年龄段也可能以不同的方式表现出来。例如，一个有潜在语言障碍的儿童在学前期可能表现为延迟说话的问题，在小学可能为阅读障碍，在中学可能表现出写作障碍。

不同类型的学习障碍者仍然表现出一些共同的特征，这些特征会在绝大多数的学习障碍者身上发生，是障碍者的普遍性问题。我国台湾学者周台杰认为学习障碍儿童最为常见的10种特征为活动过多、知觉缺陷、情绪不稳定、一般协调能力缺陷、注意力缺陷、冲动现象、记忆缺陷、特殊的学业问题、空间方向与时间管理及事物关系等能力不佳、不会使用适当的学习策略。美国《精神障碍诊断与统计手册》第四版（DSM-Ⅳ）指出，学习障碍可伴随发生意志低下，低自尊，以及社交技巧的缺陷。

一般而言，学习障碍儿童的主要特征包括以下几个方面：

（1）注意困难。学习障碍儿童在听课及完成课业时很难做到注意力集中，他们容易分心，注意范围窄，注意持续时间短，难以同时处理几项认知作业，并且可能表现出多动或者冲动。

(2) 记忆功能受损。不同类型的学习障碍者可能在特定的记忆加工领域表现出不同程度的受损。语音记忆、视觉记忆和空间记忆，短时记忆、工作记忆和长时记忆，语义记忆、物体记忆和情景记忆等这些不同性质的记忆功能受损虽不是全部学习障碍者的特征，但有可能与特定类型的学习障碍相关。另外，学习障碍的记忆功能缺陷还可以细化到记忆加工的具体阶段，即编码、复述和提取。

(3) 不会使用学习策略。学习障碍者不仅表现出了学习的认知能力的缺陷，也往往在学习活动的自我调节，尤其是学习策略的运用上不如正常儿童，他们很少采用元认知和时间管理技能来调控自己的学习行为，往往使用机械的学习策略。他们在掌握一些高效能的较为复杂的学习策略上有困难，他们并没有选择性使用学习策略的意识，甚至不愿意使用学习策略。

(4) 自动化能力低下。学习障碍儿童信息自动化加工能力滞后，他们在多次面临同一学习任务时，仍然可能屡犯同样的错误，他们需要更多的时间学习新的知识，需要更多的练习将新的技能自动化。糟糕的自动化加工能力让他们的认知资源经常处在不够用的状态，不仅影响了当前问题解决，也影响了新知识的获取。

(5) 学习动机不足。在付出同等努力的情况下，学习障碍者所取得的学业成就往往不如正常儿童，他们很容易感到挫败，并且糟糕的学业表现往往掩盖了他们所付出的努力，从而得不到家长和教师的理解，甚至被无端责备，他们逐渐对学习失去了信心，也逐渐丧失了学习动机。

(6) 社会化问题，主要表现在不适当的社会行为。许多学习障碍者由于学习困难或者糟糕的自我控制能力导致自尊低下，不善于进行社会交往，缺少朋友，从而出现了社会适应的困难。另外，认知功能的缺陷也可能阻碍了学习障碍者社会技能的发展。学习障碍儿童在社会性方面存在问题，突出表现为自我概念、社会认知、同伴关系、社会行为、情绪等方面。与正常儿童相比，学习障碍儿童的自我概念有明显的差异，主要表现在对自我、学业等方面的评价比较低且消极。社会认知是考察人们如何看待他人以及如何看待与他人有关的自我。有研究发现，学习障碍儿童在理解非语言交往和解决社会问题方面的能力较差。比如，他们难以对他人在交往中发出的社会线索或者情绪作出适当的理解，在建立并维持适当的人际关系、解决人际冲突等方面缺乏适当的技巧，因此，导致他们常常表现出不合群、孤僻等现象。而在社会行为方面，学习障碍儿童较正常儿童表现出更多的攻击性行为、暴力行为等不适当的行为。在情绪方面，学习障碍儿童的特质焦虑或者状态焦虑高于非学习障碍儿童，而且有研究发现，学习障碍者抑郁情绪发生率比一般人要高。

(7) 性别差异。关于学习障碍是否存在性别差异一直存在争议。很多研究者发现男孩患学习障碍的比率远高于女孩。但也可能是一种错觉，因为男孩的学习问题很容易被发现，而很多女孩存在学习障碍，却没有被发现。事实上，在认知能力上的性别差异被放大了，认为男孩善于逻辑推理而女孩善于语言运用的观点并没有得到强有力的支持，而传统的智力测验如韦氏儿童智力量表也从未对男女性别差异进行界定，其常模是不分性别的，也就是说，男女在智力的各个维度上，包括语言和推理上并不存在差异。学习能力上的性别差异可能并不存在，教育者往往持“男孩比女孩聪明”的刻板效应，可能是受到少数几个个案的影响，而非从群体上得到的结果。

三、学习障碍的成因

在学习障碍研究的几十年时间里，神经生理缺陷问题受到了极大的关注。但是，现在的研究者对于生理缺陷的关注程度在下降，相关的神经心理功能的关注在上升。然而，从来没有人否认学习障碍的神经生物学基础。以阅读障碍的研究为典型。在严重的阅读障碍中，左颞叶与阅读障碍关系密切。在20世纪的前大部分时间里，大量来自于尸体解剖的结果都发现了大部分正常阅读者的左右颞叶的不对称性，左侧颞叶更大，显然与阅读关系密切。近些年，研究者利用磁共振成像（MRI）和功能性磁共振成像（FMRI）来探查阅读障碍者的神经机制问题，得到了类似的发现。

现在有大量的证据表明基因对阅读和书写障碍的发展有影响。这些证据主要来自对双胞胎的研究，基本上证实了学习障碍，主要是阅读障碍的高度遗传特点。但是，研究者也从来没有否认环境因素的作用。虽然环境作用并非导致学习障碍的原因，但是，环境变量仍然在学习障碍的形成与发展模式上产生了影响。基因信息提供了学习障碍潜在发生的基础，环境作用可以加剧或减轻学习障碍的症状程度。

我国台湾学者从产前、产中和产后三个时间段，分析了遗传、生物化学、环境以及成熟等因素对学习障碍的影响，如表7.1所示。

表7.1 多种因素对学习障碍的影响

时间段	可能成因	说明
产前	遗传因素	一些遗传疾病如X染色体脆弱（fragile X）症候群、Turner症候群的女性、Klinefelter症候群的男性、神经纤维肿第一型者在视知觉上会有学习障碍。此外，在Decker和DeFries于1980年、1981年的研究中发现，阅读障碍是有遗传可能性的。目前还是没有确切的科学证据指出学习障碍的医学病因为何，它不像医学证实唐氏症是因为第21对染色体异常所造成的那样确切，但是有越来越多证据中显示基因可能是影响学习障碍的因素，之后关于基因的研究可能就会逐渐解出答案
	生化作用	在胎儿期，过量的放射线照射、孕妇抽烟、酗酒、药物滥用，都可能造成对脑机制与功能的不良影响
产中	机体因素	生产过程中的处置不当、早产或新生儿病变，可能出现并发症状，如脑伤、缺氧的神经系统损伤
产后	成熟的迟滞	学习障碍儿童常有认知与生理发展不平均的现象，有些理论认为，这些孩子在反应视知觉、动作、语言、注意力上出现发展迟滞，进而产生学习障碍的情况
	环境因素	包括营养不良、刺激不足、多语言及多文化的影响、贫穷、不良情绪气氛、环境中的毒物或辐射、食物过敏、非食物过敏、教学不当等

四、学习障碍的诊断

诊断是指特殊教育专业人员，如特殊教育专业教师，根据所收集到的个案资料，运用自己所受到的特殊教育或心理学的专业知识、技能训练以及自己的临床经验，对个案的现状提出问题与假设，进而以各种客观方式推论问题和验证假设，并对个案的问题作出决定，包括其成因与类型。学习障碍的诊断就是以学习障碍者为对象进行分类诊断。学习障碍的成因十分复杂，表现形式多种多样，鉴于此原因，目前对于学习障碍的诊断提出了不同的标准，而且在诊断过程中，采用的测验类别也不同。本书就此首先介绍美国《所有残疾儿童教育法》认定的对学习障碍的评估和鉴定标准，然后介绍学习障碍诊断过程中所采用的一般性的测验。

（一）学习障碍的诊断标准

根据美国《所有残疾儿童教育法》认定的对学习障碍的诊断，必须考虑下面的标准：

一是排他标准（exclusion criteria），即排除由外在因素所引起的学习困难，是指学习障碍不是视觉障碍、动作障碍、听觉障碍以及智能不足、情绪困扰、文化或者经济不利等残疾或外在因素的结果。

二是特殊教育的标准（special education criteria）。这一标准的主要目的是将普通教育中的学习障碍儿童和应给予特殊教育的学习障碍儿童区分开来。

三是差距标准（discrepancy criteria），即学习潜能和实际学习成就之间的差距。潜能大多由智力和认知能力的测试得出，实际学习成就多由一系列的学科标准测试成绩得出。在分析差距程度时，除了要运用到适当的差距公式之外，还应考虑其语文能力与非语文能力的程度。在诊断学习障碍儿童过程中，临床医疗人员或者特殊教育专业人员通常采用“差距分数”作为分类与教育安置的标准。差距分数是指儿童潜能与成就之间的差距量。

决定差距的方法主要有四种，分别是年级水平差距法、成就水平预期公式、标准分数差距模式和回归分析模式。所谓年级水平差距法就是将学生的成就表现年级水平与现读的年级比较，明显低于现读年级的某个差距以上，就称为符合差距标准。

成就水平预期公式就是先根据智力测验获得的智龄（MA）或者智商推算出预期成绩，然后计算预期成绩和实际成绩之差，如果差值达到一定程度，就确定为学习障碍。

标准分数比较法的程序是先将智力测验和学绩测验得分转化为标准分数 Z_x、Z_y，然后根据公式 $Z_{\text{dif}}=(Z_x-Z_y)\div\sqrt{(1-r_{xx})\times(1-r_{yy})}$（其中 r_{xx}、r_{yy} 分别指智力测验和学绩测验的信度）进行差异检验，如果 Z_{dif} 值大于 $Z_{0.07}=1.50$，则推断为学习障碍。

回归模型差异法的程序是先将回归方程 $Z_{\hat{y}}=r_{xy}(Z_x)$，通过智力测验标准分数 Z_x 预测期望成绩 $Z_{\hat{y}}$，然后根据公式 $Z_{\text{dif}}=(Z_{\hat{y}}-Z_y)\div\sqrt{1-r_{xy}^2}$（其中 r_{xy} 为智力与学绩之间的相关系数）对期望成绩 Z_{y1} 与实际成绩 Z_y 进行差异 Z 检验。如果 Z_{dif} 的值大于 $Z_{0.07}=1.50$，则推断为学习障碍。

（二）评估学习障碍的常见工具

学习障碍成因的复杂性，决定了诊断其采用的测验工具类型也不同。不过各项测验工具的选用都是根据学习障碍儿童的问题类型与程度来决定的。

1. 日常学习检查

由于学习障碍儿童大部分都存在读写困难、数数困难或者数学困难等，因此需要采用日常学习检查来对其进行诊断。比如，采用语文测验、数学测验、写作测验、非标准化阅读能力测验等。其中，非标准化阅读能力测验要求挑选由易到难循序渐进的一组段落或词汇让学生阅读，并由教师观察学生在阅读过程中出现的错误，如漏字、发音错误、词序颠倒等。

2. 标准学业成绩测验

学习成绩低下是学习障碍儿童的主要特征，标准学业成绩测验是用于学习障碍儿童最普遍的测验方法，它旨在客观地反映学生学习情况的测验。常用的标准学业成绩测验有加利福尼亚成就测试（CAT）、艾尔华基本技能测试（LTBS）、斯坦福成就测试（SAT）。

3. 神经心理测验

神经心理测验包括三个方面的测验，即神经心理筛选测验、成套神经心理测验和其他能力的测验。

其中，神经心理筛选测验主要用于筛查儿童有无神经问题，以决定是否要对儿童进行更详细的检查。用于神经心理筛选的测验有本德格式塔测验（bender gestalt test，BGT）和快速神经学甄别测验（quick neurological screening test，QNST）等。本德格式塔测验主要是作为脑器质性疾病的筛选方法，也可用作投射测验来测量人格。快速神经学甄别测验主要用于测量与学习有关的神经心理功能。

成套神经心理测验主要用于检测学习障碍儿童的神经心理模式或探索其神经心理机制。属于这一测验的有霍-里神经心理成套测验（Halstead-Beitan Battery，HRB）、考夫曼儿童成套测验、单项神经心理测验、鲁利亚-耐布拉斯卡神经心理成套测验（Luria-Nebraska Neurppsychological Battery，LNNB）等。霍-里神经心理成套测验是美国心理学家霍尔斯特（Halstead）设计的，后经过里坦（Reitan）加以发展，用于成人、少年和幼儿三套神经心理测验。考夫曼儿童成套测验是美国心理学家考夫曼夫妇（A. S. Kaufman and N. I. Kaufman）在1983年编制的，适合于2岁6个月至12岁6个月的儿童，它主要是用于评估儿童认知发展水平。

其他能力测验主要包括记忆量表、视觉保持测验等。

五、学习障碍的矫正

对学习障碍诊断的最终目的是对其进行矫正，因此，在最后一部分将着重介绍学习障碍的矫正措施，主要从学习障碍学生的教育安置、认知训练、行为矫正、环境控制和家长的干预指导——父母管理训练（PMT）这五个方面，阐述学习障碍的干预和矫正。

（一）学生的教育安置

现介绍对学习障碍儿童进行教育安置的七种模式：①普通班模式，保留在全日制的普通班上课，免标签化，利于和普通学生接触，教学过程为学习障碍儿童考虑得过少；②咨询模式，给学习障碍学生进行专门的教育咨询，解决他们的实际困难，有一定的针对性，但是实际执行起来需要大多数教师的配合；③巡回模式，负责这方面教育的特殊教师巡回于各个学校，协助普通教师解决问题；④资源教室模式，每天用45～60分钟在备有特殊教育资料和专职教师的资源教室上课；⑤特殊班模式，普通学校将学习障碍学生组合起来，编成特殊班级，为严重的学习障碍儿童教育提供了较好的服务，但是会让学习障碍学生感觉到被孤立，教师放弃对他们的严格管理；⑥走读特殊学校模式，离开普通学校，每天到特殊学校上学，虽然有较好的服务，但是不利于学生回归主流和社会化；⑦寄宿特殊学校模式，学生日夜住在特殊学校，同样不利于学生回归主流和社会化。

（二）认知训练

1. 元认知取向的教学策略

学习障碍学生通常在学习活动的计划性、选择恰当的认知策略、对结果及自身能力的评价等方面存在困难，这是元认知能力缺乏的表现。元认知训练对于学习障碍的价值尤为凸显，它直接影响到认知策略的应用，对学习成绩也有很大的影响，并且将认知策略与元认知策略结合起来，会更好地促进学习成绩的提高。针对学习障碍儿童的元认知监控主要有自我监控策略和自我调节发展策略。

1）自我监控策略

自我监控是一个完整的过程，包括学习活动前、学习活动中和学习活动后的监控，它贯穿于学习活动的始终。下面分别介绍每个环节相应的监控策略。

第一，学习活动前的自我监控。

（1）制订学习计划和目标。根据将要学习的内容做好学习计划，合理安排时间，可以达到事半功倍的效果。计划和目标的设置要合理，要量力而行。建议多设置几个分目标，以便中途检查自己的完成情况。可以根据等分时间段或者任务分解来灵活设置分目标。

（2）留预习作业。在学习新知识之前，学生需要做好相应的准备工作——复习旧知识。老师可以事先告诉学生和新知识相关的旧知识点内容，学生们在掌握旧知识的基础上再来学习新知识，更容易发生正迁移。对于基础较差的学习障碍学生，老师应先给他们讲解旧知识，保证他们在掌握旧知识的基础上再来讲授新知识。

第二，学习活动中的自我监控。

学生在学习过程中需要经常检查对自己前期设定的目标和计划的完成情况，并及时对它们进行调整和完善。学习活动中的自我监控有如下几种策略：

（1）认知进攻策略（the cognitive assault strategy）。美国采用一种可以从各种角度影响学生输入模式的策略来帮助有数学学习障碍的学生。辅导者向学习障碍学生示范问题解决策略，帮助他们理解数学语言，促使其形成自己的学习策略，并指导其记录下问题解决步骤，以便迁移到同类问题情境中。

（2）出声思维。学生在解题的过程中，边思考边大声说出自己的思路和每个解题步骤。如此学生对自己的解题思路更加清晰，提高了思考和学习的效率，也有利于集中注意力，从而更好地实现反馈和自我监督。

（3）自我提问。在学习过程中，学生通过一系列问题的自问自答，来提高自我监控能力。

（4）学生互问。同学之间相互提问，相互检查掌握的情况。

（5）教师提问。老师针对解题过程提出问题，根据学生的回答情况检查其掌握的情况。

上述策略都属于提高元认知能力的外显训练。内隐训练是老师将自己对解题过程的元认知监控过程自然地流露于例题教学中，由学生自己领会元认知策略的有效性，使其无意识地习得老师的思维方式，在潜移默化中渐渐转变原本的思维方式。

第三，学习活动后的自我监控。

整个学习活动结束后，学生应对自己的表现和掌握情况做一个总的分析和反馈。这里介绍三种监控策略：自我评价表、元认知监控问题单、反思日记。

（1）自我评价表。让学生对自己一段时间的学习状态和学习效果进行自我评价，清楚自己下一步的努力方向，制定适合自己的学习目标。

（2）元认知监控问题单。分别针对题目的理解、解题思路以及解体后的自我评价，让学生进行自我反馈，以期促进学生优质高效的学习。

（3）反思日记。老师要求学生对课堂学习情况进行小结，并尝试对“错题”和“不会题”进行自我反思。一方面，提高学生的自我反思能力；另一反面，老师可以通过反思日记了解学生对知识的掌握情况和存在的盲点，以便及时调整教学策略和教学安排。

2）自我调节发展策略

Graham 和 Harris 于 1996 年提出了自我调节发展策略（self-regulated strategy development，SRSD），给予学习障碍的学生最直接的写作指导。自我调节策略发展最基本也是最重要的三个要素包括：特定任务知识、策略知识和动机。在写作情景中，特定任务知识是指各种写作类型的背景知识，策略知识是指具体指导写作的策略，写作动机则是指目标的建立、持续性的努力、自我效能感和学生在写作中的自我指导、自我强化。该策略对于存在写作困难的学习障碍儿童很有帮助。

在实际操作中，自我调节发展策略包含以下七个基本的教学阶段。

第一阶段：发展背景知识。在此阶段，学生需要发展写作的背景知识和先备技巧。例如，教师可以在此阶段介绍议论文的组成部分和写作时的自我指导技巧。

第二阶段：初步讨论写作的目标。在此阶段，师生经过讨论共同决定写作的目标。要让学生对写作的目标作出承诺，成为学习的主动参与者，提高学生学习的动机。

第三阶段：进一步讨论该使用的策略。这一阶段，师生应共同讨论学生目前的写作技巧水平和已经会用的策略，并用简图绘出，以确定使用的写作策略并自我监控。通过讨论，教师使学生了解写作策略的步骤，如何及何时使用这些策略。

第四阶段：教师示范策略。这一阶段，教师可以给学生选定一个议题，然后使用“出声思维”技术向学生展示如何建立策略模型。学生写作时，教师要不断地提醒学生注意按照这个模型写作。当作文完成时，教师要向学生介绍自我指导在写作中的重要性。

第五阶段：学生记忆并掌握如何使用这个策略。在此阶段，学生需要掌握写作策略的步骤。记不住策略的步骤就无法使用这个策略。这一阶段对有学习障碍的学生尤其重要，因为这些学生常有记忆力障碍。这时需要学生不断回顾上一阶段中教师建立策略模型的过程，并用自我指导技术帮助自己完成策略步骤。

第六阶段：老师提供支持与协助，师生进行合作练习。在此阶段，由教师和学生合作，共同写一篇文章。教师应把握写作的方向，而其他的部分由学生完成。在自我指导过程中还需要注意鼓励学生，并把写作的主导权逐渐转向学生。写作完成后，还要检查是否达到了先前拟定的目标。

第七阶段：学生独立练习。这一阶段，教师要鼓励学生运用所学的写作策略及自我指导策略独立完成一篇文章。如非必要不应给予提示。同时要给学生积极的评价，并逐步减少反馈的次数。最后，再由师生共同评估策略的使用情况和写作目标的完成情况。经反复练习后，学生应具备独立完成写作的能力。

2. 认知能力训练

1）基本认知能力训练

学习障碍儿童往往不能长时间地集中注意力、缺乏自我掌控能力，因此需要针对他们的认知能力进行一些基本训练。一般基本训练主要包括言语能力训练、视结构认知训练、注意力集中及手眼协调训练、记忆能力训练等。

2）工作记忆训练

工作记忆能力是指在一个较短时间内，保持并加工处理信息的能力（Klingberg et al.，

2002）。在教育领域，工作记忆的训练可以为特殊儿童（如注意缺陷多动障碍儿童、孤独症儿童以及学习障碍儿童等）的治疗、干预和教育辅导提供有效的帮助。

Klingberg 等（2002）采用四项工作记忆的训练任务对 7～15 岁的注意缺陷多动障碍儿童的工作记忆进行了训练。实验采取的被试者一共有 14 人，其中 7 人是实验组，另外 7 人是控制组，不参与工作记忆训练。实验结果显示，通过四项工作记忆任务训练，与控制组相比，实验组的 7 名注意缺陷多动障碍儿童的工作记忆能力得到了显著提高。更重要的是，评估测试中没有训练过的工作记忆任务和瑞文彩色推力测试的成绩在训练后也得到了显著提高。另外，通过大量测试，发现接受工作记忆任务训练后的多动症儿童的肌动活动也显著减少了。

资料窗一

弗吉尼亚大学训练项目

这一训练项目由美国弗吉尼亚大学学习困难问题研究所的哈拉汉及他的同事们创立于 1980 年。他们采用“认识-行为改变”原理，通过与学习障碍儿童交谈，了解他们的困难所在，指导他们学会自我控制，集中注意力。下面就是教师在帮助某一儿童克服注意力分散、提高学习效果的工作片段。

约翰，我知道老师经常对你说：“请注意，别开小差。”或经常问你：“你又在想什么呢?”今天我就设法帮助你克服这一注意力分散的毛病。首先，我想让你学会区分什么叫注意力集中，什么叫注意力分散（教师故意作出两种不同的姿态，让学生区分）。接下来，我便教你如何学会控制自己，做到学习时思想高度集中。你在阅读这篇文章时，我给你放着录音，当你听到录音时，你要自问：“我的注意力集中在阅读上吗?”如果你认为自己的注意力已高度集中，你按一下这个键。如果你认为自己没有集中注意力，请按那个键。好了，我完全相信，你一定会控制好自己的。现在我放录音了，你还是继续阅读文章。（老师通过观察、赞扬、纠正、练习，渐渐地将录音带音量减小，最后停播）。

这一项目的训练结果表明，大多数注意力分散儿童能逐渐克服自己的毛病，缩短学习时间，提高学习效率。

（三）行为矫正

行为主义的观点认为人们的行为都是可以通过一定的训练而改变的。其理论假设为：个体的情感、认知态度和行为都是个体生活经历的产物；不适应行为是习得的，可以通过学习进行矫正；学习的原则就是受奖赏的、获得令人满意结果的行为，容易学会并且能维持下来，相反，受处罚的、获得令人不悦结果的行为，就不容易学会或很难维持下来。因此，掌握了操作这些奖赏或处罚的条件，就可控制行为的增减或改变其方向。

因此，学习障碍儿童的不良行为也可以通过一些特定的行为矫正的方法来进行改变，并且这些特定的行为矫正方法可以帮助学习障碍儿童重新塑造良好的行为表现。下面将详细介绍五种行为矫正方法。

1. 正强化法

正强化法是根据强化的原理，当孩子出现良好行为时，立即采取奖励的方法予以强化，从而增加良好行为发生概率的方法，既可用于教师的课堂管理，也可用于家长规范孩子的行为。

奖励不一定非要是物质性的，还可以是其他三种奖励，如社会性奖励、活动性奖励和一般性奖励。具体步骤如下：

第一，了解孩子目前的情况和需要解决的问题，确立目标行为。

第二，选择适当的奖励作为强化物。

第三，拟订塑造行为的方案。可以与孩子一起制订，减少孩子的抵抗情绪。需要注意的是，目标行为不是一蹴而就的，可以把目标行为分成若干步完成，并适时调整。

第四，塑造行为的过程中一定要注意及时强化。

第五，孩子的目标行为反复多次出现，形成习惯后，应慢慢减少奖励，间歇性的奖励或是改为社会性奖励，以防止孩子对奖励慢慢厌倦。

2. 代币制法

当孩子出现良好行为时，家长若能及时给予表扬或奖励，这种良好行为的概率就会大大增加。但是，如果孩子每一次出现良好行为都要得到奖励，家长就会应接不暇，而且奖励的价值会大大降低。孩子会觉得得到奖励是一件很容易的事情，想得到的时候就表现出良好行为，不在乎奖励时，就不表现出良好行为。于是教育家们发明了代币制法。孩子每出现一次良好行为就可以得到一定数量的“代币”，当“代币”积累到一定数目时，孩子就可以在家长那儿换取某种奖励。具体步骤如下：

第一，确定目标行为，即希望孩子表现出良好行为。

第二，确定孩子目前的行为情况，以便和之后的行为改变作比较。

第三，选择合适的“代币”，可以是小红旗、小红花、五角星或是代价券等。

第四，选择支持“代币”的强化物，即孩子希望得到的奖励，如喜欢吃的食物，或是玩游戏的权利等。

第五，确立兑换的规则，即几次“代币”可以换取一次奖励的机会。

3. 消退法

消退法是根据消退的原理，当孩子出现不良行为时，不予以关注，忽略其行为，消除先前与不良行为密切相关的环境变量，这样不良行为因为得不到强化就会逐渐减少发生的频率乃至消失。具体步骤如下：

第一，寻找强化不良行为的强化物。乐乐，10 岁，不喜欢收拾房间，喜欢看动画片。当其母亲提出收拾了房间才能看动画片的要求时，她情绪激动，把房间里的东西都弄乱，哭闹不休。其母亲受不了她的大声吵闹，于是每次都妥协，并教训她下次自己收拾。乐乐下次当然更加不会收拾自己的房间了，因为她知道一哭闹母亲就会投降，自己就可以去看动画片而母亲会去收拾。在这个过程当中母亲的妥协就是乐乐哭闹行为的强化物。

第二，取消对不良行为的强化。消除乐乐的不良行为不是那么容易的。当母亲提出不再帮她收拾房间，并且如果自己不收拾就不能看动画片时，她大发脾气，把桌上的东西都扔到了地上，叫喊的声嘶力竭。其母亲只管做自己的事情，压根不理她。几次之后，乐乐自己也累了。看到被自己破坏的不成样子的房间，有些后悔，而且看动画片的时间也错过了。最后她终于领悟到，妈妈是真的不会帮自己收拾了。一赌气，决定坚决不收拾，就这样放着。过了一天、两天，房间还是乱糟糟的，而自己晚上又不能看动画片，乐乐觉得太不值了。最后终于自己收拾了房间。乐乐的母亲通过对其哭闹的行为不理睬，而达到使乐乐学会自己收拾房间的目的。

4. 契约法

行为契约是写出来的一种约定，以帮助孩子管理自己的行为（张瑞平，2008）。

一个行为契约主要包括以下五项内容。

（1）确定目标行为。对目标行为必须使用客观可操作的描述，目标行为可以包括非期望行为的减少，或期望行为的增加，或两者兼有。

（2）契约的有效期。在每项契约中必须规定目标行为出现或不出现的时间范围。

（3）确认目标行为的方法。必须能够证明目标行为是否出现，以便给予强化能正确地加以实施。

（4）强化与惩罚的措施。契约中必须写明强化或惩罚的措施，以帮助孩子增加或消除契约中规定的目标行为。

（5）契约执行者，契约双方签字。

5. 暂时隔离法

暂时隔离法是在孩子出现不良行为时，暂时对其进行隔离，让其离开强化其行为的环境，以纠正其不良行为，帮助孩子达到自我控制的方法。暂时隔离法也有其适用范围。像胆小、害羞、依赖性强的孩子可能不适用于暂时隔离法，因为那样很有可能会伤害到他（她）。

具体步骤如下：

第一，选择孩子的一种不良行为来实施暂时隔离。

> 小明，8岁，不知从何时起，养成了一不如意就打人的坏习惯。其父母决定要好好纠正这种不良行为，拟采用暂时隔离法。

第二，在实施暂时隔离法之前必须让孩子知道他（她）被隔离的原因，并予以警告，警告无效才立即（10秒内）实施隔离。

> 小明因为和弟弟抢电视机遥控器，而出手打了弟弟。母亲把他们分开后，警告了他，并教训小明不该打人，他是哥哥，应当让着弟弟。结果小明不听，还趁机打了弟弟一下。于是其母立即对其实行了隔离。

第三，实行隔离的环境一定要保证安全、安静、光线充足，没有什么乐趣和刺激因素。同时要注意控制隔离的时间，一般十几秒到数分钟即中止，可以设置一个闹钟，放在孩子听得到而拿不到、看不到的地方。

> 小明的母亲把小明带到了储物的房间，里面除了几个大柜子外，别的什么也没有，并告诉小明他需要在这儿自己待3分钟。母亲打开房间的灯，锁上门并在门口放下定时的闹钟后离开，隔离期间母亲不给予他任何关注。

第四，隔离过后要询问孩子被隔离的原因，如果孩子不能意识到为什么要被隔离，行为就不能产生改变。

> 3分钟后，小明被母亲从房间中放出来。问小明知道为什么被隔离吗，小明表示明白原因。几次隔离之后，小明能很快从激动的情绪中冷静下来，控制自己不再随便出手打人了。

（四）环境控制

学习障碍矫正的辅助取向强调在充分考虑学习障碍学生身心特点的同时，为其提供全方位设计的具有针对性和丰富性的学习环境。本书主要介绍资源教室方案的应用。

（1）资源教师必须受过专业训练，熟练掌握学习障碍相关知识以及训练矫正的方法，要比普通班级的教师更加温暖、热情、耐心、包容和理解。资源教师还应积极与普通班级教师保持联系，为其提供咨询和帮助，并按期组织家长培训交流，为学习障碍学生提供更完善的服务。

（2）资源教室的布置。资源教室的选址很重要，应选在方便教师和学生进出的地方，近临保健中心尤佳，教室外面不要做特殊的标识。教室要宽敞明亮，通风良好，干净整洁，温馨舒服，强调个别化教学。可以摆放一些适合学生阅读的书籍，或放置一些学生感兴趣的小玩具，营造安全放松的氛围。也可以专门设置一个展示学生作品的区域，总之，资源教室的布置既要方便学习障碍学生的活动和训练，也要使学习障碍学生乐于来到资源教室里学习。

（3）资源教室方案是在普通教育课程基础上，协助就读于普通班级学习障碍学生的一项补充方案。资源教室不单单指教室本身，它更多包含的是可以利用的教学资源，如传统教具、多媒体设备、社区资源、人力资源等。

（五）家长的干预指导——父母管理训练（PMT）

学习障碍的儿童需要来自父母极大的情感付出。这些儿童的父母面临着很多与儿童的教师相同的难题，而且问题的强度增大。父母跟儿童的相处时间会更长，而且要面对儿童所有类型的问题。抛开这些压力，父母在对学习障碍儿童的帮助中扮演着一个至关重要的角色。首先，他们必须是知情者，不断努力以学习更多有关学习障碍的令人困惑的问题。同时他们必须成为坚定的支持者。他们必须在对儿童的情感、挫折、恐惧和苦难保持同情的同时，还必须具有坚定的管理儿童的行为。在两者之间，他们还必须对家庭中的其他成员给予时间和关注，并努力过好自己的生活。对于学习障碍儿童的父母来说没有容易的答案和简单的解决方式。

当父母面对一个有学习障碍的子女时，他们可能会经历一系列可预见的阶段。

震惊，是当父母被告知坏消息时的麻木，和吞没他们的距离感。

怀疑，是父母对诊断表示出不相信的阶段。

否认，是父母拒绝考虑其子女有任何一种学习障碍，他们可能会寻求另一种诊断。

愤怒，发生于否认垮掉时，儿童的情况变得更加真实和明显。愤怒感的表现是父母会表达出“为什么发生在我身上”、“这不公平”。

讨价还价，在父母发现他们的判断将会在一定程度上缓和其子女的状况时，会明显表现出来。

灰心丧气，在父母作出以下类似的声明时表现明显，如有什么用呢，有什么关系，什么都不会改变。我的子女还会发生什么？甚至找到一种解决手段后，父母也会感到绝望、悲哀和无助。

接受，此阶段中父母可以有勇气正视障碍，接受子女本来的样子。一个超越了接受的阶段是珍视儿童的那些差异，以及由于这个儿童的存在如何使父母生活得更好。

我们希望家长能尽快达到接受阶段，这样家长便可作出清晰的决策，不过分情绪化。当家长能将儿童及其障碍一并接受时，他们就能为儿童的特殊需求做准备，同时能继续过正常的生活，倾向于履行家族的、家庭的、公民的和社会的义务。

具有学习障碍的儿童常常会表现出不听话、拖沓等不良行为，并且还脾气暴躁，学习障碍儿童的家长为此感到十分头疼，经常被孩子折腾得筋疲力尽，也不知道该怎么办。

俄勒冈大学的 Gerald Patterson 提出了父母管理训练的方法，目前广泛应用于干预学习障碍儿童，尤其是 ADHD 儿童。父母管理训练不同于其他干预方法，是针对学习障碍儿童家长的训练。它通过教会父母改变孩子在家中的行为，来干预学习障碍儿童。该方法的理论假设是：不良的亲子相互作用是儿童不良行为发生和持续的部分原因。因此，改变父母与儿童之间的互动方式就可能改善儿童的不良行为。PMT 对 12 岁以下的儿童最为有效。

资料窗二

父母管理训练（PMT）的核心特征

• 对儿童给予很少的或不进行直接的治疗干预。

• 父母学习改变亲子互动的方式，促进儿童的积极行为，减少儿童的反社会行为。

• 父母学习新的辨别、界定和观察儿童问题行为的方法。

• 训练内容包括：有效使用命令，制定明确的规则，用称赞、有形奖励或者代币鼓励理想行为，运用轻微的惩罚（如外出限制和剥夺一些权利）、协商以及随机应变等。

• 训练让父母有机会看到新技巧怎样贯彻执行、怎样在实践中运用，以及如何在家里回顾进程等。

• 通过家庭作业帮助父母在家里巩固所习得的一般性技巧。

• 要认真督导治疗进程，并需要不断加以调整。

PMT 的应用并不简单易行。父母通常不会意识到不良互动的存在，他们相信之所以有问题，是因为子女的固执、不幸的婚姻、工作使他们没有时间与子女相处或者学校有关人员不公平等。事实上，有品行问题的父母往往认为，他们的养育方式没有问题，只是他们的子女不听话而已。因此，要想治疗成功，就要重视父母的这些信念和想法。

资料窗三

给学习障碍儿童父母的建议

1. 对儿童所擅长事物的任何线索保持警觉

通过发现一个儿童感兴趣或是有天赋的领域，你能给他一个新的成功的机会，哪怕是小的任务，如叠餐巾或帮助做一些厨房杂务，都会给儿童一种成就感。

2. 不要把儿童推入他还没有准备好的活动中

儿童可能会试图以不热心的反应来取悦你；予以积极或消极的反抗；放弃或退缩到一个白日梦的世界。当一个儿童被迫迎合成人世界强加于他的专制和不合理的标准时，学习就变成一件苦差事，而非乐事。

3. 简化家庭惯例

对某些儿童而言，进餐可能是极其复杂和刺激的情境。你的子女可能不会处理好众多的声音、光、气味等刺激，因此在儿童早期学会吃饭中，有必要让儿童早些吃饭，然后逐渐地参与到家庭聚餐中——可以从甜点开始。在做到这一点时，也可以寻找生活中其他常规的例子。

4. 尝试把任务与儿童的技能水平相匹配

考虑儿童的问题并找到帮助他的方法。比如，使用防摔容器能减少儿童在使用这些材料时造成的混乱和破坏。在壁橱下的地板上画上儿童鞋子的外形可以指示出左右脚。

5. 直接、积极地与儿童进行交谈

试着避免批评，作为代替，成为支持和指导提供者。比如，如果你的子女在跟随言语指示上有困难，让他（她）在你说话时看着你，然后重复你所说的话。

6. 保持儿童房间的简洁、安静

尽可能地使他的房间成为一个放松和隐退的地方。

7. 帮助儿童学会如何与他人共同生活在同一个世界中

当一个儿童与其他儿童相处得不好时，家长可能不得不特地制订计划并教会他一些社交经验。这可以邀请一个儿童短时间过来和他玩，与其他儿童的父母筹划共同的社交活动，或志愿做一名童子军女训导或幼年童子军领袖。

8. 儿童需要知道他们是重要的

儿童必须被予以尊重并允许做自己想做的事。他们应当知道成为一个负责的、对家庭有所贡献的家庭成员是重要的，这可能比学校要求的学业技能更为重要。

9. 保持你的外在兴趣

试着放弃对儿童的照顾，定期把他交给一个有能力的临时保姆。父母需要休息以寻求独立并增强自己的士气。

第三节 注意缺陷多动障碍

一、注意缺陷多动障碍的界定

注意缺陷多动障碍（attention deficit hyperactivity disorder，ADHD）虽在儿童学龄前不能被明确诊断，但是已表现出明显的征兆。核心症状表现为过分活跃、注意力不集中、参与事件的能力差，但这些儿童并不存在明显的智力落后，主要特征是在需要认知参与的活动中缺乏持久性，注意力无法长期保持集中，容易由一项活动转向另一项活动，但是哪一项都难以完成，同时伴有混乱、难以控制和活动过度的症状。

1994 年，美国《精神障碍诊断与统计手册》第四版（DSM-IV）的诊断标准将 ADHD 核心症状界定为注意缺陷（inattention）、多动（hyperactivity）、冲动（impulsivity）。由于多动冲动相关极高，第四版进一步将 ADHD 的行为表现分为两个维度（多动冲动和注意缺陷），并据此区分了三种 ADHD 亚型：注意缺陷为主型（ADHD-I）、多动冲动为主型（ADHD-HI）和混合型（ADHD-C）。注意缺陷为主型和混合型在 ADHD 中所占比例较大，基本上达到 90%，而多动冲动为主型所占的比例则相对较少。注意缺陷多动障碍的症状表现并不会随着年龄增长而自动消失，其中 70%可延续至青少年，30%可持续终生。

二、注意缺陷多动障碍的亚类型

现在国际上公认的ADHD类型划分，是由美国《精神障碍诊断与统计手册》第四版（DSM-IV）根据症状维度将ADHD所划分成的三个主要亚型。

1. 注意缺陷为主型（ADHD-I）

ADHD-I型需要满足DSM-IV中九条注意缺陷症状的六条或六条以上，其主要表现是难以保持注意力集中、容易分心、做事有始无终等。该类型的儿童由于没有明显的多动和冲动行为，所以并没有表现出上课捣乱、破坏课堂秩序等违纪行为，但在学业方面表现不佳，上课不能专心听讲，无法集中精力，总是走神；课下也不能全神贯注地做作业。另外，在日常生活中会表现出心不在焉，经常听不到家长和老师说的话，无法回答问题等。

2. 多动冲动为主型（ADHD-HI）

ADHD-HI需要满足DSM-IV中九条多动冲动症状的六条或六条以上，与注意缺陷为主型的患者不同，这类儿童的主要表现是过度活动、喧闹、做事没有耐心，无法延迟满足；在情绪方面往往容易发脾气、忍耐性低，总的来说就是情绪很不稳定；经常会有破坏课堂秩序，违反课堂纪律的行为出现，比如，在课堂上，不经过老师的允许就回答问题，藉由某个问题就起哄、捣乱，经常在下面做小动作，还打扰周围的其他同学；在课下，经常与同学发生冲突，不能很好地遵守团体游戏的规则等。因此，这类儿童经常被认为是品性顽劣，难以教导，同伴关系较差，不受同伴的欢迎，独断专横等。但是，相比而言，多动冲动为主型的ADHD个体的学业成绩要比其他类型ADHD儿童好。这类儿童更容易出现的是纪律问题而非学习问题。

3. 混合型（ADHD-C）

ADHD-C需要满足DSM-IV中注意缺陷和多动冲动两个维度的各自的六条或六条以上，这类患者的注意缺陷症状及多动冲动症状均较突出。这类儿童有时候会安静沉默，一言不发；有时候则兴奋好动，难以平复，而在一些特殊场合他们会表现得相对安静。

三、ADHD在不同时期的临床表现

（一）幼儿期注意缺陷多动障碍（ADHD）症状

虽然在对ADHD进行诊断中已指出ADHD相关症状早在婴儿期已经出现，但是到目前为止，国内外都没有形成关于婴儿期ADHD症状的明确的评估标准。事实上，在婴幼儿期ADHD的症状表现有些已经很明显，他们常常表现为活动过多，喂食困难，容易哭闹，睡眠不规律，母子关系不融洽，对刺激过分敏感或非常不敏感。在3～4岁阶段，多动冲动症状的急剧上升，问题行为尤为突出。这个阶段里，幼儿园的小朋友中，有些个体开始出现典型的ADHD症状，表现出精力旺盛，过度活跃，不遵守课堂纪律，常与人发生冲突，同伴关系较差，学习困难，成为老师和家长头疼的对象。但是，我们并不能仅仅根据婴幼儿在学校或家庭中所表现出的“注意缺陷”和“多动冲动”症状就把其确诊为ADHD患者。因为个体的注意与自控能力在此阶段发展迅速，极不稳定，那些疑似ADHD的症状可能随着年龄增长，在其进入学龄阶段后迅速减少，得到明显的改善甚至消失。另外，此阶段婴幼儿的个体差异很大，综合考虑这几个方面的因素，对于此阶段的个体是无法确诊的。

（二）儿童时期的注意缺陷多动障碍的表现

DSM-IV 中将注意缺陷多动障碍分为三种类型，而不同亚型的 ADHD 儿童在行为表现上有着明显的差异：混合型儿童精力旺盛，过度活跃，喜欢说话，不经过允许就回答问题，喜欢打断别人的谈话，注意力不集中，易冲动，不遵守纪律，难以安静地坐在座位上，总是动个不停，容易与同伴发生冲突，与同伴关系不融洽；注意力缺陷型儿童则表现得比较安静，行动缓慢，精神不佳，昏昏欲睡，缺乏积极性，经常丢三落四，经常处于混乱状态，缺乏组织性；混合型儿童的行为问题容易发现，它们更多的是外在的、可观察的，并且容易受到外在刺激的影响；而注意力缺陷型儿童的行为则是内在的、不易观察到的，并且容易受到头脑内在刺激的干扰。

由此可见，不同类型的 ADHD 的表现也是不同的，但大多数患者并不是绝对的归属于哪一种类型，只是在表现程度上有所差异而已。

（三）青春期注意缺陷多动障碍的表现

青春期 ADHD 症状表现和影响并不明显，但是由于此阶段的个体生理、心理方面都经历了巨大的变化，相应地在情绪和行为上也有许多重大的改变。他们的 ADHD 症状有了新的表现形式，在儿童期很明显的活动过多症状开始逐渐减少，但仍然存在注意力集中方面的问题，学习能力低下，学业成绩较差，出现旷课、逃学行为，缺乏自尊心和动力，情绪波动较大，对刺激过于敏感，容易产生过激行为，仍然有攻击性、冲动性行为，聚众闹事，容易发生少年犯罪。另外，在此阶段的 ADHD 症状表现会延伸出一些其他行为或者情绪障碍，比如，网络成瘾、自杀、抑郁、品行障碍等。

（四）成人期注意缺陷多动障碍的表现

近年来，人们已经越来越认识到成人 ADHD 对个体所造成的巨大危害性。ADHD 给成人的学习、工作和生活等各方面都会带来严重的影响，使得他们常常伴有焦虑、抑郁等负面情绪，出现婚姻状况不佳，人际关系不良，社会经济水平较低，甚至酒精药物成瘾和反社会行为等问题。ADHD 成人的临床表现与儿童期有所不同，其症状表现主要集中在以下五个方面。

（1）适应行为问题。由于缺乏组织、计划与解决问题的技巧，可出现全面的适应社会困难。

（2）反社会行为。10％～20％的患者可能出现物质依赖、滥用（如酒瘾、药瘾、吸毒），更容易进行犯罪活动。

（3）学习、工作中表现不佳，阅读、协作等过程中有持续注意力缺陷；组织、计划和准备能力不佳，容易对枯燥的材料或任务感到厌烦，常拖延工作；做事冲动，不能自始至终地坚持指令、完成任务；时间观念差。

（4）人际交往技能较差，难以维持友谊或亲密的人际关系，离婚率较高，往往表现出以自我为中心和幼稚，脾气暴躁或有挫败感。

（5）情绪问题。情绪调节和控制能力较差，常常表现为不稳定，容易情绪低落和焦虑，自我评价低。

四、病因机制

关于注意缺陷多动障碍的病因和发病机制目前尚不确定，它是一种异质性的行为障碍，有遗传因素、环境因素、神经解剖及神经化学、中枢神经系统损伤等多种可能的病因。目前我们认为本病是由多种生物因素、心理和社会因素所致的一种综合征。

1. 生物学因素

注意缺陷多动障碍在生物学方面的病因主要表现在生物化学研究方面、神经系统发育研究方面、脑电生理研究方面以及影像学研究方面。

在生物化学方面。近 20 年来，关于 ADHD 的生物化学研究有了很大的进展。对于注意缺陷多动障碍的生化研究，存在多种假说，比如，Kornetsky 最早提出的注意缺陷多动障碍的去甲肾上腺素（NE）假说，Shaywitz 在动物实验模型基础上提出的注意缺陷多动障碍的多巴胺（DA）功能异常假说等。

另外，研究者还把神经递质与个体的行为调节系统联系起来，分析 ADHD 的发病原因。关于 ADHD 的氨基酸代谢研究也越来越受到关注，近十年来国外已经有了很多关于 ADHD 儿童氨基酸代谢方面的研究，并且认为 ADHD 与色氨酸、兴奋性氨基酸以及其他一些氨基酸的异常有关。关于 ADHD 的遗传学研究主要集中在家系研究、双生子和寄养子研究以及分子遗传学研究这几个方面。

在神经系统发育研究方面。1917～1918 年的脑炎流行病学研究使得人们普遍认为“脑损伤”可能是 ADHD 的致病原因，在接下来的几十年里也有不少关于这方面的研究，使得注意缺陷多动障碍儿童存在神经损害的观点得到了广大研究者的认同。尤其是近几年的研究发现 ADHD 与前额叶皮质损伤有着相似的症状表现，如持续注意、执行功能、言语记忆的损伤等，而 ADHD 儿童的核心障碍是认知缺陷，尤其是注意调控和执行功能障碍非常突出。

研究证实，母亲在怀孕期间的一些不良行为（吸烟、喝酒、服药），分娩时的并发症（产程长、胎儿呼吸急迫、早产），以及各种原因所造成的脑损伤都会引起胎儿的神经发育异常，从而出现行为问题。那么我们可以认为孕产期的不利因素也是 ADHD 的致病因素。

在脑电生理研究方面。脑电生理研究包括脑电图（EEG）、脑诱发电位、计算机化脑电图（CEEG）和磁脑电图（MEG）等，我们比较熟悉的是脑电图，而且最近几年关于脑电图的研究也越来越多，它在 ADHD 检测方面的作用也日益受到人们的关注。

在影像学研究方面。神经成像技术大致可以分为两类：①用于检测脑结构或者脑解剖的方法，电子计算机 X 断层扫描（CT）和磁共振成像（MRI）；②用于检测脑功能的方法，单光子发射计算机断层扫描（SPECT）、正电子发射断层扫描（PET）、脑功能性磁共振成像（fMRI）。

2. 心理社会因素

前面我们已经提到 ADHD 不仅仅是由遗传和脑功能异常等生理方面的原因造成的，还会受到环境的影响。事实上社会心理因素在注意缺陷多动障碍的发病中多数是会起到诱发作用的。常见的社会心理素质因素包括心理因素和家庭因素。

1）心理因素

心理因素主要包括父母人格特征和病理心理及儿童不良行为形成的心理机制。

父母的人格特征和病理心理也是注意缺陷多动障碍儿童病因之一。Walker 在 1989 年提出的儿童病理心理形成的应激-素质模式（stress-diathesis models）认为，具有易感气质的父母，会因为 ADHD 儿童不同寻常的行为表现而导致其养育能力下降，而 ADHD 儿童就更易形成不良的社会行为，所以具有高神经质人格特征的父母可能会促进 ADHD 儿童不良行为的形成。另外，还有研究发现父母有焦虑或者抑郁障碍可能会诱发 ADHD 儿童的对立、攻击等不良行为。

关于儿童不良行为形成的心理机制的研究，主要是从家庭成员之间的互动方面来讨论儿童的攻击行为。家庭教育中的正强化和负强化都会导致儿童不良行为的进一步发展与恶化。比如，儿童出现了某种不良行为，但是这种行为给他们带来了父母和老师的关注，为了得到更多的关注，儿童反而会在今后增加此类行为，导致该不良行为的加重，这就是正强化。当儿童表现出某种不良行为后，父母对其进行责备和惩罚，但又被儿童的执意不服从而激怒，导致父母情绪失控对儿童采取了一些过激的惩罚行为，事后由于懊恼反而对儿童的不良行为给予了宽容，这也会使儿童在今后增加此类的不良行为，这就是负强化。

2）家庭因素

家庭因素主要包括家庭成员自身的因素和成员间相互影响的因素，家庭成员自身的因素，如不良的家庭环境、父母的不良嗜好以及精神病理等都会对 ADHD 产生影响。

Biederman 的研究指出，家庭中父母矛盾冲突的程度与 ADHD 的病理心理水平和社会功能缺陷有着明显的相关性。还有研究发现不良的家庭环境如父母离婚、亲人死亡、家庭气氛紧张、学习负担过重、父母或教师处理儿童问题不当等，也可引起“情境性活动过度”和注意力不集中，但这与 ADHD 是有区别的。

有资料表明，儿童发生 ADHD 与其双亲责任角色不当和养育方式失误有关。与正常儿童的父母相比，ADHD 儿童的父母有更多的酗酒、吸烟、药物滥用等情况。

另外，家庭成员的健康情况，父母是否有精神病史、酒精和药物依赖等因素都与儿童的 ADHD 有关。事实上，很多 ADHD 儿童的父母自身也存在一定程度的情绪和行为问题，他们与孩子的沟通方式过于简单刻板，缺少人情味，不能很好地把握尺度，这使得他们很容易陷入挫败的境地，感到灰心丧气，反而恶化了 ADHD 儿童的症状。

五、诊断方法

目前 ADHD 的诊断主要基于两个角度：一是依据行为症状学对 ADHD 的外在行为表现进行诊断；二是在神经心理功能上考察 ADHD 的认知功能缺损，诊断工具中以 DSM-IV 和 CPT 为代表，它们分别从行为评估和神经心理测量的角度来检测儿童的注意缺陷多动障碍。但是两者也存在着差异：行为评定量表多以问卷形式出现，主要根据临床症状来评估 ADHD，具有很好的外在效度，但问卷评定带有很大的主观随意性，尤其是问卷的作答者多是家长和教师，评分者一致性信度难以保证；CPT 诊断的出发点是 ADHD 儿童存在特定的神经心理加工缺陷，如反应抑制，持续性注意等。这些内隐的认知缺陷是导致障碍的本质原因，直接评估儿童的认知加工能力，便可预测其行为表现。认知神经心理测查手段相比各种症状量表而言更少受到选择性偏差、晕轮效应和其他因素的影响，而且可以直接评定成绩，易于操作和评分，在时间上也相对稳定。在 ADHD 的临床工作中引入神经心理测查手段可辅助诊断，评定治疗效果，了解症状的变化。

（一）临床病史

要通过对父母或者主要监护人以及教师和同伴的详细访谈来获得相关的信息，作为诊断的依据。

与家长进行深入的交谈，就一些重要问题进行交流。

了解儿童的家庭背景，包括父母的经济状况、受教育水平、职业、对儿童的教养方式、家庭关系等。

提供能够证明儿童有 ADHD 症状的具体事例。比如，儿童在课堂上或是写作业时怎样表现？从什么时候开始有注意力缺陷方面的问题？具体的事例能够使我们对儿童的症状有更客观的评价，避免家长或老师的主观片面看法影响对儿童的诊断。

对 ADHD 的所有症状进行全面的了解。家长往往容易只报告他所关注的症状表现而忽视了 ADHD 的其他主要症状，所以诊断者应该主动询问该儿童的其他人际关系和情绪等方面的问题来获得更全面的资料。

了解疾病的发生和发展过程，包括儿童发病的年龄、致病原因、受哪些因素影响，以及目前的发展状态等。

探索是否存在其他的相关障碍。儿童 ADHD 是会和很多障碍伴随出现的，诊断者应该深入了解儿童是否同时患有其他障碍，比如，逃学、旷课、攻击行为，对儿童的障碍进行全面的评估。

（二）心理评定

对儿童诊断还要进行一些心理评定，主要包括以下几个方面：神经生理检测、行为检查和心理测验。

1. 神经生理检测

神经生理检测是直接检测神经系统的整体生理机能。最常见的测量方法是脑电图，它多用于对多动症的检测。除此之外，还有脑诱发电位和影像学检测等。

由于长久以来认为多动症与轻微脑功能失调（MBD）相关，所以多数检测方法是针对 MBD，特别是神经系统检查和脑电图，但这些方法都有一定局限性。针对所有的病例，检测特殊行为和儿童之间的相互反应才有重要价值。

2. 行为检查

行为检查主要是根据个体的典型外部行为表现以判定其是否属于 ADHD，通常通过行为检测表来完成。

巴克利（R. A. Barkley）推荐了一种注意缺陷多动障碍的检测方法，这种方法主要包括三个内容：与儿童、父母和教师会谈；行为量表；直接观察检测。

与儿童的会谈，包括非正式的行为观察，主要是强调儿童与父母以及同伴之间的相互反应。巴克利相信，建立这种亲密联系和详细记录生理、认知、行为的特性是有益的。与父母及教师的会谈也是强调社会化相互反应。

行为量表中比较常用的是康纳斯行为检查表和阿肯巴赫儿童行为检测表（CBCL）。

六、干预策略

（一）药物治疗

药物可改善注意缺陷，降低活动水平，在一定程度上能提高学习成绩，短期内改善患者与家庭成员的关系，但是药物并不能最终提高个体的学习成绩。在使用药物治疗中，特别需要注意的是要在医生的指导下进行。目前治疗 ADHD 的药物有精神兴奋剂和受体激动剂。精神兴奋剂主要有哌甲酯 Methylphenidate（利他林 Ritalin）、苯异妥因 Phenoxazole（匹莫林 Pemoline）和苯丙胺（Amphetamine）等；受体激动剂有可乐定（Clonidine）、三环类抗抑郁药及其他药物。

但要注意的是，药物治疗并不能最终改善ADHD患者的症状，因此药物治疗需要辅助其他治疗方法。

（二）心理治疗

我们通常采用解释、鼓励、安慰、暗示等方法，与患有注意缺陷多动障碍的青少年和家长进行思想交流，帮助他们分析原因并提供相应的对策。心理支持对改善患儿情绪障碍、自尊心不足和人际关系紧张等症状都有帮助。

关于注意缺陷多动障碍患者的心理治疗主要有行为治疗和认知行为治疗两种方式。患者通常缺乏恰当的社会交往技能，如不知怎样去发起、维持和结束人与人之间的交流过程，同伴关系不良，对别人有攻击性语言和行为，自我控制能力差等。心理治疗不在于治愈ADHD的核心缺陷，而在于处理上述这些情绪和行为的问题。

行为治疗利用操作性条件反射的原理及时对患者的行为予以正性或负性强化，使患者学会适当的社交技能，用新的有效的行为来替代不适当的行为模式。行为治疗的具体方法主要包括正强化法、负强化法、游戏法、代币法、角色扮演法等。

具体以某一个ADHD儿童行为缺陷进行行为治疗为例。

小强，8岁，小学三年级的学生，据老师反映，小强平时情绪很不稳定、性情暴躁、情感多变，经常与教师和家长对立，因而遭到人们的批评和斥责，使得他常常以粗暴的行为发泄自己受到的压抑、烦躁、不满的情绪，比如乱扔东西，破坏公共财物，与同学打架等。另外，小强上课总是无法安静，经常离开座位，大声说话扰乱课堂，学习成绩在班上排倒数。老师和家长对他都很头疼，但是又无计可施。

针对小强的具体情况，我们采取了一系列的行为治疗方法：

正强化法是通过表扬、赞许、奖赏等方式使ADHD患者良好的行为得以持续。在应用此法前应先确定要求患者应改变的靶行为（不良行为）和需建立的适宜行为。当患儿出现这种良好行为时立即给予正强化，使患儿感到欣快和满足（反馈）。

小强注意力集中困难，活动过多，动作协调性差，情绪冲动，这些他都能认识到，但总是反复，表现出自控力差，针对这些情况具体实施以下几种方法。

1. 代币制

为了强化他的良好行为，矫正不良行为，可以采用代币制的方法。首先，将他的不良行为表现列出表格，如上课离座行为，攻击性行为等。其次，与他协商制定规则。减少一项行为可得到一朵小黄花，五朵小黄花可换一朵小红花，两朵小红花可换一朵大红花，一朵大红花等于一个愿望，如到动物园玩，买新玩具等。当他达到一个容易达到的标准之后，就与其商定提高要求。经过采用这种正强化方式，小强的不良行为得到了明显的改善，他开始重视自己行为带来的后果。

2. 角色扮演法

角色扮演是指在不同情景下扮演角色身份的不同行为。每个人都在尝试学习某种社会角色，每一种角色都要求扮演者体验一定的情绪状态。在攻击性行为中，攻击者扮演着专制残暴的角色，被攻击者则体验着恐惧、逃避、愤恨、驯从，甚至悲伤、委屈的情感体验。我们让小强与平时受欺负的学生一道排演小品，剧情中包含着人际冲突的情节，弱小的同学充当主动打人的人，小强充当受辱者，要求小强细心体验角色要求，回忆自己被打后的表情和反应，并将之表现出来。经过这样的练习，小强学会了从挨打者的角度想问题，意识到了打架、骂人给他人造成的心理痛苦，从而抑制了自己的攻击性行为，逐渐减少了攻击性行为的次数。

（三）家长干预治疗——父母管理训练

鉴于学校辅导时间有限，而小强绝大部分时间与家人共处，为了取得更好的效果，我们与小强家长共同商定辅导计划，即采用父母管理训练方法对其进行治疗。该种方法的内容有：对家长提出建议，促使家长转变教育观念，帮助小强养成良好的生活习惯和学习习惯，对他微小的进步及时予以表扬、鼓励，使他建立信心，减少对小强不良行为的惩罚。

具体方法如下。

（1）制定时间表：不要因为假期就生活无规律。定个时间计划表，从早晨起床到晚上睡觉，每一小时都列入计划，包括家庭作业、户外活动，每天的作息和活动大致相同，规律而充实，按计划执行，不随意变动，如要变动需提前计划。

（2）养成使用记事本的习惯：如果要孩子做几件事情，就让他按顺序写下来，每做好一件就打个钩。前一晚将第二天要写的作业写下来，当天每完成一个作业就打个钩。外出游玩，提前让孩子计划并写下要准备带的东西，对照逐一准备并打钩。每天晚上，检查以上计划是否按时完成。

（3）每天管好每件东西：每日整理好自己的东西，每件东西物归其所，包括学习用品、衣物等东西，不要随意乱放。家长每天检查督促。

（4）适当安排家务和义务活动：培养孩子的责任心和能力。

（5）控制上网和玩电子游戏时间：除了假期作业，尽量多安排有意义的活动，减少孩子的无聊感，避免长时间依赖网络、电子游戏打发时间。

（6）与孩子一起进行娱乐活动和体育锻炼：在娱乐活动中放松心情，增进亲子关系；在体育锻炼中增加耐力，不要怕天热出汗；经常进行一些有规则的游戏活动，在快乐中学习遵守规则、控制冲动。切忌在这些活动中指责孩子。

（四）社会技能训练

许多资料表明，ADHD 儿童难以与同伴建立良好的社会关系，易受到同伴的拒绝和冷落，有的在交往行为方面有严重的困难，在执行恰当的社会行为方面也存在严重的问题。

社会技能训练就是要改善 ADHD 儿童与同伴的关系，教会他们与同伴及成年人相处的技能。社会技能训练多以培训班的形式进行，也可个别训练，培训内容包括会谈技能、与他人分享信息和提问的技能、加入到小组中的技能、如何交朋友并维持友谊的技能、劝说别人及协商的技能、采取中性或幽默的方式对待别人戏弄的技能，以及如何与成人相处等。

培训方法多种多样，可采取演讲、角色扮演、观看录像带等，其中行为练习尤其重要，培训人员不直接参与孩子的扮演，而是观察，给予口头表扬或代用币奖励，对破坏性行为给予惩罚，每次培训结束可留家庭作业。一般每周一次，需三个月或更长时间。

（五）效果不明疗法

目前除了药物疗法和心理疗法在治疗 ADHD 儿童症状中取得明显效果外，还有其他的疗法也取得了效果，如脑电生物反馈训练、感觉统合训练、饮食治疗等。这些疗法的缺陷是效果不明显，还有待发展。

1. 脑电生物反馈训练

生物反馈系统，是应用操作性条件反射原理，以生物反馈治疗仪为手段，通过训练选择性地强化某一或某几个频段的生理波以达到预期目的。

脑电生物反馈训练主要是采用电子仪器准确测定神经-肌肉和自主神经系统正常和异常的物理电信号，这些生理电信号能反映人体的生理和心理状况，生物反馈设备把这些生理电信号选择性地放大成听觉或视觉信号，然后反馈给注意缺陷多动障碍儿童。专业人员通过一系列的训练和治疗步骤，帮助注意缺陷多动障碍儿童逐步了解原来他不能感知的肌体状况的变化过程，学会自我调节内部的心理生理变化，达到治疗和预防注意缺陷多动障碍的目的。

2. 感觉统合训练

感觉统合是指人脑对各种感官传来的感觉信息（主要是视觉、听觉、前庭觉、本体感觉、触觉等）进行组织统合，并作出相应的反应，使人体各部分能够协调工作，并完成复杂的学习任务。感觉统合失调的儿童常常会表现出注意力不集中、好动不安、学习困难等。

感觉统合训练通过包含前庭、本体感觉及触觉等刺激的全身运动项目引导儿童对于刺激作出适当反应，其目的不在于训练运动技能，而是改善脑处理和组织感觉信息的能力，即感觉统合能力，从而达到治疗效果。感觉统合训练在治疗 ADHD 儿童中，不仅能改善 ADHD 儿童注意力、多动和运动协调能力，还能提高其言语能力、记忆能力、推理能力和学习成绩。在一般情况下，感觉统合训练既可单独使用，也可与其他治疗方法联合应用。

3. 饮食治疗

儿科中心专家蒋燕清介绍注意缺陷多动障碍发病与儿童饮食中所含氨基酸多少有关。儿童摄入含有过多酪氨酸或色氨酸食物，如驴肉、猪肉松、鸭掌、鱼片、淡菜、干贝、奶酪、腐竹、豆腐皮、南瓜子仁等，可能导致注意缺陷多动障碍。另外，国际上也有部分学者认为此病与儿童进食甜食过多有关。糖摄入过多，往往能引起机体内分泌系统功能紊乱，儿童则可能出现注意缺陷多动障碍。某些含有甲基水杨酸盐类的食物，亦不适合注意缺陷多动障碍儿童食用。

为改善注意缺陷多动障碍儿童的症状，应帮助儿童克服偏食和挑食的习惯，其膳食应粗粮与细粮结合，荤菜与蔬菜、水果搭配，减少儿童的食糖量，含甲基水杨酸盐类较高的苹果、橘子、西红柿等水果，也不宜多食用。

第四节　品行障碍

一、品行障碍的界定

儿童和青少年品行障碍是一种发展性障碍，如果不能及时得到有效的干预，很可能发展成为青少年犯罪。1989 年，我国制定的《中国精神疾病分类方案与诊断标准》第二版（CCMD-II）提出：品行障碍是 18 岁以下青少年或儿童反复出现违反与年龄相应的社会道德准则或纪律、侵犯他人或公共利益的行为，包括反社会性、攻击性或对抗性行为。

美国心理学会（APA）将品行障碍界定为：在儿童和青少年时期出现的反复而持久的攻击性和反社会行为，该行为侵犯他人的基本权利，并违反相应年龄的社会标准和规范。主要表现为攻击他人、破坏、偷窃、逃学、离家出走等品行问题。

综上所述，对品行障碍的界定的共识：一是品行障碍是一种问题行为；二是发病对象是

18 岁以下的青少年（儿童和青少年）；三是这种问题行为是与社会规范和社会基本准则相违背的，是个体社会化不良的结果。

二、品行障碍的诊断

根据 DSM-IV-TR 对品行障碍的诊断标准，其主要特征有：一种重复的和持续的、违反他人的基本权利或违反与其年龄相适合的重要社会标准或规则的行为模式，有证据表明，在过去 12 个月中出现以下标准中的至少 3 项，而在过去 6 个月内至少出现其中 1 项。

对人和动物的攻击：

（1）经常不顾父母的反对在外过夜，在 13 岁前开始。

（2）住在父母或父母的代理人家中的时候，曾经至少两次离家出走，在外过夜（或者曾有一次离家出走，很长时间没有返回）。

（3）经常逃学，在 13 岁前就开始。

（4）曾经偷窃价值不菲的物品，而没有面对受害者。

严重违反规定：

（5）曾经破门而入他人的房子、建筑物或者汽车。

（6）使用能导致他人严重身体伤害的武器。

（7）曾对他人身体进行残害。

（8）曾对动物身体进行残害。

（9）强迫他人进行性行为。

破坏行为：

（10）故意破坏他人的财产（除了纵火）。

欺骗或行窃：

（11）经常撒谎以骗取物品或好处而不履行义务。

（12）曾面对受害者进行偷窃或者抢劫。

（13）故意纵火，目的是造成严重危害。

（14）经常打架。

（15）经常欺负、威胁或恐吓他人。

三、品行障碍的治疗

儿童和青少年的品行障碍已经成为一大社会问题，对其进行干预治疗，成为社会、学校和家庭的迫切任务。

对儿童和青少年品行障碍的治疗方法有药物治疗、心理治疗、父母管理训练和多系统治疗。

（一）药物治疗

目前，有许多药物用于治疗品行障碍儿童和青少年的冲动和攻击症状，药物包括抗精神病药物、锂盐、抗惊厥药物和兴奋剂。但是，目前还没有一种药物能有效地治疗儿童的品行障碍，药物治疗主要是用来处理其他伴随症状的。如利用利他林等中枢兴奋剂治疗伴随的多动行为，用碳酸锂治疗情感症状，用三环类抗抑郁剂治疗抑郁症状等。氟哌啶醇、碳酸锂和心得安等药物对抑制攻击性行为有一定的效果。

用药物治疗攻击症状能够减少攻击和破坏行为，但是它对隐蔽症状帮助不大。药物治疗在治疗品行障碍有其优势的同时，也存在诸多弊端。因为在治疗品行障碍中，除了使用药物，还需要结合其他的治疗方法，如心理治疗、父母管理训练等。

（二）心理治疗

品行障碍的心理治疗方法有很多，如行为矫正、认知行为治疗、自我控制法等，其中最常用的是行为矫正。

行为矫正是一种常用的矫治方法，具体的操作方法如前所述。

（三）父母管理训练

父母管理训练的理论假设是：不良的亲子相互作用是儿童不良行为发生和持续的部分原因。因此，改变父母与儿童之间的互动方式就可能改善儿童的不良行为。PMT 对 12 岁以下的儿童最为有效。PMT 的目标就是让家长学会一些特定的新技能。PMT 的方法有很多种，但是它们具有一些共同的特点，见资料窗二。

（四）多系统治疗

多系统治疗（multisystemtic treatment，MST）已广泛应用于治疗儿童和青少年的严重反社会行为。它是一种强调社会相互影响的家庭系统治疗方法。MST 认为，儿童品行问题是一个社会系统网络功能，这个网络包括家庭、学校、邻近社区以及法院和青少年服务机构。品行障碍是在一个较大的网络系统中形成的，如家庭因素、个体、同龄人关系、学校环境和社区环境。治疗的开展需要涉及所有家庭成员、学校人员、同龄伙伴、负责青少年的司法人员，以及与这个儿童有关的其他人。MST 有时间限制，一般为 3～5 个月。

在实施 MST 时，需要注意以下原则：

原则一，治疗接触应该强调积极的方面，干预应使用系统的力量作为改变的杠杆。

原则二，干预的设计应能促进负责任的行为，减少不负责任的行为。

原则三，干预的设计应该能促进治疗的泛化，应能促进治疗改变的长期维持。

原则四，干预应该对发展是恰当的，应该适合青少年的发展需要。

原则五，评估的目的是理解被确认的问题和它们的广阔背景之间的“吻合”。

原则六，干预应该是以当下为焦点，以行为为导向的，目标是特殊的且定义明确的问题。

原则七，干预应该将焦点集中于多系统内部或者系统之间的行为的相互作用上。

原则八，干预需要家庭成员每日和每周都要努力。

原则九，干预成果的评估应该是多方面的和持续的。

第五节　天才儿童

一、定义

天才儿童又称为神童、超常儿童、高天资儿童。一般认为，与具有相同经验的、处于同一环境中的同龄人相比，天才儿童智力优异、创造力非凡、有着杰出的特殊才能。有些学者在关注天才儿童的人格特征后发现，天才儿童有奉献精神，有高度的工作责任心。事实上，对天才儿童的理解存在相当大的地域差异性。而且，不同文化背景下的天才的表现形式是不同的。例如，美国的非洲裔天才表现在口语表达方面，能进行精彩的演讲，讲故事富有创造性，或者具有幽默感（Torrance，1989）；美国本土的天才表现在人际交往方面，对别人的情感很敏感，或者能够有效地调解各种不同的意见。即使处于同一社会文化中，天才也存在个体差异性。有的天才儿童行为表现良好，而有的言语表现优异（Kerr，1997）。

二、类型

根据天才儿童的潜能、成就与行为特征，目前一般把天才儿童分为六种类型。

1. 智力型

这类天才儿童主要表现为高智商。不管采用哪种智力测量量表，他们的IQ分数都远远高于常人。

2. 学术型

这类天才儿童主要表现为一门或几门课程的学习成绩特别优秀。他们拒绝重复练习拼写和数学常识，经过最少次数的练习和重复就能快速地、准确地、独立地学习、理解与学业有关的各类问题。而且，他们更容易将所学到的东西迁移到新的情境中。他们还喜欢挑战，对事物探索更深，提出的质疑更多，想知道事物为什么是这样以及如何是这样的。特别是在面对他们感兴趣的问题时，他们下的工夫更多。事实上，他们把学习当作一种享受，对自身的进步很感兴趣，即使遭遇失败，也不轻易沮丧和放弃。可以说，他们是真正的“自我实现者”。

具体到某一学科领域，这类天才儿童有数学天才、物理天才、下棋天才、阅读天才、写作天才、辩论天才等。

3. 领导型

这类天才儿童主要表现出很好的领导者素质和潜能。他们很自信，具有远大的志向和强烈的责任感。他们喜欢和别人交流，也善于和别人交流，能流畅简明地表达自我。他们关心别人，特别能站在别人的立场思考问题，懂得激励别人，受到同伴群体的喜欢。在课外活动中，他们喜欢冒险，表现得特别活跃，但又能很好地进行自我控制。他们组织能力强，调解能力强，感召力强，能够联合其他人共同完成一项任务。而且在这个过程中，他们喜欢提出解决问题的建议，在做决定的过程中能很好地综合来自不同渠道的信息而作出判断，能预见决定的结果和影响，表现出很强的分析判断能力和决策能力。

4. 创造型

这类天才儿童主要表现为创造力强，思维具有流畅性、灵活性和新颖性等。他们对原因、未来和未知事物具有高度发展的好奇心，有着良好的生动的想象力，不盲从固有的思维方式或观点，对事物、关系和意义等有各种各样的、新奇的理解和观点（如表现为有一种真正的滑稽的幽默感），而且在单位时间内比常人产生更多的观点。他们喜欢新的规则，能用多种优良而不平常的方法与观念解决问题。他们对新情景的预测能力较强，能开拓新的思维空间。有时候，他们还能创造出新的模糊的系统和代码。

5. 运动型

这类天才儿童的形象思维和运动记忆能力强，反应灵活，身体协调能力强，模仿能力强，擅长一种甚至多种体育运动、杂技表演、舞蹈等。经过良好的教育和训练，他们可以成为优秀的运动员、杂技演员、舞蹈家等。

6. 艺术型

这类天才儿童在音乐、戏剧、绘画、雕塑、手工等方面有很高的艺术天资和素养，并且可能创造出新的技术。音乐天才主要表现在：声线佳，歌声动听；能够发觉音乐走调和拍子错误；擅长记忆歌曲的旋律；说话时很有节奏感；擅长弹奏乐器；会无意识地自己哼唱曲调；对外来噪声很敏感；经常在桌子上打拍子。

音乐天才的鉴定可以依靠一些测试量表，如西肖尔音乐资质测试量表、阿里弗内斯音乐资质测试量表等。

由此可见，不同类型的天才儿童具有不同的天资和潜能，但我们可能看到同一个天才儿童身上兼有不同类型的特征。

三、天才儿童的特征

1. 认知特征

跨文化的研究表明，天才儿童的一般认知能力高，主要表现在以下几个方面。

（1）感知觉特征：天才儿童感知敏锐，观察力强。

（2）注意特征：天才儿童注意范围广，注意力集中。

（3）记忆特征：天才儿童记忆力强，记忆容量大，记忆速度快，擅长记忆人名、地点、日期或其他琐事，记忆组织能力和记忆控制能力强。

（4）思维特征：天才儿童思维敏捷，逻辑性强；思维方式抽象化，理解能力强；类比推理、创造性思维发展好，而且随着年龄增长呈现上升趋势。

（5）语言发展特征：天才儿童说话技巧运用成熟，表达力强，擅长讲故事或笑话；喜欢阅读，写作能力强。

2. 人格特征

天才儿童独立性强、自尊心强。他们有更高的追求，对自己要求严格，为自己设置高标准；他们求知欲强烈，极其主动地进行学习，在面对具有挑战性的任务时表现出高动机；他们难以遵从别人的想法；他们十分注重内省，清楚了解自己的优缺点和感受，能从成败中得到经验教训，具有积极的自我概念和明确的人生目标；他们可能在很小的时候，就关注与价值、伦理或公正相关的问题（如种族战争），对于不公平的事件，他们会感到很沮丧。

3. 情绪特征

大多数天才儿童拥有愉快的心境，而且情绪较为稳定，不容易因失败而灰心丧气。个别天才儿童在过高的社会期望面前倍感压力，而表现出焦虑、急躁、烦恼等情绪。

天才儿童的优点有时候会变成不足：天才儿童倾向于“完美主义”，容易过度自责和埋怨别人；他们爱挑战别人的观点，容易与人发生冲突；他们过于考虑自己的内心感受，变得固执、自私；他们关注太多难题，对世界、对未来充满不安和恐惧；他们想法太大，而缺乏实现的资源，导致他们很容易泄气；他们过于敏感，表现得过分紧张、忧虑；他们的过于优异容易使他们自己变得自负，导致别人远离他们，因而变得孤独抑郁。这些缺点会影响他们的超常发展。值得注意的是，天才儿童也可能有某一方面的残疾。有些天才儿童表现出学习困难、注意缺陷多动障碍、情绪或行为障碍，生理缺陷（Brown-Mizuno，1990；Hettinger and Knapp，2001）。

四、天才儿童产生的原因

天才儿童的天分是天生的还是后天培养出来的？这个问题引起的争论从未停止。最早对各个领域的名人进行家谱研究的英国心理学家高尔顿（Galton）在《遗传的天才》中指出，天才是由遗传决定的。尼克尔（Nichols，1965）认为遗传因素是影响智力超常的主要因素之一，并不否认环境因素对天才儿童发展的影响。

目前大多数研究者都认同天才是遗传特质与后天环境教养共同作用的结果。在遗传的作用方面，Plomin（1997）发现，人群中个体的智商差异大约有一半是由于基因差异引起的，据推测，很可能天才儿童的脑部形状和功能与正常智力的儿童不同。在环境的作用方面，Morelock 和 Feldman（1997）发现，天才儿童的家人能认识到他的才能，并且悉心培养这种才能；天才儿童的教师在某一领域的知识渊博，教育出色，满怀热诚地把知识传授给学生。

五、评估

天才儿童的发展过程不一定呈现出一致性，这使得天才儿童的评估这项工作充满了挑战性。现在一般采用多种鉴别方法相结合的方法来评估天才儿童。应该从量和质方面对天才儿童进行评估，既要重视儿童的反应结果，也要重视其反应过程、方式和特点。

1. 评估的内容

评估的内容包括智力、创造力、学业成就、特殊能力、个性特征、日常行为、家族史和学生背景等。

2. 评估的程序和方法

1）筛查，确定评估对象

（1）团体智力测验：智商大于 130。

（2）团体成就测验：在测验的一个或多个领域的表现高于平均水平（筛查的最低智商分为 115）。

2）提名

提名包括教师提名、家长提名、同伴提名、自我提名等内容。

3）评估

（1）个别智力评估。智商高于平均值两个标准差以上，一般大于或等于 130，或处于全体的前端 2%～3%的水平。常见的智力测验有：《韦氏智力儿童量表》、《中国-比内智力量表》、《比内-西蒙智力量表》、《斯坦福-比内智力量表》。1994 年，马克尔（Maker）、尼尔森（Nielson）、罗杰斯（Rogers）在加德纳的多元智力理论的基础上设计了新的智力评估工具——DISCOVER 评估（Discovering Intellectual Strengths and Capabilities Through Observation while Allowing for Valid Ethnic Response）。在评估过程中，评估者会把学生的行为记录在一张核对表上。我国研究者编制了鉴别超常儿童认知能力测验，包括四个分测验：类比推理测验、创造性思维测验、感知观察力测验和记忆测验。该测验在鉴别学前和小学年龄段的超常儿童时更为有效（查子秀，1990）。

（2）学业成就评估。学业成就评估包括学习成果评估和学习过程评估。对天才儿童的学习成果评估指通过一些统一考试测验和学科测验等标准化的测试，其在一个或多个领域的测验成绩是否处于全体的前端2%～3%的水平。对学生而言，学习成果评估可以帮助他们记录自己的整个发展情况，在与别人竞争以及自己竞争的过程中不断进步。对老师而言，学习成果评估不仅有助于老师了解学生的学习情况，而且可以反映老师的教学情况，老师可以及时有效地调整教学模式。学习过程评估的表现形式之一，是老师检查学生的家庭作业。在这个过程中，老师记录下学生在问题解决中表现出的优势和弱点，然后在开家长会的时候将学生的这些信息传达给学生的父母。反思评估是学习过程评估的另一种表现形式，其评估主体是学生本人。反思评估的一种有效的方法被认为是运用“教学评分指导”。老师应该帮助学生设计并使用他们自己的评分指导。

(3) 特殊能力评估。对于涉及音乐、绘画、舞蹈、表演、运动、领导力等方面的能力，由特定领域内的专家通过对学生行为或其作品、奖项进行共同观察和集体评分的方法来进行评定。

(4) 创造力评估。学生在创造力测验中取得高分，或经过专家评定，学生的作品表现出非凡的创造力。最普遍的创造力测验是发散性思维测验，如托兰斯创造性思维测验(Torrance Tests of Creative Thinking，TTCT)，该测验评估两个方面的创造力：词语创造性思维和图片创造性思维。前者评估的是学生言语部分的创造力，评分标准是流畅性、原创性、灵活性，适用于四年级学生到研究生；后者评估的是学生的形象和空间的创造力，适用于幼儿园学生到研究生。这两者的施测方式既可以是团体施测，也可以是个别施测。在施测要求方面，对学生的速度没有限制。

(5) 天才特征核对表。主要测量学生的人格或非智力特征。由他人根据平时的观察进行评分，探查学生的分数是否达到该核对表认定的天才的水平。

需要指出的是，以上方法主要关注于高智力天才儿童，事实上，有很多天资优异的儿童，在智力测量中表现并不是非常出色，但是依然属于超常儿童。

(6) 委员会(非歧视评估小组)鉴定，确定学生是否为天才儿童，并制订个性化教育计划。

六、教育安置和教学策略

关于天才儿童的教育，人们曾经持有这样一种观念：天才儿童的发展是天生的，他们能轻易地解决各种问题，所以并不需要除普通教育之外的社会帮助。而事实是，许多有资格接受特殊教育服务的学生都退学了。然后人们越来越普遍地意识到，天才学生需要特殊教育服务。因为普通的课堂知识已经满足不了他们的求知需要，教学进度对他们而言是太缓慢的，这无疑会降低天才儿童的学习兴趣，他们可能在课堂上捣乱、发呆或者逃课。更重要的是，普通的课堂教学不利于天才儿童在最近发展区内的发展。

(一) 教育安置方式

1. 特殊学校

特殊学校专门为天才学生而设。不同的特殊学校侧重于不同的学科领域，师资和学生的发展方向相当集中。但在讲求才能多元化的现代，特殊学校要谨慎地对自身发展进行计划，应该争取高效率培养出各类人才，而不是充当“精英教育”的角色。

2. 普通学校的特殊教室

天才学生和普通学生在同一所学校，只是天才学生被分离出来，被安置在专门为天才学生而设的特殊教室。这样，天才学生就能得到充分的关注和系统的指导，其能力和教学方式也能实现最有效的匹配。中国科学技术大学的少年班就属于这种教育安置方式。

3. 普通学校的资源教室

天才儿童有一部分时间参加普通教室的课程，有一部分时间参加资源教室的课程。资源教室既具备了特殊教室的优点，又避免了与普通学生的完全隔离，被认为是安置天才儿童的最佳选择。当然，这种安置方式也是有缺点的。从教师方面来看，普通教室的教师可能会感到天才学生的离开破坏了他的教学计划；从天才学生方面来看，天才学生在普通教室时可能会感到自己与其他学生不同；从普通学生方面来看，普通学生可能因为学校依据能力区别对待学生而感到不满。

4. 普通学校的普通教室

大多数的天才儿童被安置在普通教室，与普通学生一起学习，这种教育模式称为全纳教育。如约瑟夫·朱文利（Renzulli，1998）创立的“全校性充实模式”。在这种安置方式中，存在着天才教育者这样一种人物。天才教育者为普通教师提供教学咨询，并与普通教师合作，共同制定各种课程目标、课程计划和多层次的课程内容，有时候还面向全班授课。

目前，全纳教育受到越来越多的关注，而且赞成和反对的声音都很大。反对者认为全纳教育会否定天才学生教育的质量，他们质疑天才学生能否在普通班级得到足够的帮助从而发展他们的优势。还有反对者认为把天才学生安置在普通教室体现了一种观念：天才学生可以自己成长，而这种观念会导致大家对天才学生采取忽略、漠视的态度。而且，有许多学校并没有配备天才教育者这样的教育资源。但不可否认的是，这种安置方式的优点在于，各能力水平的学生都有机会接触多层次的课程内容，有助于学生在其资质优异方面的潜能得到充分的发展，促使全班共同进步。

（二）教学策略

1. 丰富学习内容

课内课程除了包括常规课程，还应该包括研究技能（使用参考文献、图书馆、博物馆、戏剧档案等，信息收集和数据收集，报道研究结果）、电脑使用技能、快速阅读、外语（至少一门）、人际交往技能和情感发展等成人指导的课程。课外课程可以在寒暑假开展，内容精深，涉及特定领域的知识、艺术或文化事件，如环境研究、空间研究、航空研究等自我指导的研究。还可以让天才学生参与跨国的学习计划，让天才学生在更长的时间跨度内、更广的区域空间内利用全球数据进行深入的思考，与不同文化的人在不同学科、不同知识和技能领域内互相交流与分享，并在这个过程中学会独立。

2. 改变学习环境

学习环境包括物质性的环境和教师创造的学习氛围。教师应该建立一个积极的开放的学习环境，争取家庭和社区的合作和支持，及时鼓励他们，提高他们的自尊。同时，要为天才学生提供更多的外部资源，如大学教授、政府官员、私营企业主、社区的志愿者群体、剧院工作人员等，让更多的大学、商业机构和社会机构等进入学校开展各种专题讲座，从而为天才学生发展他们的独特才干提供舞台。

3. 改变学习成效的检验方式

可以布置个性化的作业。这种个性化不仅表现在天才学生和普通学生的作业不同，而且表现在不同领域的天才儿童的作业也不同。也可以提高检验标准，即设立更高水平的目标。

4. 改变学习方式

改变学习方式包括独立研究、合作学习、基于问题的学习、同伴教学、模拟等。独立研究强调培养天才学生的独立思考、独立操作等独立学习能力，特别适合应用于天才学生所感兴趣的课题上。当然，让天才学生独立研究并不意味着对他们采取完全不管的方式，而是应该向他们传授有效使用时间和资源的研究技巧，较早地将他们引进研究领域，接触研究课题，掌握研究的原理和方法。合作学习是指让具有相同或相似兴趣的天才学生组织成学习小组。这样做的好处是，天才学生不仅在学习上，而且在社交上能从中收益。基于问题的学习是指用问题激发学生的好奇心，使他们进入该学科各种问题的学习。这种学习方式可以让学生准备好批判性思维和分析性思维，从而发现并使用恰当的学习资源。模拟有助于学生学会灵活地运用知识解决实际问题。

5. 调整学习进度

一般而言，对天才儿童的学习进度的调整是“加速式”的，其形式包括提前入学、跳级、课程压缩、学科加速等。其中，课程压缩是指把标准课程压缩在较少的时间里完成，它有三个步骤：①评估目标内容领域；②决定要删除的内容；③用更恰当（更深、更复杂、更新颖）的内容代替。课程压缩在数学和自然学科上的应用特别能促进天才学生适应课程、发展课程。在加速学习进度这个过程中，要注意以天才儿童的学习能力和效率为依据。

一些人担心让学生跳级和年龄比他大的学生一起学习会对其社会性发展造成影响，如适应不良，从而对其学习间接产生不良影响。其实，如果天才学生配合，而且加速得当的话，天才学生几乎不会存在社会化及情绪问题。至于是否加速，关键的问题是探讨和确定具备怎样条件的天才学生适合加速式的学习进度。

6. 其他教学策略

在教学实施方面，天才学生可以从不同的教学形式中获益，教师既可以运用其中一种教学方法，也可以联合使用这些方法。无论用哪种方法，都要给予天才学生足够的机会来展示他们的特殊才能，如举办各种比赛（写作比赛、计算比赛、历史知识比赛、发明比赛等）。由于每个天才学生之间也存在个体差异性，所以要对天才学生进行兴趣和学习风格评估，实现个别化教学。个别化教育计划应该由老师、学生父母和天才教育者根据学生的心理特点和学习状况来进行制订，其内容包括学生的受教育水平、短期学习目标和长远学习目标、计划实施的开始日期和持续时间，以及相应的评估计划等。

在课程设置方面，课程既要考虑到天才儿童所擅长的领域的特殊性，又要考虑他们与普通学生的相同点。

此外，为天才学生提供咨询服务也是必需的，因为天才学生的社会公正感不断加强，对他们的需要的认识不断深化，他们比同伴感到更多的困惑。

第六节　智力缺陷儿童

一、定义

智力缺陷又称为智力落后、智力迟滞、智力残疾、精神发育不全，指发生在智力发育期间（一般是 18 岁以前）以一般认知能力明显低于平均发展水平以及两种或两种以上适应技能发展滞后为主要特征的一种障碍。智力落后者需要特定的支持性系统（与个人需要相匹配的一系列相关服务和设施）已使他们的功能发挥作用。经过一段时间适当的支持性服务，智力落后者的生活能力能够得到普遍的改善。即便如此，绝大多数人的整个一生可能都会受到智力落后的影响。

需要说明的是，有些智力落后者的智力缺陷是在智力发育成熟以后由于各种有害的因素所导致的。这类智力落后者不在讨论范围之内。

二、特征

1. 认知特征

智力缺陷儿童的一般认知能力明显低于平均智力发展水平，表现在感知觉、注意、记忆、思维、语言发展等方面。

1）感知觉特征

（1）智力缺陷儿童知觉速度慢，把事物认出来所需的时间比正常儿童长得多。知觉速度慢导致的结果是知觉容量小，即智力缺陷儿童在瞬间发现的事物数量要比正常儿童小得多，容易遗失重要信息。

（2）智力缺陷儿童感知积极性缺乏，不愿意仔细观察事物的各个部分和各种特征，无法发现事物的变化（如物体的旋转）。

（3）智力缺陷儿童不善于识图，他们无法正确地辨别人的面部表情，无法分清近景和远景。此外，智力缺陷儿童很难看出物体之间的关系，也很难看出同一物体各因素之间的联系。如他们很难把未完成的图形看成是一个完整的东西。

（4）智力缺陷儿童的绝对感受性低于正常儿童 。在视觉上，他们对物体形状、大小与颜色的精细辨认能力降低。在听觉上表现为，老师讲课要很大声才能让智力缺陷儿童听见。

（5）智力缺陷儿童知觉分化低，很难区分出相似的事物。视知觉分化低表现为，他们可能把指南针当成钟表。听知觉分化低表现为，在学汉语拼音时，他们经常混淆相似的音素和音节。

（6）智力缺陷儿童感知范围狭窄，感知的信息量少。

（7）智力缺陷儿童颜色视觉发展慢，到很大年龄还不能正确地辨别基本颜色，也说不出各种颜色的名称。即使经过对颜色的学习，智力落后儿童也很难在指着颜色的同时说出颜色的名称。

（8）智力缺陷儿童知觉恒常性比正常儿童差，把同一事物放在不同的环境背景中，他们很难把它认出来。

（9）智力缺陷儿童知觉组织能力落后。对图形整体知觉能力不足，不能很好地把部分合成整体。

2）注意特征

（1）智力缺陷儿童的注意力很难保持较长时间。

（2）智力缺陷儿童很难区分相关刺激和无关刺激，他们的注意焦点很难集中在关键的重要的学习任务上，而很容易转移到无关的事件上，表现出明显的注意力分散。

（3）智力缺陷儿童的注意力分配和转移比正常儿童差，很难完成边听边写的任务。

（4）无意注意在智力缺陷儿童的注意中占优势。

（5）智力缺陷儿童的注意范围狭窄。

(6) 智力缺陷的程度与上述注意缺陷的程度呈正相关。

3) 记忆特征

(1) 智力缺陷儿童不会自发地使用记忆策略（如复述和组织），仅停留在机械记忆层面上。

(2) 智力缺陷儿童记忆容量小，记忆缺乏目的性。

(3) 智力缺陷儿童记忆速度慢，记忆的保持存在困难且不稳定，回忆和再认容易出错。

4) 思维特征

(1) 智力缺陷儿童的思维缺乏独立性和批判性。表现为不善于独立思考，容易受暗示，很难提出新颖的见解，不善于发现问题和提出问题，特别是很难发现自己的错误。

(2) 智力缺陷儿童主要停留在直观形象思维上。他们只能理解事物具体的、非本质的表现特征，无法找出事物间的内在联系和规律性，概括能力低下。如在学习数学时，他们不能理解各种定理和法则的意义，虽然他们可能早已牢牢地记住了那些定理和法则。智力缺陷儿童概括能力低下意味着他们很难将他们在学校学到的知识应用到生活中去。

(3) 智力缺陷儿童的思维缺乏目的性和灵活性。表现为思考缺乏连贯性，容易偏离思考方向，不能依据不同问题的不同特点改变思考方式。

5) 语言发展特征

(1) 语言发展水平与智力缺陷程度有关，智力缺陷程度越重，语言发展水平越低。

(2) 智力缺陷儿童的词汇理解不充分，他们很难理解复杂句子，也说不出复杂句子，很少使用并列从属句，表达能力差。

(3) 智力缺陷儿童语言发展迟缓，到两三岁才开始说话，而且容易发音不准、吐词不清。

(4) 智力缺陷儿童词汇量少，很少使用形容词、动词和连接词。

2. 适应技能特征

智力缺损儿童的适应技能发展滞后，主要表现为在沟通、自我指引、自我料理、居家生活、社区运用、学科实用技能、社交技能、健康与安全、休闲和职业技能等方面存在缺损。其中，自我指导又称为自我决定，是一种与选择有关的技能，具体定义为个体依据自己的价值观念、爱好和才智过自己的生活，选择自己生活方式的能力（Agran，1997；Turnbull A P and Turnbull H R，1996；Wehmeyer，1999；Wehmeyer et al.，1998）。如确定目标和达到目标的技能、自我评估和强化的技能、积极归因和成果预期的技能等。学科实用技能指与学校学习和个人实际生活有直接关系的技能，如学习使用地图、学习找换钱币等。职业技能指在社区拥有一份全职或半职工作的技能。

适应技能发展滞后主要由智力落后导致，而非其他环境如文化、语言的差异或感官缺陷等所造成。此外，适应技能发展滞后也是受不良情绪、情感的影响的结果。值得一提的是，智力落后者并非在所有适应技能上都发展滞后，他们的某种特殊适应技能发展滞后往往伴随着其他适应技能的优势或者其他个人能力。此外，很多智力缺陷儿童在学习和与人相处时表现出坚忍的个性并积极地影响着周围的人。

3. 情绪、意志行为与人格特征

智力缺陷儿童的情绪、情感主要表现在：①情绪调节能力差；②具有病理性情感（易激怒、易冲动、情绪高涨、情感淡漠等）；③情感不稳定，体验不深刻、不协调；④高级情感

(义务感、责任感、自我牺牲精神等)发展迟缓。此外,有研究发现,智力缺陷男生比普通男生更加孤独(Williams and Asher,1992)。

三、智力缺陷的原因

智力缺陷的致病因素有很多,主要包括生物医学因素、社会心理因素(经济条件差、受虐等),以及上述两种因素的相互作用。其中,生物医学因素可以分为胎儿期的致病因素(如染色体异常等)、围产期的致病因素(如母亲贫血等)和出生后的致病因素(如头部损伤等)。

四、评估

1. 评估的内容

评估的内容包括适应行为评估、个别智力评估、临床评估等。

(1) 适应行为评估。学生在两个或两个以上的适应技能领域的测验分数低于平均值两个标准差以上。常见的适应行为量表有:《AAMR适应行为量表——学校版》、《威尼兰适应行为量表》、道尔的《文兰社会成熟量表》、韦小满修订的《儿童适应行为量表》、姚树桥和龚耀先修订的《儿童适应行为评定量表》等。任何一种适应行为量表都无法测得个体全部的适应行为,不同量表的侧重点可能有所不同。

(2) 个别智力评估。智商分数低于平均值两个标准差以上,一般等于或低于75或70,或处于全体的后端2%～3%的水平。常见的智力量表同天才儿童一节所述。

测验的结果还可以揭示智力缺陷的类别。依据智力缺陷的严重程度,美国智力不足协会(AAMD)把智力缺陷分为四类,如表7.2所示。

表7.2　AAMD对智力缺陷的分类

智力缺陷类型	IQ范围	
	韦氏智力量表	比内-西蒙量表
轻度智力缺陷	55～69	52～65
中度智力缺陷	40～54	36～51
重度智力缺陷	25～39	20～35
极重度智力缺陷	低于24	低于19

(3) 临床评估及其他。对智力缺损的评估,还要借助一些临床评定的信息。要了解母亲的妊娠史,儿童的生产史、成长发育史、疾病史、家族史,对学生进行全面检查,包括躯体检查、神经系统检查、精神状态检查、实验室检查(脑电图检查、CT检查、染色体检查、微量元素检查、血尿生化检查等)。

此外,对学生进行学业评估,看其是否成绩很差,在一门或多门课程上存在无法由文化或语言来解释的学习困难。

2. 评估的程序和方法

(1) 筛查,确定评估对象(18岁以前)。①团体成就测验:在测验中的表现明显不及同伴。②团体智力测验:分数低于平均值。可用的测验有图片词汇测验、丹弗发育筛选检查、画人测验等。

(2) 确定评估的具体内容和选择可靠的评估工具。

(3) 采取标准化的手段实施心理与教育评估，记录评估的过程。

(4) 结合访谈、临床观察和测试结果，综合评估，得出有价值的结果，并提出建议。

五、教育安置和教学策略

(一) 教育安置方式

智力缺陷儿童的教育安置方式与天才儿童相类似。一般来说，轻度和中度智力缺陷学生被安置在普通教室与普通学生一起学习，每班最多不超过3个智力缺陷学生；重度和极重度的智力缺陷学生被安置在特殊教室或特殊学校，每班最多不超过12人。智力缺陷学生在普通教室接受教育的程度应该由学生的个体需要所决定。

(二) 教学策略

对于教师而言，其基本教学原则是降低教学目标，积极强化，富有耐心和细心指导，个体化教学。一些具体的教学技巧如下。

1. 注意方面

(1) 在学生能够关注到与任务相关的特点时，及时给予强化，然后逐渐增加任务的难度和复杂性，继续训练学生对关键特点的捕捉能力。

(2) 在教学中要多提问、多提醒。

(3) 刺激物关键的重要的特点要明显（如提供线索词），而且要实时呈现。

(4) 训练学生的观察能力，使学生从静态的图片观察（如找出图片中的错误）、动态的操作性观察（如看图搭积木）逐渐发展到对答性的思维观察（根据实际观察来回答问题）。

2. 记忆方面

(1) 对知识和技能进行分步学习和重复学习（如老师可以为学生提供课外辅导）。

(2) 教授学生主动使用记忆策略，更多地培养他们的形象记忆、情绪记忆和运动记忆的能力。

3. 思维方面

(1) 教学最好在自然环境或近似真实的环境里进行，促进学生知识的保持和迁移，提高个体的概括能力。

(2) 运用直观教学手段，如多采用实物、图片、视频等开展教学。

(3) 多给他们提供指导（如实质性的指导、口头指导、录音指导、图画线索等）。

4. 语言发展方面

(1) 可以开展各种与智力缺陷儿童发展水平相适应的学习活动（如语言训练操、语言游戏等），帮助他们克服发音不准和吐词不清的问题，增加和丰富他们的词汇。

(2) 在成人和儿童之间、儿童和儿童之间开展各种交往活动。在家庭方面，家长要抽空和孩子一起玩、一起看书，带他们看电视、听广播，领他们外出游玩。在学校方面，要开展各种文化娱乐和竞赛活动，如开展小型运动会、美术竞赛、音乐竞赛等。在活动中，要注意两个方面：第一，鼓励学生提问题和寻求帮助。第二，成人说话要规范，语速要减慢，以便于让学生进行模仿。

5. 适应技能方面

(1) 提供交往技能的训练活动，帮助他们学习正确的交往方式（谈话时距离不能太近、与别人保持眼神交流、不打断别人说话等），从而学会建立人际关系。

（2）设置实用性课程，课程内容涉及学生独立活动所必需的知识和技能，既要符合学生的实际年龄和智力水平，也要符合学校的条件，并能满足学生将来的需求。

（3）提供自我管理技能的训练活动，如教师或班干部在课下帮助智力缺陷者学习日常生活技能，包括个人生活自理技能（如进食、大小便、衣着、个人卫生、睡眠等）、集体生活自理技能（如打扫卫生、值日等），以及与学习直接相关的技能（如遵守学校纪律、按时认真完成作业等）。

（4）鼓励他们参与到实践中，帮助他们学会获得职业信息等。

6. 情绪方面

（1）教授他们情绪调节策略，鼓励他们进行合理宣泄和抑制愤怒。

（2）老师和家长都要给予智力缺陷儿童更多的关爱。

（3）创造融合接纳的班级氛围，让他们充分地参与到教学活动中。

参考文献

埃里克·J. 马什，戴维·A. 沃尔夫 . 2009. 异常儿童心理 . 徐浙宁，苏雪云译 . 上海：上海人民出版社 .

艾里克·J. 马施，大卫·A. 沃尔夫 . 儿童异常心理学（第二版）. 孟宪璋等译 . 广州：暨南大学出版社 .

常桐善 . 2008. 建构主义教学与学习评估方法的探讨 . 高等发展与评估，24（3）：47-55.

陈传锋，陈文辉，董国军，等 . 2011. 中学生课业负担过重：程度、原因与对策——基于全国中学生学习状况与课业负担的调查 . 中国教育学刊，（7）：11-16.

陈筠，仇妙琴 . 2011. 学习动机内化研究综述——基于自我决定理论的视角 . 现代教育论丛，（12）：37-40.

陈琦，刘儒德 . 2007. 当代教育心理学 . 北京：北京师范大学出版社 .

陈琦，张建伟 . 1998. 建构主义学习观要义评析 . 华东师范大学学报（教育科学版），（1）：61-68.

陈英三 . 2009. 知觉动作训练理论与实际系列一 . 台南：台南大学出版社 .

陈子典 . 2004. 写作大要新编 . 广州：中山大学出版社 .

程刚，袁桂平 . 2005. 学习焦虑初探 . 沈阳师范大学学报，（6）：21-23.

戴斯等 . 认知过程的评估——智力的 PASS 理论 . 杨艳云，谭和平译 . 上海：华东师范大学出版社 .

丹尼尔·P. 哈拉汉，詹姆森·M. 考夫曼 . 异常儿童特殊教育导论 . 高卓，张葆华译 . 北京：华夏出版社 .

丁锦红，王丽燕 . 2006. 语音回路与阅读理解关系的眼动研究 . 心理学报，38（5）：694-701.

丁锦江，张钦，郭春彦 . 2010. 认知心理学 . 北京：中国人民大学出版社 .

董奇 . 1989. 论元认知 . 北京师范大学学报，（1）：68-74.

段蕙芬，蒋子诚 . 1998. 现代阅读心理研究的理论与模式 . 上海教育科研，（8）：41-43.

范兆兰 . 2009. 动态评估：一种能力评测的新视角 . 青岛大学师范学院学报，26（3）：30-35.

方俊明 . 2000. 今日学校中的特殊教育（上册）. 上海：华东师范大学出版社 .

方俊明 . 2005. 特殊教育学 . 北京：人民教育出版社 .

冯忠良 . 2008. 教育心理学 . 北京：人民教育出版社 .

高云 . 2011. 高中学生学习意志力不足的原因及对策 . 山东师范大学硕士学位论文 .

戈登·德莱顿，珍妮特·沃斯 . 1998. 学习的革命——通向 21 世纪的个人护照 . 上海：上海三联书店 .

顾凯 . 2004. 试论过程写作法 . 安徽大学学报，（6）：40-44.

顾瑞荣，王建伟，许静 . 1999.《学习的革命》导读与实践 . 北京：科学技术文献出版社 .

关宁宁，郭运芳 . 2010. 关注记忆力培养，学习工作助推力 . 社会心理科学，（9）：120-121.

郭英，周文静 . 2008. 近年来关于学习倦怠研究综述 . 教育学术月刊，（10）：17-20.

何小亚 . 2003. 数学学与教的心理学 . 广州：华南理工大学出版社 .

胡畏 . 1999. 亲和动机也是一种学习动力 . 成才，（11）：29.

黄进 . 2007. 过程写作在高中英语课堂教学中应用的行动研究 . 东北师范大学硕士学位论文 .

姜国权 . 2002. 图示理论指导下的 SQ3R 阅读教学法 . 呼兰师专学报，18（4）：38-40.

教育部高等教育司 . 2003. 学会学习：大学生学习引论 . 北京：教育科学出版社 .

金阿宁，南纪稳 . 2006. 关于中学生学习生活调查分析 . 现代中小学教育，148（6）：57-61.

景艳梅，路海东 . 2009. 自我解释与工作记忆对汉语阅读理解的影响 . 心理科学，32（4）：1009-1011.

静进，王忠 . 2008. 国内儿童学习障碍的研究进展 . 中国健康教育，24（8）：15-19.

孔晓东 . 2007. 试论科技人才创造力培养的途径与方法 . 科技创业，（8）：120-121.

蒯超英 . 1999. 学习策略 . 武汉：湖北教育出版社 .

赖丁，雷纳 . 2003. 认知风格与学习策略 . 庞维国译 . 上海：华东师范大学出版社 .

李红燕.2002.简介"大五"人格因素模型.陕西师范大学学报(哲学社会科学版),(6):89-92.
李磊,郭成.2009.青少年学业情绪研究综述.贵州教育学院学报,(4):12-15.
李寿欣,徐增杰,陈慧媛.2010.不同认知方式个体在语篇阅读中抑制外部干扰的眼动研究.心理学报,42(5):539-546.
李硕豪.2006.普通教育·通识教育·通才教育·素质教育.高等农业教育,132(6):23-25.
李新成,陈琦.1998.维特罗克生成学习理论评价.山西大学学报(哲学社会科学版),(4):81-87.
李咏吟.2003.学习心理辅导.广州:世界图书出版社.
李勇.2005.试析布鲁纳认知结构理论.安徽师范高等专科学校学报,7(1):38-39.
联合国教科文组织国际教育发展委员会.1996.学会生存——教育世界的今天和明天.北京:教育科学出版社.
林崇德.2006.发展心理学.北京:人民教育出版社.
林传鼎,张厚粲.1986.韦氏儿童智力量表中国修订本测验指导书.北京:北京师范大学心理测量中心.
林小琴.2010.加涅信息加工学习理论与教学设计.福建论坛·人文社会科学版,(S1):100-101.
刘春兰.2010.样例学习成绩与元认知水平的实证研究.重庆师范大学硕士学位论文:1-53.
刘春玲,江琴娣.2008.特殊教育概论.上海:华东师范大学出版社.
刘春玲,马红英.2002.低年级视觉障碍儿童词义理解的初步研究.中国特殊教育,(3):38-41.
刘电芝,黄希庭.2002.学习策略研究概述.教育研究,(2):78-82.
刘华山.2008.学校心理辅导.合肥:安徽人民出版社.
刘奇志,谢军.2004.布鲁纳教育心理学思想及其启示.教学研究,27(5):378-379.
刘全礼.2003.特殊教育导论.北京:教育科学出版社.
刘儒德.1996.温斯坦标准化学习策略量表简介.心理发展与教育,12(2):26-28.
刘儒德.2010.学习心理学.北京:高等教育出版社.
刘瑞华,徐江.2010.儿童和青少年品行障碍的干预研究进展.社会心理科学,25(4):25-28.
刘翔平.2009.学校心理学(万千心理).北京:中国轻工业出版社.
刘咏梅.2008.数学教学论.北京:高等教育出版社.
卢家楣.1999.学习心理与教学(第三章 认知策略的学习与教学).上海:上海教育出版社.
鲁忠义,张亚静.2007.工作记忆中的语音回路对汉语阅读理解的影响.心理学报,(5):768-776.
陆书环.2000.略论数学运算能力的结构及其培养策略.数学教学研究,(1):2-3.
路忠义,张亚静.2007.工作记忆中的语音回路对汉语阅读理解的影响.心理学报,39(5):768-776.
罗屹峰,刘燕华.2006.教育心理学.兰州:甘肃人民出版社.
马丽,戴心来.2007.认知风格理论对研究性学习教学策略设计的影响.电化教育研究,(1):59-62.
毛荣建.2007.学习障碍儿童教育概论.天津:天津教育出版社.
梅厄.教育心理学-认知取向.林清山译.台北:台湾远流出版公司.
莫雷,张卫.2005.学习心理研究(第五章 学习策略及其培养).广州:广东人民出版社.
莫雷.2007.教育心理学.北京:科学教育出版社.
彭聃龄.2004.普通心理学.北京:北京师范大学出版社.
彭杜宏,刘电芝.2007.人格是如何影响学习的.心理发展与教育,(4):124-127.
彭鹏,陶沙.2009.单词解码,英语语言理解和一般认知能力在汉语儿童英语阅读学习中的作用.外语教学与研究(外国语双月刊),41(1):30-37.
皮连生.2004.教育心理学.上海:上海教育出版社.
皮连生.2009.学与教的心理学.上海:华东师范大学出版社.
朴永馨.1992.聋童教育概论(修订本).合肥:安徽教育出版社.
朴永馨.1999.特殊教育概论(修订版).北京:华夏出版社.

任勇．2004. 数学学习指导与教学艺术．北京：人民教育出版社．
桑轻松．2010. 学习心理研究．合肥：安徽人民出版社．
斯滕伯格，威廉姆斯．教育心理学．张厚粲译．北京：中国轻工业出版社．
苏平．1999. 新编写作教程．北京：人民教育出版社．
王穗苹，陈新葵，张卫．2003. 动态测验：当代智力测验的新发展．教育理论与实践，(21)：50-53.
王添淼．2009. 基于认知风格理论的对外汉语教学策略．电化教育研究，(4)：91-97.
王晓平．1986. 国外关于智力培养的观点与研究．应用心理学，(10)：34-37.
王亚楠．2004. 元认知的结构、功能与开发．南京师范大学学报（社会科学版），(1)：93-98.
王玉龙，王建平，付丹丹．2008. 中小学生网络用户网络成瘾流行病学调查．中国心理卫生杂志，(9)：678-682.
威廉．2007. 特殊儿童——特殊教育导论（第七版）．孟晓等译．南京：江苏教育出版社．
吴育红．2011. 罗杰斯以人为本的教学思想探析．晋中学院学报，28 (4)：112-114.
吴增强．2009. 班主任心理辅导实务．上海：华东师范大学出版社．
吴增强．2011. 学习心理辅导．上海：上海教育出版社．
武晓艳，曾红，马绍斌，等．2009. 习得性无助量表研制及其与人格相关研究．中山大学学报（医学科学版），30 (3)：357-360.
夏晓娟，廖凤林．2009. 大学生时间洞察力、自我决定动机与学业拖沓关系探究．首都师范大学学报：社会科学版，(S4)：68-75.
肖爱芝．2005. 当代教育心理学．呼和浩特：内蒙古人民出版社．
辛自强，俞国良．1999. 学习不良的界定与操作化定义．心理学动态，7 (2)：52-57.
徐光兴．2007. 学校心理学-教育与辅导的心理（第二版）．上海：华东师范大学出版社．
徐先彩，龚少英．2009. 学业情绪及其影响因素．心理科学进展，17 (1)：92-97.
阎江青．2011. 小学教育心理学教程．郑州：郑州大学出版社．
燕国材．2000. 智力因素与学习．北京：教育科学出版社．
杨翠，袁茵．2006. 青少年品行障碍研究进展．当代青年研究，(11)：52-57.
杨丽娴，连榕．2005. 学习倦怠的研究现状及展望．集美大学学报，(6)：54-58.
杨玉凤，金星明，静进．2009. 发育行为儿科手册．南京：江苏科学技术出版社．
杨志良，郭力平．2001. 认知风格的研究进展．心理科学，(3)：326-329.
姚鲲鹏，赵翠英．2006. 运用系统脱敏疗法对儿童社交恐惧症的矫正．柳州师专学报，21 (1)：138-140.
姚满团．2006. 元认知理论及其研究现状．新疆职业大学学报，14 (2)：34-37.
姚梅林．1999. 学习规律．武汉：湖北教育出版社．
姚梅林．2011. 学习规律．第 2 版．武汉：湖北教育出版社．
易小文，陈杰．2006. 教育心理学．北京：北京工业大学出版社．
殷普农．1987. 阅读理解教学目标的研究综述．上海教育科研，(4)：20-21.
俞国良，董妍．2005. 学业情绪研究及其对学生发展的意义．教育研究，(10)：39-43.
俞国良，董妍．2007. 情绪对学习不良青少年选择性注意和持续性注意的影响．心理学报，39 (4)：679-687.
俞国良．2005. 学习不良：一个有待拓展和深化的研究领域．心理科学进展，13 (5)：545-546.
喻平，单墫．2003. 数学学习心理的 CPFS 结构理论．数学教育学报，12 (1)：13-16.
喻平．2010. 数学教学心理学．北京：北京师范大学出版社．
查子秀．1990. 超常儿童研究十周年．心理学报，22 (2)：113-126.
张必隐．1986. 阅读过程的三种模式．心理科学通讯，(10)：28-33.

张斌，蔡太生．2010．大学生学业拖沓与自尊、应对方式的相关性研究．中国临床心理学杂志，（4）：501-503．
张浩．1992．有关阅读心理过程的理论现状．心理学探新，（3）：30-34．
张厚粲．2009．韦氏儿童智力量表第四版（WISC-IV）中文版的修订．心理科学，32（5）：1177-1179．
张剑，郭德俊．2003．内部动机与外部动机的关系．心理科学进展，11（5）：545-550．
张丽．2007．中学生人格与学习成绩关系的新探索．华东师范大学硕士学位论文：1-47．
张庆林．1995．当代认知心理学在教学中的应用．重庆：西南师范大学出版社．
张瑞平．2008．行为矫正——儿童问题行为常用辅导方法．中小学心理健康教育，（8）：22-24．
张璇，杨玉芳．2010．工作记忆广度对语篇理解中重读效应的影响．心理学报，42（7）：727-734．
张瑜．2008．初中生的学习情感及影响因素研究．广西师范大学硕士学位论文：1-36．
赵丽霞，袁琳．2006．中学生学习压力的现状调查．天津市教科院学报，（2）：18-22．
赵鑫，周仁来．2010．工作记忆训练：一个很有价值的研究方向．心理科学进展，（5）：711-717．
中华医学会精神科学会，南京医科大学脑科医院．1995．中国精神疾病分类方案与诊断标准．南京：东南大学出版社．
周平．1999．江苏省学习障碍筛检情况报告．现代特殊教育，（3）：17-22．
周台杰．1992．特殊儿童诊断手册．台湾彰化师范大学特殊教育中心．
朱晓斌．2007．写作教学心理学．杭州：浙江大学出版社．
齐默尔曼，邦纳，科瓦齐．2001．自我调节学习——实现自我效能的超越．姚梅林等译．北京：中国轻工业出版社．
斯莱文．2004．教育心理学：理论与实践．姚梅林等译．北京：人民邮电出版社．
Advokat C，Martino L，Hill B，et al. 2007. Continuous performance test（CPT）of college students with ADHD，psychiatric disorders，cognitive deficits，or no diagnosis. Journal of Attention Disorders，10（3）：253-256.
Agran M. 1997. Student-directed Learning：A Handbook on Self-management. Pacific Grove：Brooks/Cole.
American Psychiatric Association. 2000. Diagnostic and Statistic Manual of Mental Disorders. Washington D C：American Psychiatric Press.
Ames R E，Ames C. 1984. Research on motivation in education. Student Motivation，1：177-208.
Armstrong S J. 1998. Cognitive style and dyadic interaction. Unpublished Doctoral Dissertation，University of Leeds，England.
Ashby F G，Isen A M，Turken A U. 1999. Aneuropsychological theory of positive affect and its influence on cognition. Psychological Review，106：529-550.
Atkinson J W. 1964. An Introduction to Motivation. Princeton：Van Nostrand.
Atkinson R K，Derry S J，Renkl A，et al. 2000. Learning from examples：Instructional principles from the worked examples research. Review of Educational Research，70（2）：181-214.
Ausubel D P，Robinson F G. 1969. School Learning：An Introduction to Educational Psychology. New York：Holt，Rinehart and Winston.
Bandura A. 1977. Social Learning Theory. Englewood Cliffs：Prentice Hall.
Bandura A. 1986. Social Foundations of Thought and Action：A Social Cognitive Theory. Englewood Cliffs：Prentice-Hall.
Bandura A. 1995. Self-efficacy in Changing Societies. Cambridge：Cambridge University Press.
Bat-Chava Y. 1993. Antecedents of self-esteem in deaf people：A meta-analytic review. Rehabilitation Psychology，38（4）：221.
Bat-Chava Y. 1994. Group identification and self-esteem of deaf adults. Personality and Social Psychology

Bulletin，20（5）：494-502.

Bereiter C，Scardamalia M. 1987. The Psychology of Written Composition. Hillsdale：Lawrence Erlbaum.

Blickle G. 1996. Personality traits，learning statues，and performance. European Journal of Personality，10：337-352.

Brophy J. 1983. Conceptualizing student motivation. Educational Psychologist，18（3）：200-215.

Brophy J. 1986. On motivating students. Occasional Paper No. 101.

Brophy J. 1987. Socializing students' motivation to learn. Advances in Motivation and Achievement，5：181-210.

Brown-Mizuno C. 1990. Success strategies for learners who are learning disabled as well as gifted. Teaching Exceptional Children，23（1）：10-12.

Busato V V，Prins F J，Elshout J J，et al. 1999. The relation between learning styles，the Big Five personality traits and achievement motivation in higher education. Personality and Individual Differences，26：129-140.

Cartledge G，Cochran L，Paul P. 1996. Social skill self-assessments by adolescents with hearing impairment in residential and public schools. Remedial and Special Education，17（1）：30.

Carver R P. 1973. Effects of increasing the rate of speech presentation upon comprehension. Journal of Educational Psychology，65（1）：118.

Cemalcilar Z，Canbeyli R，Sunar D. 2003. Learned helplessness，therapy，and personality traits：An experimental study. The Journal of Social Psychology，143（1）：65-81.

Covington M V. 1984. The motive for self-worth. Research on Motivation in Education，1：77-113.

Cramer K A. 1993. Curriculum implications of research on the learning，teaching and assessing of rational number concepts. Rational Numbers：An Integration of Research.

Cummins D，Kintsch W，Ruesser K，et al. 1988. The role of understanding in solving word problems. Cognitive Psychology，20：405-438.

Deci E L，Ryan R M. 1985. Intrinsic Motivation and Self-determination in Human Behavior. New York：Springer.

Decker S N，DeFries C. 1981. Cognitive ability profiles in families of reading-disabled children. Developmental Medicine and Child Neurology，23（2）：217-227.

Decker S N，J C. DeFries. 1980. Cognitive abilities in families with reading disabled children. Journal of Learning Disabilities，13（9）：53-58.

Dweck C S. 1986. Motivational processes affecting learning. American Psychologist，41（10）：1040-1048.

Efklides A. 2005. Emotional experiences during learning：multiple，situated and dynamic. Learning and Instruction，15：377-380.

Flarell J H. 1979. Metacognition and cognitive monitoring：A new of cognitive development inquiry. American Psychologist，34：906-911.

Grigorenko E L，Wood F B，Meyer M S，et al. 2001. Linkage studies suggest a possible locus for developmental dyslexia on chromosome 1p. American Journal of Medical Genetics，105（1）：120-129.

Hettinger H R，Knapp N F. 2001. Potential，performance，and paradox：A case study of JP，a verbally gifted，struggling reader. Journal for the Education of the Gifted，24（3）：248-289.

Hilburn S，Marini I，Slate J R. 1997. Self-esteem among deaf versus hearing children with deaf versus hearing parents. Jadara-Rochester，30：9-12.

Jensema C J，Karchmer M A，Trybus R J，et al. 1978. The rated speech intelligibility of hearing impaired children：Basic relationships and a detailed analysis. Office of Demographic Studies，Gallaudet College.

Jones B F, Amiran M, Katims M. 1985. Teaching cognitive strategies and text structures within language arts programs. Thinking and Learning Skills, 1: 259-296.

Kazdin A E. 1982. Single-case Research Designs: Methods for Clinical and Applied Settings. New York: Oxford University Press: 83-84.

Kerr B. 1997. Developing talents in girls and young women//Colangelo N, Davis G A. Handbook of Gifted Education. Boston: Allyn & Bacon: 483-497.

Kirk S A, Gallagher J J, Anastasiow N J. 1997. Educating Exceptional Children. 8th ed. Boston: Houghton Mifflin Company.

Kling K C. 2001. The Role of personality, academic ability, and gender in predicting academic achievement. Poster presented at the 2001 Meeting of the International Society for the Study of Individual Differences, Edinburgh.

Klingberg T, Forssberg H, Westerberg H. 2002. Training of working memory in children with ADHD. Journal of Clinical and Experimental Neuropsychology, 24: 781-791.

Kluwin T N. 1993. Cumulative effects of mainstreaming on the achievement of deaf adolescents. Exceptional Children, 60 (1): 73-81.

Leal S M. 2001. Special issue: Phenotypes and statistical analysis of complex traits. American Journal of Medical Genetics, 105 (1): 120-129.

Learner J W. 2000. Learning Disabilities: Theories, Diagnosis, and Teaching Strategies. 8th ed. Boston: Houghton , Mifflin Company.

Levelt W J M. 1989. Speaking: From Intention to Articulation. Cambridge: MIT Press.

Locke E A. 1968. Toward a theory of task motivation and incentives. Organizational Behavior and Human Performance, 3 (2): 157-189.

Maker C J, Schiever S W. 1989. Critical Issues in Gifted Education: Defensible Programs for Cultural and Ethnic Minorities. Austin, TX: Pro-ed.

Maslow A H. 1954. Motivation and Personality. New York: Haper and Brothers.

Mastropieri M A, Scruggs T E. 1994. Effective Instruction for Special Education (2nd Revised edition) . Austin, TX: Pro-ed.

Meinhardt J, Pekrun R. 2003. Attentional resource allocation to emotional events: An ERP study. Cognition and Emotion, 17: 477-500.

Morahan-Martin J, Schumacher P. 2000. Incidence and correlates of pathological Internet use among college students. Computers in Human Behavior, 16 (1): 13-29.

Morelock M J, Feldman D H. 1997. High-IQ children, extreme precocity, and savant syndrome. Handbook of Gifted Education: 439-459.

Murray H A. 1938. Explorations in Personality. New York: Oxford University Press.

Myklebust H R. 1981. The Pupil Rating Scale Revised: Screening for Learning Disabilities. New York: Grune & Stratton Press.

Nichols R C. 1965. The national merit twin study// Vandenberg S G. Methods and Goals in Human Behavior Genetic. Waltham: Academic Press: 231-241.

Pekrun R, Gortz T, Titz W, et al. 2002. Academic emotions in students' self-regulated learning and achievement: A program of qualitative and quantitative research. Educational Psychologist, 37 (2): 91-105.

Plomin R. 1997. Identifying genes for cognitive abilities and disabilities//Stemberg J, Grigorenko E L. Intelligence: Heredity and Environment. New York: Cambridge University Press.

Renzulli J S. 1998. A rising tide lifts all ships：Developing the gifts and talents of all students. Phi Delta Kappan，80 (2)：104-111.

Riding R J，Rayner S G. 1998. Cognitive Styles and Learning Strategies. London：David Fulton.

Rumelhart D E. 1977. Toward an interactive model of reading//Dornic S. Attention and Performance IV. New York：Academic Press.

Seligman M E，Maier S F. 1967. Failure to escape traumatic shock. Journal of Experimental Psychology，74 (1)：1.

Snyderman R. 1987. Surverg of expert opinion on intelligence and aptitude testing. American Psychologist，42：137-144.

Sternberg R J. 1985. Beyond IQ：A Triarchic Theory of Human Intelligence. Cambridge：Cambridge University Press .

Swanson H L. 1990. Influence of metacognitive knowledge and aptitude on problem solving. Journal of Educational Psychology，82 (2)：306-314.

Torrance E P. 1989. A reaction to "Gifted Black students：Curriculum and teaching strategies" . Critical Issues in Gifted Education，2：270-274.

Turnbull A P，Turnbull H R. 1996. Group action planning as a strategy for providing comprehensive family support//Koegel R L，Koegel L K，Dunlap G. Positive Behavioral Support：Including People with Difficult Behavior in the Community. Baltimore：Paul H. Brookes Pubishing Co. 99-114.

Turner J E，Schallert D L. 2001. Expectancy-value relationships of shame reactions and shame resiliency. Journal of Educational Psychology，93 (2)：320-329.

Uguroglu M E，Walberg H J. 1979. Motivation and achievement：A quantitative synthesis. American Educational Research Journal，16 (4)：375-389.

Van Gurp S. 2001. Self-concept of deaf secondary school students in different educational settings. Journal of Deaf Studies and Deaf Education，6 (1)：54-69.

Wechsler D. 2003. Wechsler Intelligence Scale for Children Fourth Edition：Technical and Interpretive Manual. San Antonio：The Psychological Corporation：3-10.

Wehmeyer M L，Agran M，Hughes C. 1998. Teaching self-determination to students with disabilities：Basic skills for successful transition. Baltimore：Paul H. Brookes Publishing Co.，PO Box 10624，MD 21285-0624.

Wehmeyer M L. 1999. A functional model of self-determination describing development and implementing instruction. Focus on Autism and Other Developmental Disabilities，14 (1)：53-61.

Weiner B. 1992. Human Motivation：Metaphors，Theories，and Research. Newbury Park：Sage Publications，Inc.

Wickelgren W A. 1974. How to Solve Problems：Elements of a Theory of Problems and Problem Solving. San Francisco：W. H. Freeman.

Williams G A，Asher S R. 1992. Assessment of loneliness at school among children with mild mental retardation. American Journal on Mental Retardation，96 (4)：373-385.

Wolk S，Allen T E. 1984. A 5-year follow-up of reading-comprehension achievement of hearing-impaired students in special education programs. The Journal of Special Education，18 (2)：161.

Wong B，Graham L，Hoskyn M ，et al. 2008. The ABCs of Learning Disabilities. 2nd ed. Amsterdam，Boston：Elsevier Academic Press.

Zentall S S. 1993. Research on the educational implications of attention deficit hyperactivity disorder. Exceptional Children，60：143-153.